U0535687

第二次世界大战全史

傅晗 编

民主与建设出版社
·北京·

© 民主与建设出版社，2021

图书在版编目（CIP）数据

第二次世界大战全史／傅晗编．-- 北京：民主与建设出版社，2021.6（2024.5 重印）

ISBN 978-7-5139-3584-5

Ⅰ．①第… Ⅱ．①傅… Ⅲ．①第二次世界大战 - 历史 Ⅳ．① K152

中国版本图书馆 CIP 数据核字（2021）第 108681 号

第二次世界大战全史
DI ER CI SHI JIE DA ZHAN QUAN SHI

编　　者	傅　晗
责任编辑	刘树民
封面设计	黄　辉
出版发行	民主与建设出版社有限责任公司
电　　话	（010）59417747　59419778
社　　址	北京市海淀区西三环中路 10 号望海楼 E 座 7 层
邮　　编	100142
印　　刷	三河市兴达印务有限公司
版　　次	2021 年 6 月第 1 版
印　　次	2024 年 5 月第 3 次印刷
开　　本	710mm × 1000mm　1/16
印　　张	20
字　　数	318 千字
书　　号	ISBN 978-7-5139-3584-5
定　　价	68.00 元

注：如发现质量问题，请联系调换。

前言

1945年9月2日，在停泊于日本东京湾的美国海军最大战舰"密苏里号"上，隆重举行了日本向盟国投降的受降仪式。至此，人类进行的规模最大、破坏最严重、影响最深的全球性战争——第二次世界大战终于结束了。

回首6年战争的日日夜夜：1939年9月1日，德国闪击波兰，英法随即对德宣战，第二次世界大战全面爆发。1940年，德军装甲席卷整个欧洲大陆，法国战败投降。6月10日，意大利向英法两国宣战，战火烧到了地中海和非洲。1940年7月16日，希特勒开始实施入侵英国的"海狮计划"，之后德国开始对英国城市进行密集轰炸。1941年6月22日，德国撕毁《苏德互不侵犯条约》入侵苏联，苏德战争爆发，"二战"规模扩大。1941年12月7日，日本偷袭珍珠港，太平洋战争爆发。次日下午，美国对日宣战，随后20多个国家包括中国正式对日宣战。1942年7月~1943年2月的斯大林格勒战役，苏联胜利，成为"二战"转折点。1943年9月3日，意大利无条件投降。1944年6月6日，盟军在诺曼底登陆，开辟了欧洲第二战场，德军全面溃败。1945年2月，美国、英国、苏联三国首脑在苏联雅尔塔召开会议，决定彻底消灭德国法西斯势力。1945年5月7日，德国无条件投降。1945年8月，美国投掷原子弹轰炸日本广岛和长崎。接着苏联对日宣战。8月15日，日本宣布无条件投降。

战争最激烈时，全球有61个国家和地区参战；20亿以上的人口被卷入战争；战火遍及欧洲、亚洲、南美洲、北美洲、非洲及大洋洲；战线遍布大西洋、太平洋、印度洋及北冰洋；约9000余万人死亡；钱财损失约4万亿美元；大量房屋受破坏，工厂、农庄、铁路和桥梁的损坏则难以估计。

战争不只是战场上的搏杀。西方著名军事理论家克劳塞维茨说过:"战争不仅是一种政治行为,而且是一种政治工具,是政治交往的继续。"硝烟背后,政治巨头的决断主宰着战争,各种力量的演化扭曲着战争,无处不在的谍影影响着战争……"二战"的意义早已超出一场战争,它是世界历史的一个重要标识,也是人类文明的转折点,其影响延续至今。

本书汇集了大量的历史资料,采用将地区战场与时间线索混合穿插的传统写法,逐一叙述各个战场的全景进程,分为"序幕:战争阴云""开场:远东硝烟""爆发:欧洲沦陷""激战:苏德大战""蔓延:血染太平洋""转折:决战斯大林格勒战役""拉锯:逐鹿北非""反攻:光复欧洲"和"尾声:日本投降"。其中波兰闪击战、列宁格勒保卫战、诺曼底登陆、中途岛海战、偷袭珍珠港和抢占瓜岛等著名战役均有详细描述。本书力争完整重现第二次世界大战的全过程,详细解读前因后果,客观点评政治经济。拨开迷雾,还原历史真相,破解重重谜团。不仅从宏观上讲述战争,而且从细微之处着眼,努力搜寻历史的蛛丝马迹,为读者呈现出不一样的全史。

美国前总统富兰克林·罗斯福曾经说过:"相对于战争结束来说,我们更希望所有的战争本就没有爆发。"唯愿人们在回眸"二战"时,多一些沉思和省悟,更加珍惜今日的和平与安宁。

目录

第一章　序幕：战争阴云

一、凡尔赛播下的劫难恶种 … 001
德国——两次世界大战的罪魁祸首 … 001
"强盗和掠夺者的条约" … 002
世界经济危机点燃法西斯火药 … 004

二、墨索里尼乱世崛起 … 007
"贝尼托"原来是英雄的名字 … 007
"战斗的法西斯" … 008
决斗，用剑术击败政敌 … 009

三、德意志再度疯狂 … 012
发布于小啤酒馆中的25条纲领 … 012
纳粹党手里的"社会主义" … 013
登上权力之巅 … 015

四、日本扰动远东 … 018
"开拓万里波涛"，将"国威布于四方" … 018
宁予外贼不予同胞 … 021

五、法西斯步步紧逼，英法美步步绥靖 … 023
阿杜瓦战役让意大利成为国际笑柄 … 023
复仇——"历史上最伟大的殖民战争" … 025
慕尼黑阴谋：缺席的捷克斯洛伐克被判"死刑" … 027

第二章　开场：远东硝烟

一、日本全面侵华 … 029
"二二六"法西斯军事政变 … 029

卢沟桥上的枪声…………………………………………… 031
二、淞沪血战…………………………………………………… 033
张治中要主动出击………………………………………… 033
中国军队进攻受挫………………………………………… 036
日军金山卫登陆，淞沪会战告终………………………… 038
三、山西血战…………………………………………………… 041
平型关大捷………………………………………………… 041
忻口会战…………………………………………………… 044

第三章　爆发：欧洲沦陷

一、波兰覆亡：一场"鹰击羔羊的悬殊对决"………………… 048
一号作战指令……………………………………………… 048
奇怪的战争：西线的英法"宣而不战"…………………… 049
积极应对战争的苏联……………………………………… 051
二、闪电战继续逞威…………………………………………… 055
为了铁矿，希特勒决定先发制人………………………… 055
"黄色计划"………………………………………………… 058
比利时无条件投降………………………………………… 060
三、德国在西线的胜利………………………………………… 063
不设防的马其诺防线……………………………………… 063
法国投降——又见贡比涅森林…………………………… 066
戴高乐在伦敦树起"自由法国"的旗帜…………………… 069
四、不列颠上空的鹰…………………………………………… 072
"我们决不投降"…………………………………………… 072
阴差阳错的伦敦夜袭……………………………………… 074
英国没钱了，美国来援助………………………………… 077

第四章　激战：苏德大战

一、"巴巴罗萨"计划，让全世界震惊………………………… 080
恶魔的眼睛转向东方……………………………………… 080
"巴巴罗萨"计划…………………………………………… 082

战争爆发 085
二、苏联初战失利 087
布列斯特要塞 087
激战格罗德诺 089
封锁列宁格勒 091
基辅大合围 093
三、希特勒发动"台风"攻势 095
希特勒南北分兵 095
希特勒制造"台风" 097
斯大林阅兵红场 099
四、莫斯科城下大决战 100
斯大林的电话 100
"最黑暗悲惨的一天" 101
反攻！反攻！ 102

第五章　蔓延：血染太平洋

一、偷袭珍珠港 106
东条英机上台，日本对美开战 106
"不要忘记珍珠港"——美国对日宣战 107
希特勒和墨索里尼大惊失色 109
二、狂飙突进 111
武力攻占马泰港缅 111
麦克阿瑟饮恨菲律宾 113
染指澳大利亚 116
三、扭转战局 118
天皇的隐忧 118
所罗门海海战 120
航母大决战 123
四、瓜岛战役——太平洋战争胜败的分水岭 127
美军攻占瓜岛 127
登岛日军全军覆没 129
击毙山本五十六 132

第六章　转折：决战斯大林格勒战役

一、厉兵秣马 ... 135
残雪，希特勒心中的痛 ... 135
敌我双方大备战 ... 137
希特勒的战争密令 ... 140

二、大战拉开序幕 ... 142
战斗在一座不知名的村子打响 ... 142
"苏军全线崩溃了" ... 145
8月23日：最危急的一天 ... 149

三、浴血苦战 ... 153
朱可夫来到斯大林格勒 ... 153
真正的恶战开始了 ... 154
第三轮进攻 ... 156

四、苏军赢得胜利 ... 158
天王星计划 ... 158
保卢斯投降 ... 160

五、库尔斯克大会战 ... 163
大炮与战斗机齐鸣 ... 163
解放奥廖尔 ... 166
进军哈尔科夫 ... 169

第七章　拉锯：逐鹿北非

一、希特勒点将 ... 172
英军出乎意料的胜利 ... 172
"5天的袭击"发展成大战役 ... 175
希特勒出手 ... 177
隆美尔唱起"空城计" ... 179

二、北非闪击 ... 182
英军全线溃退 ... 182
托布鲁克的拉锯战 ... 185
一柄鲁钝的"战斧" ... 188

三、千里拉锯战 ··· 191
丘吉尔任命的新司令 ··· 191
拔掉加扎拉据点 ··· 193
迈进埃及的第一步 ··· 196

四、阿拉曼大捷 ··· 198
"长尾之狐"的无奈 ··· 198
喋血阿拉姆哈勒法岭 ··· 201
"不战斗，毋宁死" ··· 204
暂缓鸣钟 ··· 207

五、北非战场落幕 ··· 209
火炬行动 ··· 209
卡萨布兰卡会议 ··· 213
最后一击 ··· 215

第八章　反攻：光复欧洲

一、进军西西里 ··· 219
难产的"赫斯基"计划 ··· 219
墨索里尼下台 ··· 222

二、诺曼底登陆——史上最长的一日 ··· 225
"霸王计划" ··· 225
史上最重要的天气预报 ··· 228
巴黎解放 ··· 231

三、苏军大反攻 ··· 234
解放列宁格勒 ··· 234
名将瓦杜丁之死 ··· 236
白俄罗斯战役 ··· 239
华沙起义 ··· 243
进军东欧 ··· 246

四、百万盟军向德国本土推进！ ··· 248
盟军向德国边界推进 ··· 248
希特勒在阿登地区的反扑 ··· 252
艾森豪威尔放弃占领柏林 ··· 256

易北河会师 258

五、雅尔塔会议——确立战后新秩序 261
准备——马耳他会议 261
罗斯福身体状况恶化 263
战后德国的处置 265
最棘手的波兰 268

六、血战柏林——对希特勒的最后一击 271
柏林市民宁愿被美英盟军攻占 271
双管齐下合围柏林 275
锤子镰刀红旗插上国会大厦 279

第九章　尾声：日本投降

一、重返菲律宾之战 284
攻破日本防卫大门——塞班岛 284
东条英机内阁垮台 286
莱特湾海战 288
美军重返菲律宾 291

二、盟军在太平洋上的最后攻势 294
攻克冲绳岛 294
波茨坦会议和敦促日本投降的《波茨坦公告》 298
日本本土遭受轰炸 302

三、日本投降 305
美国扔下两颗原子弹 305
日本无条件投降 309

第一章

序幕：战争阴云

一、凡尔赛播下的劫难恶种

德国——两次世界大战的罪魁祸首

20世纪被称作"流血的世纪"，两次世界大战都发生在这个世纪。尤其是第二次世界大战，是近五百年来人类社会所进行的规模最大、伤亡最惨重、破坏程度最深的全球性战争。第一次世界大战结束的时候，人们被它空前的残酷所震惊，开始对战争深恶痛绝。殊不知，第二次世界大战的种子，恰恰埋在第一次世界大战结束的地方。

两次世界大战的罪魁祸首都是德国。德国位于欧洲中部，是一个后起的资本主义国家，长期以来一直是一个小国林立的松散联邦。19世纪中期，普鲁士王国发起了德意志统一战争。统一战争期间，普鲁士与欧洲大陆的霸主法国发生冲突，爆发了普法战争。战争由法国发动，但最后普鲁士大获全胜，普鲁士也将战争由自卫战争转化为侵略战争，侵入法国。法国战败后，被迫接受苛刻的条款：把阿尔萨斯和洛林割让给德国，并赔款50亿法郎。而普鲁士则借势统一德国，建立起德意志第二帝国。

统一后的德国工业化进程十分迅猛，很快就超过其他资本主义国家，成为世界上主要的工业国之一。20世纪初期，德国等新兴工业化国家对英法等国主导的世界秩序越来越不满，希望重新瓜分世界。这最终导致了第一次世界大战的爆发。

▲《贡比涅停战协定》的签署，宣告第一次世界大战结束。

当德国政府于1914年8月宣战时，德国人民欣喜若狂，包括阿道夫·希特勒在内的德国士兵尤其兴奋。德皇甚至骄傲地宣称德国国内的党派斗争已经结束，"我不再认识党派，我只认识德国人民"。大多数德国人被狂热的民族主义情绪所鼓动，认为战争爆发后就可以愉快地告别沉闷的市民生活，他们希望战争在圣诞节前完美结束。

然而，胜利并没有像德国人想象的那样顺利到来，相反，战争变成令人绝望的拉锯式的消耗战。最终战火从欧洲战争扩展成世界大战，参战国达到33个，遍及五大洲，波及世界四分之一的人口。据统计，"一战"期间各交战国总共动员了7400万人走上前线，使用了各种最新型的杀人武器，结果导致约1000万人阵亡，2000万人受伤，500万人失踪。

大战的头两年里，德国为首的同盟国和英法为首的协约国互有攻守，各有胜负。但1917年，美国向德国宣战，极大地改变了局势。"一战"爆发后，美国一直以中立为名，向交战双方出售军火，大发战争横财。在双方筋疲力尽之时，美国决定插手，于是在1917年4月6日借口德国潜艇攻击美国商船，向德国宣战。美国强大的生产能力，决定了德国的战败只是一个时间问题。

1918年11月11日德国签署《贡比涅停战协定》，第一次世界大战宣告结束。战事结束后，战胜国便开始磋商召开缔结对德和约会议问题。会议地点最后定在法国巴黎。1919年1月18日，和平会议在著名的巴黎凡尔赛宫镜厅正式开幕，即为巴黎和会。

"强盗和掠夺者的条约"

虽然法国人极端的报复情绪遭到了英美的部分反对，但最后通过的《凡尔赛和约》对战败国的惩罚依然相当严厉，以致《凡尔赛和约》成为

"帝国主义分赃的条约",列宁则称之为"强盗和掠夺者的条约"。

根据和约规定,德国所有殖民地由主要帝国主义国家以"委任统治"的形式加以瓜分。和约重新划分了德国疆界,使德国失去了重要的工业区,丧失了八分之一的领土,十分之一的人口,65%的铁矿和45%的煤矿及大部分的海外投资、商船和海军舰队。和约还对德国的军备进行了严格的限制:解散总参谋部,废除义务兵役制,陆军不得超过10万人,海军不得超过1.5万人,不准有主力舰和潜水艇,不许建立空军,禁止拥有飞机、坦克、重炮等武器。另外,德国还必须支付巨额战争赔款。

和约的条款传出去之后,愤怒和屈辱感迅速在德国国内蔓延。德国国民议会呼吁政府"绝不可接受这项条约"。成千上万的德国群众在各处集会,愤怒谴责协约国对德国的掠夺。德国投入第一次世界大战时是抱着抢夺别人殖民地、争夺欧洲霸权的目的,结果由于战败,被迫陷入屈辱的境地,权利丧尽,经济破产,德国人在心理上完全无法接受。

由于民众的强烈反对,起初德国政府拒绝接受条约,德国海军还以自沉舰艇的方式表达对条约的不满。结果激怒了英、法、美、意等战胜国,战胜国向德国发出通牒,警告德国如在6月23日之前仍不同意签署和约,战胜国将向德国重新开战。而此时陆军总司令兴登堡称德军已无力再战。最后德国内部经过激烈的政治斗争,决定接受通牒。6月28日,德国外长米勒和司法部长贝尔在凡尔赛宫镜厅签署和约,德国被迫吞下战败的苦果。

德国是一个骄傲而且富有侵略性的国家。大战期间,德国民众得到的宣传一直是——胜利是必然的。直到战争的最后几个月,德国人依然相信自己会取得最后的胜利。这必然导致大多数德国人无法接受战败的事实,更无法接受苛刻的勒索。

《凡尔赛和约》中涉及赔偿的条款是最具惩罚性的,因为和约制定者认为德国要对发动战争负完全的责任。协约国以及相关的政府确认,德国必须承担德国及其盟国对所有的损失和破坏的责任。而且,协约国和相关政府以及它们的国民所遭受的这些损失和破坏均是德国及其盟国用侵略强加给他们的结果。

这样,德国就需要对四年残酷战争造成的全部物质损失承担责任。而且凡尔赛会议并未明确一个具体的赔偿数字,只是说将组织一个专门赔偿委员会,最终确定赔偿总额。德国提出抗议,因为这相当于让德国签一张空白支票，胜利者爱填多少填多少。但抗议无效。

1921年协约国赔偿委员会宣布了总账单——113亿英镑，且以黄金支付。当这个数字出笼时，甚至协约国的领导人都怀疑德国是否有能力担负这笔巨额赔款。先别说德国方面，协约国都有人看不过去了，最著名的代表人物是经济学家约翰·梅纳德·凯恩斯。凯恩斯认为，这笔天文数字般的赔款将摧毁德国的经济生活。而且这样做也威胁着协约国自身的健康和富裕，因为德国的进口一直远远超过出口。《凡尔赛和约》还剥夺了德国的海外收入，反过来更使德国不可能支付巨额赔偿。

凯恩斯说："德国失去了所有的殖民地、海外联系和海运商船，同时失去了10%的领土和人口，以及45%的煤矿和65%的铁矿；有200万年轻的男性成为战争的受害者；它的人民已经饱受了四年的饥饿，并承受着巨大的债务；它的货币贬值到以前价值的七分之一；它还面临着国内的革命和边境的布尔什维克主义；吞噬一切的四年战争和最终的失败给它在力量和希望上带来了难以估量的损失。"

凯恩斯指责和谈者们是伪君子和政治上的机会主义者，他们对一个公正和持久的和平社会的虔诚只是在"编制诡辩和狡诈之网，它最终给整个条约的外表和本质都笼罩了不真诚的阴影"。

《凡尔赛和约》下的和平是"迦太基式的和平"，战胜了德国的法国有点类似在布匿战争中战胜了迦太基并将其彻底摧毁的罗马帝国。但德国并未被真正摧毁。德国依然是个大国，它有6500万人口，而法国人口只有4000万。它还拥有巨大的经济增长潜力，经济发展程度与美国相当。

战胜国对战败国的严厉惩罚，埋下了复仇的种子。长远来看，德国决不会甘心自己的失败，更不会长期容忍《凡尔赛和约》的束缚。几乎从条约签署之日起，德国就下了复仇的决心。法国元帅福熙事后评论说："这不是和平，这是二十年的休战。"

世界经济危机点燃法西斯火药

凡尔赛体系是战胜国与战败国签署的一系列条约，除了对德条约，还有协约国同德国的盟国奥地利签订的《圣日耳曼和约》、同保加利亚签订的《纳依和约》、同匈牙利签订的《特里亚农和约》、同土耳其签订了《色佛尔和约》。

第一章 序幕：战争阴云

巴黎和会后，各大国之间的利益冲突得到了暂时的抑制。在凡尔赛体系下渐渐形成一种国际"新秩序"。新秩序在调整战胜国之间的矛盾上发挥了一定作用，但其实质依旧是强权政治下的"武力说话"，未能从根本上解决各国之间的争议。

可以说，"一战"结束时就埋下了"二战"爆发的种子，地点就在巴黎凡尔赛宫。种子的萌发还需要空气、水、土壤等外部条件。1929年爆发的世界经济大危机，就为"二战种子"提供了恰逢其时的生长条件。

▲1929年10月，华尔街股市崩盘事件导致了纽约华尔街的大恐慌。股票价格下跌得如此之快，以至于很多人都在即刻之间倾家荡产。

这次危机是资本主义发展史上空前严重、历时最长的一次，从1929年一直持续到1933年。除了时间久之外，这次危机还有以下三个特点：一是地域广。危机从美国爆发之后，很快蔓延到加拿大、日本和欧洲诸国。随后又波及各殖民地半殖民地国家，整个资本主义世界无一幸免。二是多病齐发。工业危机、农业危机、贸易危机和货币信贷危机交织在一起，盘根错节，难以治愈。三是破坏性大。危机期间，整个资本主义世界工业生产下降44%以上，失业人数达4000余万，各国失业率在30%~50%，国际贸易总额下降65.9%。造成的物质损失达2500多亿美元，比第一次世界大战所造成的1700亿美元的损失还要多出800亿美元。

为了转嫁危机，各资本主义国家对世界市场的争夺日趋白热化，甚至不惜以邻为壑。各国纷纷采取保护关税的措施，以阻止外国货物进入本国。先是美国在1930年提高关税，再是英国分别于1931年和1932年通过一系列法案，大幅增加关税。其他国家也照葫芦画瓢，从此关税壁垒高筑，国际贸易陷入困境。

面对经济危机，每个国家都从己方的狭隘利益出发，采取损人利己的

▲1930年10月，200名来自英国东北部贾罗地区的人，走上伦敦街头进行了一次请愿游行。这使人们开始关注因贾罗船厂关闭而导致的大规模失业。

经济措施，而没有顾及世界经济的整体安全。这就导致1929~1933年这四年的大萧条成为了两次大战间由和平向战争过渡的历史时期。世界政局和思潮因之发生大的转向，经济领域的贸易摩擦逐步发展为政治对抗乃至军事冲突，最终点燃了第二次世界大战的导火索。

各国进行贸易战的手段是利用廉价商品对他国进行倾销，在金融领域，则纷纷采取放弃"金本位"，让本国货币贬值。带头的是英国，1931年9月英国银行停止英镑的金本位制，英镑大幅贬值。接着瑞典、挪威、日本等50多个国家争相效仿。整个国际信贷市场一片混乱。在这一过程中，出现了以某国为核心的集团化对抗。金融联系较为密切的国家组成了英镑集团、美元集团、日元集团等相互对立、封闭的货币集团。最终形成了国家集团对抗的局面。

经济危机对法西斯上台有很大的"帮助"。德国受到的打击十分沉重，危机高峰时的1932年，德国工业产量比1929年下降近一半，失业者到处都是。而统治阶层为把危机转嫁到普通民众身上，又实行了征收新税、削减工资、削减救济金和养老金等政策，致使社会矛盾迅速激化。在这种情势下，法西斯党的影响力迅速扩大，最终为希特勒上台执政铺平了道路。

对日本来说，1929年"大萧条"蔓延过来的时候，使本就动荡的日本政局愈加混乱，经济亦随之恶化。外出逃荒、倒毙路旁、全家自杀、卖儿卖女的事件层出不穷。面对困局，日本财阀产生了建立"强力政权"的冲动，致使以陆军为主力的法西斯势力乘机抬头，利用英美经济危机、中国内乱，加大了入侵中国的步伐。

总之，许多国家的面貌因经济危机而改变。严重的经济危机造成了深刻的政治危机，引起了资本主义国家内部和彼此之间矛盾的空前尖锐化，这就给军事冲突造成了条件。从此，帝国主义列强重分世界和势力范围的"看家本事"——战争又被提上了日程。

二、墨索里尼乱世崛起

"贝尼托"原来是英雄的名字

当全世界都在经济危机中挣扎时，黑暗也在意大利的上空蔓延。这时，一个人正悄悄浮出历史的水面，开始掀起血雨腥风，那便是贝尼托·墨索里尼。

瓦拉诺·迪科斯塔，属意大利东北部普雷达皮奥省。这个地方早在13世纪就已经出名了，文艺复兴时期这里曾诞生了许多知名的人物。1883年7月29日，一声啼哭划破了这个古老村庄的宁静，铁匠亚历山德罗·墨索里尼迎来了他的第一个孩子。亚历山德罗·墨索里尼是早期的意大利社会党党员。他的妻子是一个正直、勤劳、受人尊敬的小学教师。当时在意大利，教师的生活是非常清苦的，不仅工资低微，而且不受社会重视，但她总是以"贫可育人"和"自古雄才多磨难"的思想教导学生。

年轻的墨索里尼夫妇希望自己的儿子长大了也像他们一样，正直地生活，正直地做人，于是给儿子起名贝尼托，表示对墨西哥的民族英雄贝尼托·胡亚雷斯的敬仰。胡亚雷斯1806年出生于印第安人的一个农民家庭，1858~1872年任墨西哥联邦总统。在任期间，胡亚雷斯曾进行了许多重大改革。他废除了教士与军官武士的特权，没收用于教堂建筑以外的一切教会地产，剥夺教会的世俗权力。1862~1867年，他领导人民抗击拿破仑三世组织的墨西哥远征军并获得了胜利，从而推翻了以麦克西米连为傀儡的帝国。他曾兴办印第安人教育，镇压退伍军人暴动与迪亚斯叛乱。亚历山德罗·墨索里尼对胡亚雷斯的英雄事迹十分崇拜，他希望自己的儿子长大成人后要像胡亚雷斯一样，做一个有利于人民的人。然而，美好的愿望被历史扭曲，贝尼托·墨索里尼却逐渐成为"一战"以后黑暗意大利的始作俑者。

"战斗的法西斯"

墨索里尼惆怅地离开社会党后,并没有陷入万劫不复的境地。1914年11月15日,他受到一些主战的垄断资本的赞助,很快便在米兰创办了一份能同《前进报》媲美的报纸——《意大利人民报》。

墨索里尼曾说:"我所以成为一个政治家,一个新闻学家,一个主战派,一个法西斯党的领袖,都与这张报纸有关。"《意大利人民报》就是在墨索里尼的悉心呵护下,成为了他的发迹之地、他的工具和他的喉舌。

1915年5月23日,意大利向奥地利宣战,正式参加第一次世界大战。墨索里尼立即借此机会利用《意大利人民报》大造舆论,迎合政府的决定。他大声疾呼:"意大利,我的祖国!我决心为你献出生命。我既不悲伤,也不害怕。"

1915年8月31日,墨索里尼带着他的承诺奔赴战争的前线。他的勇猛与顽强助他很快当上了排长。

1917年2月22日,在一次战斗中,墨索里尼不幸因为手榴弹的走火而身负重伤,伤愈之后无法继续作战,因此退役。他又回到了米兰,回到了《意大利人民报》。

这次的回归,墨索里尼抛弃了大战之前新闻记者的角色,他不再是简单的利用办报纸从政,而是披着更为虚伪的外套——以社会活动家的身份登上了意大利的政治舞台。

▲1935年10月,在罗马的一次凯旋游行期间,年轻的意大利法西斯主义者们在墨索里尼面前齐刷刷地走过。

四年的战争给世界留下了伤口,也挫伤了本就贫穷落后的意大利帝国,国内一片萧条与凄凉,人民群众生活在水深火热之中。此时俄国十月革命的影响传入了意大利,促使无产阶级觉醒,工人罢工,农民起义此起彼伏。然

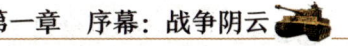

而，曾自诩为中立派类型的意大利社会党却奉行着反工人、反革命的右派路线，他们藐视退伍军人，指责主战派。

国内外的形势正好满足了墨索里尼的胃口，为他提供了大展拳脚的好时机，他开始在《意大利人民报》上不断发表文章，公开为退伍军人和失业青年叫屈，并号召他们组织起来寻找出路，这为法西斯党的建立铺平了道路。

1919年3月23日，在米兰的圣·塞波尔克罗广场，墨索里尼主持了一个主要由退伍军人参与的新政治运动团体——"战斗的法西斯"。

墨索里尼在建立"战斗的法西斯"之初，本意就是想借助"劳动者法西斯"对工农群众的影响，以获取人心。

这一新的运动团体同社会党的思想形成了明显的对立，它的纲领是共和的、反教会的和民主的，它主张分权、妇女选举权和比例代表制，将剩余战争收益充公，让工人参加各种工业管理并管理公共设施，使军工厂国有化，实行最低工资和8小时工作制以及取消帝国主义。然而，这一纲领最终只是纸上谈兵，没有起到什么作用，法西斯成员们的士气极为低落，但是墨索里尼并没有因此泄气。

1920年，法西斯进入了一个全新而又重要的复生发展阶段。随着新成员的加入，法西斯队伍的逐步扩大，其暴力活动也得以升级，"战斗的法西斯"便在意大利的土地上掀起了一场旋风，法西斯的讨伐也成了家常便饭。

疯狂的法西斯们或许是为了填补战后的枯燥无味来寻求刺激，或许是为了反抗社会党人，又或许是为了推翻腐朽的统治，抵制一切的压迫，他们最终想从法西斯主义中获取些什么，没有确切统一的说法，也很难用只言片语解释清楚，但随着1921年11月"战斗的法西斯"改名为意大利国家法西斯党，"法西斯"名副其实地背上了"战斗"的名号，残暴与侵略也尾随而来。

决斗，用剑术击败政敌

秉性骄野的墨索里尼为了夺取政权，发展法西斯的队伍，他用欺骗宣传的伎俩得心应手于资产阶级和无产阶级的队伍中，就如他曾对其心腹们所说："我们的政策就是左右逢源，既讨好贵族，又讨好平民，既反动，又革命。"

受尽战后挫伤的意大利充满了喋喋不休的不满与愤怒，墨索里尼除趁此机会利用《意大利人民报》大造舆论，宣扬法西斯主义的种种好处，拉拢广大劳苦大众之外，他对金融财团、工业资本家等资产阶级亦是信誓旦旦地宣称，"法西斯保护私有财产，实行自由经济，反对马克思的阶级斗争学说"。

然而这样的两面政策并没有给墨索里尼带来多少惊喜，1919年9月，狂热的民族主义者邓南遮为了扩张意大利的领土，率领一批支持者进军阜姆。墨索里尼热情高涨，给予大力支持，但还是以失败告终。随后11月16日的大选中，法西斯的选票惨不忍睹。墨索里尼故作镇定地安抚法西斯党徒们，为了转移人民对于法西斯的注意力，他把矛头指向了当局的尼蒂政府，且大肆宣扬民族沙文主义。

意大利的上空飘起了群众的怒吼、法西斯党徒们的仇恨，暴力成为了人们得以宣泄的途径，就像墨索里尼所说"法西斯所需要的是暴力、流血与牺牲"。

墨索里尼不仅仅宣扬暴力，组织暴力活动，他自身对于暴力手段亦是身体力行，这在他从小的残暴行为中便能看出些端倪，就连他的妻子拉凯莱都是通过暴力的途径得到的。

1904年，墨索里尼认识了小他9岁的拉凯莱，后因常年在外的奔波谋生，两人很少见面，随着时间的流逝，拉凯莱越发貌美脱俗。1908年，墨索里尼返乡，看到受人喜爱的拉凯莱，他顿感受到威胁，便用手枪威胁自己的父亲和继母（即拉凯莱的母亲）同意他与这位没有血缘关系的妹妹结婚。

残忍成性的墨索里尼在生活中习惯使用暴力，甚至在同别人进行政治辩论时，也总喜欢用暴力来解决问题。

1914年11月墨索里尼被开除出社会党之后，继续利用《意大利人民报》鼓吹参战。一位名叫麦里诺的律师，在《前进报》上同墨索里尼展开了激烈的论战，墨索里尼觉得在报刊上的辩论过于憋屈，于是向麦里诺提出了挑战进行决斗。决斗按传统的方式进行，双方都邀请了证人，1915年2月5日，墨索里尼拿着利剑，杀气腾腾地出现在这个带着政治气息的决斗现场，经过几个激烈的来回，并没有分出谁胜谁负，最终也只是以一个平局落幕。

第一章 序幕：战争阴云

虽然这次决斗并没有为墨索里尼带来荣誉，但后来他又以类似的方式先后与政敌西科蒂·斯克日斯和巴斯吉奥等对阵厮杀，在这些决斗过程中，墨索里尼利用其擅长的剑术狠狠地将对方击败。为了鼓舞决斗的精神能够在法西斯党徒中盛行起来，墨索里尼不惜将奥格斯塔的坟场变为罗马的音乐会场，借以发扬武士精神，

▲墨索里尼（居中）与意大利将帅在一起

并以"决战决胜，视死如归"来要求党徒们。

伤痕累累的意大利再加上法西斯分子们狂暴的破坏、搅拌，其经济形势日益恶化，全国陷入了一个难以为继的境况，人们面面相觑，纷纷议论，不知前面是更为深重的灾难还是猛然的觉醒。1922年1月，墨索里尼作为《意大利人民报》总编辑出席了正在法国戛纳召开的国际联盟会议。会上，他对于意大利货币的比值少于法国的一半这一事实感到极为耻辱，认为这是对战胜国的打击，这是意大利帝国危亡的征兆。随后他在《戛纳会议以后》一文中声称："在目前精神与经济恐慌的情形之下，必须往前进，否则就要沉沦下去了。"

前进的方式便是反抗，狂躁不安的法西斯党徒们夺权的欲望在这种前进声中愈加浓厚，为了壮大反革命武装力量，全面夺权，墨索里尼专门组织了一个广招军官和旧军人的军事参议会，主要采取武装训练，并对共产党和革命人民团体进行残酷镇压，制造恐怖气氛。

这群信奉法西斯的人们对其领袖实行无条件的服从，他们以颇具古罗马帝国军人的姿态招摇于意大利街头，就如脱缰的野马，肆意张狂着。1922年，墨索里尼以威胁的口吻对当局的法克达政府说道："现在法西斯党要自行其是了，或者做一个执政党，或者做一个乱党，何去何从，要看局势的发展了！"

011

蠢蠢欲动的法西斯党徒们要行动了！夺权的声响开始从四面八方涌入阴云密布的意大利。

三、德意志再度疯狂

发布于小啤酒馆中的 25 条纲领

1920 年 2 月 24 日，慕尼黑著名的霍夫勃劳豪斯啤酒馆的宴会厅里，不时传来人们的喊叫、欢呼声，德国工人党正在举行一场史无前例的集会。

阿道夫·希特勒醉心于这样澎湃的场景，他慷慨激昂地在台上发表着演讲，附和并调动着人们高涨的情绪。在这次演讲中第一次公开阐明了由他和德莱克斯勒、弗德尔三人拟定的德国工人党的 25 条纲领。

会上，除了支持者的喝彩声之外，也有反对者的唏嘘声，但在大会结束之时，纲领还是得到了大家的一致同意。这个纲领从未修改过，一直保留到 1945 年纳粹党灭亡，它在 1920 年 4 月成为纳粹党的正式纲领。

纲领内容由 25 条组成，其首要提出的是大德意志民族主义的立国方针，纲领要求"基于民族自决的权利，联合德意志人为大德意志帝国"、"国土和领土（殖民地）足以养育我们的民族及移殖我们的过剩人口"。后来希特勒吞并奥地利，占领苏台德区等侵略行为正是这一方针的实践。

希特勒的反犹情绪在 25 条纲领中亦得以体现，它规定：在德国，具有德意志血脉的人才称得上是国民，犹太人不是国民，不能担任公职，不能享有公民的基本权利，甚至规定自 1914 年 8 月 2 日以来迁入德国的非德意志人立即离开德国。强烈的民族国家意识使得在党纲中出现了建立中央集权政府和民族军队的主张。高度的中央集

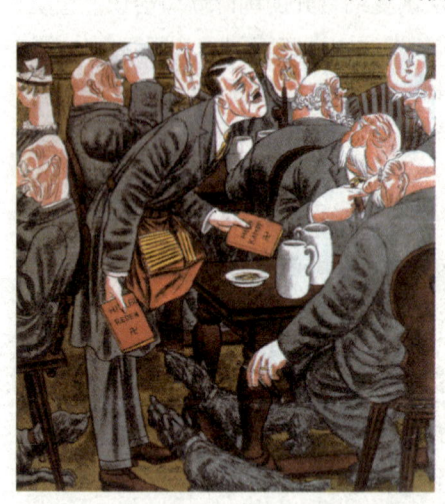

▲一幅显示希特勒在啤酒馆宣扬政治主张的讽刺画

权，迫使人们一切以国家利益为重，公民必须无条件地服从国家。

纲领还要求废除《凡尔赛和约》和《圣日耳曼条约》。

为了争取中下阶层群众，党纲中还不乏社会主义色彩的改革主张。如"取消地租和禁止土地投机""取消一切不劳而获的现象""粉碎利息奴役制度""对卖国贼、高利贷者、投机分子判处死刑""分享大企业利益""将托拉斯收归国有""造就一个健全的中产阶级""取缔一切不劳而获的现象""大规模改组养老设施"等。然而这些所谓的"社会主义"仅仅是为了收买人心，获得他们的肯定，真正付诸实践的没有几样，到最后都成了纯粹的骗人把戏。

这个看似面面俱到、考虑周全的纲领，其实质却是以国家和民族利益为幌子，对内实行专制、对外进行扩张的纲领。但这丝毫没有影响满怀激情的希特勒和德国工人党的宣传，煽情的演讲、"合理"的纲领不仅吸引了群众的注意力，还打破了党以往小俱乐部聚会形式的羁绊。

成功地迈出这一步，对于希特勒和整个德国工人党而言都是尤为重要的，但是希特勒也深知，这仅仅是个开始，要想完善整个工人党，真正影响到群众，还需要做出更多的努力。颁布出25条纲领之后，他立即着手于党的标志和象征的问题上。

1920年5月，一面红底白圆心、中间嵌个黑"卐"字的旗帜成为了纳粹党的党旗。

纳粹党手里的"社会主义"

希特勒和纳粹党，除了疯狂地反对犹太人之外，对马克思主义亦心怀恐惧，他认为这些人会威胁到德国人民的生活，扰乱德国的正常秩序。

前面我们提到，在1920年4月1日，德国工人党改名为民族社会主义工人党（即纳粹党）。纳粹党带着社会主义的帽子，骨子里却是极端野蛮残酷的帝国主义、种族主义和恐怖主义，和社会主义主张的"解放和发展生产力"完全相悖。

1920年2月制定的25条党纲中也有不少带社会主义性质的条例，希特勒正是打着这面染着"社会主义"和"民族主义"色彩的旗帜为纳粹党铺平了道路，把自己推上了舞台。

当时的德意志正处于动乱不安中。1919年签订的《凡尔赛和约》对于德国来说更是个致命的打击，它割走了本属于德国的领土，以战败赔款的名义被剥夺了大量的金钱，还有意地减弱了德国的武装力量，排除其在欧洲称霸的可能性。顿时，举国上下充斥着愤怒，人们纷纷起来抗议、游行，以此表达对这个条约的抗拒。

尽管拒绝的声音响彻整个德意志上空，1919年6月28日，魏玛临时政府还是在凡尔赛宫的镜厅签订了条约。

《凡尔赛和约》的签订，使得德国炸开了锅，本就存在争议的各党派之间出现了更为纷乱的不合。掌握着经济实权的德国保守派本就不支持魏玛共和国，更别提接受条约的限制与规定；陆军作为国家的军队，却并不属于内阁和议会掌管，它更像是一个国中之国，从一开始就没有打算接受这个限制性条约。

群众的反抗，党派的挤兑，使得魏玛共和国摇摇欲坠。年轻的希特勒察觉到时局对他而言颇为有利，当国内所有的矛头都指向共和国时，他知道，他有机会趁乱崛起。

深信未来必将刮起日耳曼热潮的阿道夫·希特勒虽然反对马克思主义，但是他又十分佩服这些人对于信仰的坚定与激情，他常常想，若是把这样一群人收归于自己的旗下，那将是一股不可小觑的力量。为了赢取更多工人、群众的支持，希特勒和他的同伴们又不能打着种族主义的标志公开招募，他需要一块面纱作为掩饰。

1920年，德国工人党改名为民族社会主义工人党，贴上"社会主义"的名字，是为了表明这个政党是属于工人的，是对工人负责的，他们好披着这块面纱招引更多的工人，为之进行起义、罢工和革命。

对于共产党员的争取得到了党内一些成员的反对，虽然反犹是首要的目的，但是共产党带来的威胁不可小看，这为希特勒敲响了警钟，也为纳粹党注了醒酒药，社会主义在纳粹党手中永远都只是个棋子，一面前进的

▲纳粹党在慕尼黑宣传造势，支持希特勒。

幌子。

因此，1920年25条纲领的颁布，"分享大企业利益""将托拉斯收归国有""取缔地租和禁止土地投机""取缔一切不劳而获的现象"等社会主义色彩的条例为纳粹和希特勒招揽了不少的支持与喝彩，但是这些条例最终都没有真正得以实施，成为了纳粹骗人的把戏。

可见"社会主义"只是披在纳粹身上一件虚假的外套，主要是为了掩藏那副凶残而又丑陋的贪婪嘴脸！

登上权力之巅

铁窗的背后留给希特勒的是大把的时间，在狱中除了著书立说之外，他还不忘抚今追昔，回顾过去的挫折与晦暗，为新的远景养精蓄锐。

1924年的冬季，希特勒离开了兰德斯堡监狱，开始重操旧业。这个萧瑟的冬季，寒气和经济状况不佳不仅围绕着希特勒，连整个德国也开始出现了经济的恐慌，一直持续到了1929年。精明的希特勒并没有被一时的挫败打倒，反而更具耐心和信心，出狱后的他没有改变其夺权的初衷，只是变换了策略。他曾在狱中反省啤酒馆政变，并悟出既然通过政变夺权行不通，那就采取相反的途径，同政府合作来夺取政权，也就是说利用时势靠合乎宪法的手段来实现目标。

1925年1月4日，希特勒迈出了他新策略的第一步，他向新任巴伐利亚总理海因里希·赫尔德表态，保证今后一定会忠诚于政府，循规蹈矩，恪守法律，并答应与他合作共同反对马克思主义的斗争。这位肤浅的总理并没有发现希特勒那隐藏着的野心，反而错误地认为，"希特勒这头野

▲希特勒上台后，其支持者们高举火把游行。

兽已给制住，我们可以松松链子了"，于是纳粹党和《人民观察家报》的禁令得以撤销，纳粹活动的复苏指日可待。这可以说是"转型"后的希特勒通过走合法路线赢得的第一仗。

《人民观察家报》于1925年2月26日复刊，希特勒特地写了一篇题为《新的开端》的长篇社论，以此振奋纳粹党徒的精神，号召他们起来继续奋斗。第二天，在那次归于惨败的政变出发地——贝格勃劳凯勒啤酒馆，希特勒举办了出狱后纳粹党的第一次集会，也是他出狱后的第一次公开亮相。虽然曾经共同作战的很多忠实信徒们死的死，逃的逃，决裂的决裂，但是在这个会场里，依旧聚集了4000多人，构成了一个盛大的场面。

希特勒知道，重建纳粹党是当务之急。他不仅需要把纳粹党建设为一支通过合法手段攫取权力的队伍，还要把这支队伍完全控制在自己的手上。为了重燃党徒们的士气，他发挥了自己演讲的天分，口若悬河地讲了两个小时，赢得了台下观众雷鸣般的掌声。

如此热烈的公开集会引发了政府的警惕，他们感觉这头被"制服"的野兽还是如此地不安分，于是禁令他在两年的时间内都不能公开进行演讲。这一棒给了希特勒重重的一击，但也没有使他有丝毫的退却，因为除了演讲，希特勒还是个出色的领导者、组织者。

不能在公开场合演讲的希特勒开始把精力放在了建设纳粹党的身上，他不断吸收党员、筹集经费、组建武装力量，完善党内机构。在他的努力之下，纳粹的队伍急剧壮大，组织也越来越正规和严密，到1928年纳粹党已成了"拥有一批具备接管政府事务能力的干部队伍的政党"。

1928年5月20日，纳粹党在国会选举中仅获得少得可怜的选票和议席。为了站稳脚跟，纳粹党必须进入到国家议会当中去。

此时经济危机给德国带来了严重的危害，工厂倒闭，工人失业，下层群众过着居无定所、饥寒交迫的生活，国内充满了对当局的不满之情。希特勒抓住了这个天大的机会，带着他那三寸不烂之舌开始奔波于全国各个竞选场地，他知道这是个笼络人心的好时机。终于，在1930年的国会选举中，希特勒迎来了巨大的惊喜，纳粹党一跃成为国会中的第二大党，开始崭露头角。

但是，喜悦之后还有更大的焦虑，在选举中，共产党的得票也增加了，要想再获得稳定的多数选票已经相当困难，为了能够继续生存下去，希特

▲ 希特勒走上权力的巅峰

勒想到了拉拢陆军和垄断资产阶级,这是德国的两大支柱。

早在啤酒馆政变之时,陆军就警惕过纳粹这支一心想要夺权的队伍。为了争取陆军的支持,希特勒不断发表演说,反复强调纳粹和陆军是朋友,社会党和共产党才是陆军的敌人。他利用年轻军官热衷于政治的特点,向他们展开疯狂的宣传。到了1930年,很多军人都被希特勒狂热的民族主义精神所感染,他们相信纳粹就是他们需要的东西。

1932年1月27日,希特勒前往杜塞尔多夫工业俱乐部发表演说,他反复强调纳粹会保护他们的利益,会从他们的利益出发,愚蠢的资产阶级巨头们满以为同纳粹党达成协议,用金钱笼络住希特勒,帮助他扫清道路,会为自己赢得更多的利益。

1932年7月3日的大选中,纳粹党果不其然成为国会第一大党,并且攫取了国会议长职位。一切都已经准备妥当,希特勒只欠一股东风把他吹向成功的顶峰。

深刻的经济危机、强大的工人运动,德国政府出现了前所未有的危机,各个政党的钩心斗角,以及希特勒的从中作梗使得政局飘忽不定,1933年1月30日,总统被迫接受提议,决定任命阿道夫·希特勒为政府总理。

那一天，43岁的希特勒兴奋地站在总理府一扇打开的窗户前，看着他的信徒们手舞足蹈、高声歌唱；狂欢的纳粹党徒们亦看到他们的总理留着卓别林式的小胡子，挂着满身的喜气，不断地举起手臂向他们致礼。

希特勒的登台标志着魏玛共和国走向了尽头，第三帝国得以建立，法西斯主义风潮由墨索里尼和希特勒的登台开始传向东方。

四、日本扰动远东

"开拓万里波涛"，将"国威布于四方"

在世界的东方，一个贪婪而又恣肆的江洋大盗正在崛起，它就是日本法西斯。

早在明治天皇即位之时，日本便制定了用武力征服朝鲜、中国乃至整个世界的"大陆政策"。明治天皇在"天皇御笔信"中还宣布：要"开拓万里波涛"，将"国威布于四方"。从此野心勃勃的日本开始猖獗了起来。

1894年7月23日，日军侵略朝鲜，拘禁了国王李熙。同年，打响了甲午中日战争，入侵中国辽宁，占领旅顺口和大连港。1914年，第一次世界大战爆发，日本利用此次机会对德宣战，出兵中国。

中国，长期以来便被日本视为主要的侵略扩张对象，日本的魔爪在中国的东北地区肆意地飞舞着，在这里它拥有一个东印度公司式的殖民机构——南满铁路株式会社，殖民扩张的基地——关东州，还有一支推行其殖民政策的军事力量——关东军。同时，为了维护其本身的在华利益，日本还不忘同其他帝国主义列强在中国的领土上展开利益的角逐。如早在1905年日俄战争结束以后，日本就取代沙俄，在中国东北攫取了不少殖民特权。

1919年日本法西斯第一个组织——犹存社成立。

1927年6月，日本首相田中义一在东京主持召开了"东方会议"，这次会议有陆军、海军、外务三省以及驻中国的外交官、军事首脑和行政长官等要员参加。会上，他们就侵略中国的政策和方针进行了周密的策划。会议还通过了《对华政策纲领》，纲领规定把中国东北划为日本"在国防及国民生存上有重大利害关系"的特殊地区，并说，一旦它的这个特殊地区

第一章 序幕：战争阴云

受到损害，"不论来自何方"，"都必须抱定决心不失时机地采取适当措施"。

1929年，全球性的经济危机爆发，再加上早前关东大地震带来的破坏，日本面临着严重的打击。国民经济的亏损，黄金不断外流。工业萎缩，农业告急，使得日本法西斯对觊觎已久的中国更是垂涎三尺，为了摆脱世界经济危机所造成的深重困扰，转移国内的注意力，日本帝国主义迫不及待地走上了侵略道路。

日本的矛头首先指向的便是中国东北地区。不仅仅是因为它在地理位置上与日本临近，还因为这里资源丰富，土地肥沃，能够给日本提供充足的原料。侵占东北可以巩固对朝鲜的殖民统治，它还是日本进入中国和北上苏联的跳板，东北地区毫无悬念地成了日本的战略基地和日本军国主义前进的"生命线"。

日本帝国主义为了更好地控制中国东北，不仅大力地对东北地区进行投资，同英、美等帝国主义竞争，还拉拢号称"东北王"的军阀张作霖。开始加紧对张作霖施加压力，并且急于想要索取其在东三省的权益。充满野心的张作霖本想借日本的势力来壮大自身的权力，而不是束缚自己的手脚，所以对日本的逼迫十分不满。再加上他认为自己手中的几十万大军是具备一定实力的，日本人并不能真正把他怎么样。同时，东北人民的反日运动日益高涨，使得张作霖开始拒绝日本提出的要求，这惹恼了日本帝国主义。

随着张作霖与日本的关系恶化，日本决定除掉张作霖。

张作霖被炸死的消息传出去以后，即将登上皇位的日本裕仁天皇欣喜若狂。而张学良由于收集不到确切的证据，在万般无奈的情况下，也只能假装此事已经了结，但他和他的部下暗中仍在追查凶手。

▲经济危机的爆发，使得日本将侵略的触角伸向资源丰富的中国。

张学良在南京政府的催促和东北民众的拥护下，改旗并于1928年12月29日在奉天省府礼堂举行了易帜典礼。

12月31日南京政府正式任命张学良为国府委员、东北边防军司令长官，张作相、万福麟为副司令，并通过了东三省及热河省委员名单。

从此，东北三省升起了国民党的青天白日满地红旗。

为了使日本的经济发展能够满足侵略战争的需求，1929年12月，日本政府颁布了《产业合理化纲要》，1930年6月成立了临时产业管理局，1931年4月发布了《重要产业统制法》，通过这些举措日本在许多工业部门强制建立卡特尔，加大国家对经济的控制力度，把国民经济的发展纳入战争经济的轨道。

1931年6月，日本陆军制定了军制改革的方案，增加在朝鲜境内的军事力量，使关东军的编制和配备能够适应战争的需要。此外，日本还计划新建和增建航空队、坦克队和其他机械化兵团。

日本还大力加强军国主义的舆论宣传，为侵略中国进行思想准备。日本在中国大肆宣传要在东北地区建立所谓的"王道立国的新国家"。1931年6月至7月，日本参谋本部制定了侵略计划，就侵略中国东北的行动进行了具体的部署。

1931年9月18日，日本帝国主义在经过了一系列的精心策划和准备之后，发动了对中国东北的突然袭击。当晚10点20分，一声巨响炸毁了南满铁路的一段路轨，这是日军事先就策划好的，并立即以此为借口，污蔑是中国军队所为，并用早就从旅顺运来的大口径榴弹炮猛轰东北军北大营。翌日凌晨占据北大营，当天，沈阳城失守。

日军在攻打沈阳的同时，还兵分几路开向了长春、四平、公主岭等中国兵营。

9月21日日军占领吉林市和吉长、吉敦两段铁路；22日侵占辽源四洮铁路；11月，黑龙江省沦陷在日寇的铁蹄之下；1932年1月2日，锦州被占领，中国军队全部撤至关内。仅仅三个多月的时间，美丽富饶的东北三省便被日本帝国主义者吞噬了。

日本挥舞着屠刀，马不停蹄地冲向中国，国民党当局奉行的不抵抗政策，更是纵容了日本侵略者的侵略行为，使他们肆无忌惮。

1932年1月28日，日本的魔爪触及到了上海——这个中国沿海的重要经济、政治中心。它想控制上海来建立连接长江流域和中国内地的新侵略基地。

此起彼伏的事端，随处可见的战火硝烟昭示着一场席卷东亚地区的侵略战争已经慢慢地铺展开来。

宁予外贼不予同胞

日本帝国主义为了长期霸占东北，在军事占领的基础上，开始策划在东北建立一个傀儡政权——伪"满洲国"。这个国家以日本为盟主，以日、满、蒙古、汉、朝鲜五族组成，以溥仪为首脑，下设五个镇守使。这个政府从1932年成立到1945年崩溃，经历了长达14年时间，日本帝国主义利用它直接对东北人民进行血腥统治，犯下了滔天罪行。

除了建立伪"满洲国"以外，日本侵略者为了维护和巩固自己的统治，在各地驻有关东军，还把它的宪兵、警察和特务遍布东北各城市和乡村。这些宪兵、特务，动辄以"抗日嫌疑"屠杀、犬食、活埋中国人民，制造了大量惨案。他们还制造了大规模的"无人区"和"人圈"，采用"以华制华""以夷制华"等手段进行统治。

在经济上，日军侵占东北后，大肆掠夺经济资源。他们依照所谓的"日满经济一体化"方针，完全控制和操纵了东北的经济命脉，达到"以战养战"的目的。

为了适应战争需要，日军还极力推行细菌战，组建了进行细菌战的

▲"九一八事变"爆发后，日本加快了入侵中国的步伐。

"细菌实验所"，以活人代替动物进行试验，专门培植、制造鼠疫、霍乱、坏疽、伤寒、结核、破伤风、鼻疽、牛瘟等疫病细菌，还进行毒气试验、冻伤治疗试验、真空环境试验，及活人解剖，用各种暴行残害中国人民。

面对日本人的残忍行径，国民党政府不仅不奋勇抵抗，还一再妥协，纵容日军的侵略行径。如日军发动"九一八事变"，占领了东北后，国民党政府"绝对不抵抗"，请西方列强"调停""先以公理对强权，以和平对野蛮，忍怒含愤，暂持逆来顺受态度，以待国际公理之判断"。

此外，1932年1月28日，日军发动"一·二八事变"，进攻上海。国民党同样表现懦弱，5月5日同日军签订《上海停战协定》，划上海为非武装区，中国不得在上海至苏州、昆山一带地区驻军。

1933年5月31日国民党政府签订《塘沽协定》，承认了日本对东北、热河的占领，划绥东、察北、冀东为日军自由出入地区。

1935年6月27日国民党政府签订《秦土协定》，中国丧失了在察哈尔省的大部分主权。

1935年7月国民党政府签订《何梅协定》，中国河北省主权大部分丧失。

日本吞并整个华北的威胁和国民党政府的投降卖国政策，激起了华北人民和全国各阶层人民的强烈抗议。

此时，中国共产党在这国家危亡的关键时刻，挑起了保卫国家，振兴民族的重任。早在1935年6月15日，还在红军长征途中，中华苏维埃共和国中央政府和工农红军革命军事委员会就发表了《为反对日本并吞华北和蒋介石卖国宣言》。

1935年，党中央和红军主力胜利地到达中国的西北地区同陕甘红军会师之后，11月13日，党中央又发表宣言，揭露了日本帝国主义企图把全中国变为它的殖民地和蒋介石出卖中国的丑恶行径，以及我们中华民族所面临的危险境况，指出抗日反蒋是全中国民众救国图存的唯一出路。宣言号召全国民众动员起来、组织起来，拥护这个唯一正确的救亡图存的主张。

中国共产党的这一宣言很快就在全国范围内流传开来。1935年12月9日，在中国共产党的领导下，北平1万多大、中学生举行了伟大的抗日救国运动，群众高呼"停止内战，一致对外""打倒日本帝国主义"等口号，并同时向国民党政府提出了抗日救亡的基本条件，即为"一二·九"运动。

国民党政府用屠杀和逮捕等各种残酷手段来镇压学生运动，但爱国学生以更大规模的群众运动来回击反动派。12月16日，在中国共产党领导下，北平学生和市民3万人在天桥举行大会，会后还开展了声势浩大的爱国游行运动，迫使原本在这天成立的傀儡政府"冀察政务委员会"不得不延期成立。"一二·九"和以后的爱国运动，冲破了国民党政府的恐怖统治，很快得到全国人民的响应，抗日救亡运动迅速扩大到全中国。

这一系列抗日爱国运动表明国人已从沉睡中觉醒过来，表明了他们誓死不当亡国奴的决心。

五、法西斯步步紧逼，英法美步步绥靖

阿杜瓦战役让意大利成为国际笑柄

19世纪后期，欧洲列强竞相争夺海外殖民地，当时获得英国庇护的意大利，把目光锁定在了非洲的埃塞俄比亚。这个位处红海南端的落后国家不仅因为它的地理位置堪称为战略要地，还因为它拥有丰富的矿藏资源，因此成为了意大利侵略的首要目标。

1885年，意大利出兵，埃塞俄比亚皇帝约翰尼斯四世奋起反击。然而，由于双方军事实力的悬殊，意大利军队轻而易举地挺向其目的地。此时，邻国苏丹趁埃塞俄比亚专注于同意大利周旋之际，迅速崛起，并时常与埃塞军发生冲突。

1889年3月孟尼利克当上埃塞俄比亚的皇帝，这位见过世面的亲王深知要想保持主权的独立，就必须稳定时局，实现国家统一，增强军力。为了让意大利放松警惕，给自己赢得足够的时间，做足充分的准备，孟尼利克与意大利签署了《乌查里条约》，同意割让一些领土给意大利。在接下来的几年里，孟尼利克大肆进口现代化的枪炮和装备。到19世纪末，孟尼利克军中的大部分战士，都有了欧洲和美国提供的精良武器。然而，在意大利政府眼中，这位深谋远虑的国王仅仅是一个未开化的野蛮人。

嚣张的意大利为了使埃塞俄比亚完全沦为其殖民地，未同埃塞俄比亚政府商议便擅自将《乌查里条约》中"埃塞俄比亚皇帝可以选择在意大利政府的协助下同欧洲各国君主交往"改为"埃塞俄比亚皇帝必须由意大利

政府代表他处理与所有其他国家或政府之间的一切事务"。孟尼利克立即给予反抗，意大利恼羞成怒，派兵打压埃塞俄比亚政府。面对突变的局势，孟尼利克带领着国民奋起反击。

在意军眼中，埃塞俄比亚军队只不过是一群乌合之众，于是采取简单地将埃塞俄比亚军队引诱到其防御阵地，再予以全歼的作战计划。但是埃塞俄比亚军队并没有进攻，只是占领了阿杜瓦，双方陷入了僵局。

1896年2月，僵持了数月的双方都面临着因为军粮等后勤供给不足的困扰。2月25日，等不及的意大利政府斥责军队首领胆小如鼠，希望他们能够马上行动起来，早日解决埃塞俄比亚军队。

2月29日傍晚，意军开始向阿杜瓦进军。这对于深感疲倦的埃塞俄比亚军队而言是个天大的好消息。

3月1日凌晨，意大利军队到达阿杜瓦城前，然而本已有了周密计划的意军却被这陌生而又复杂的地势环境扰乱了头脑，他们实际所面临的地域同其手中粗略的地图完全是两个模样，意大利军队在黑暗中乱了方寸。

埃塞俄比亚这边，孟尼利克出动了最精良的部队和最先进的武器来对抗意大利军队。当意军混乱地出现在阿杜瓦时，埃塞俄比亚军队如潮水般从山巅和峡谷中杀出，漫山遍野都是军旗、头盔、盾牌和刀枪。埃塞俄比亚军队毕竟是中世纪的产物，尽管有不错的装备填充，但是同意大利军队比起来，还是处于劣势的地位。因此，随着黑暗渐渐散去，战场态势愈加明晰，意大利军队的火力开始凶猛起来。手持长剑、挥舞火枪的埃塞武士一个接一个倒了下去，但是他们并没有后退，而是勇猛前进，踩着战友的尸体挺进敌人的阵地。意军被这样一群"土著"队伍蛮横地打倒了。

这场血腥的战役是埃塞俄比亚人为了赢得民族的独立，抱着视死如归的精神，一刀刀、一步步夺回来的。在世界看来，这无疑是个让人惊叹的奇迹。1896年3月1日，这个永远让埃塞俄比亚人自豪和铭记的日子成为了埃塞俄比亚的国庆日。

当阿杜瓦战败的消息传到罗马后，意大利人愤怒了，这是一个十足的耻辱。虽然胜利后的孟尼利克并没有乘胜追击，只是提出废除《乌查里条约》和承认埃塞俄比亚的独立，但这在意大利人心目中却造成了深远的影响。

意军的惨败在欧洲甚至整个世界引起一片哗然。西方舆论惊呼："不敢想象，一个文明的欧洲国家的军队会在一名非洲酋长和士兵的手中遭到如此巨大的灾难。"阿杜瓦战役不但没有为意大利带来利益，反而使得它沦为国际的笑柄。

复仇——"历史上最伟大的殖民战争"

意大利作为第一个建立法西斯政权的国家，早已有了侵略扩张的野心。其领袖墨索里尼曾自封为"新恺撒"，扬言要重建"新罗马帝国"，把地中海变为"意大利湖"。多瑙河流域、巴尔干半岛以及地中海东部沿岸国家都是意大利觊觎了很久的地区，但遭到了英、法、德等帝国主义的阻挠，于是把扩张的重点放在了非洲，埃塞俄比亚则是重中之重。

1929年，世界经济危机爆发，推动了意大利侵略扩张的脚步。为了摆脱国内严重的政治经济危机，填补资源不足的缺陷，发动侵略战争，从别国掠夺领土和财富已是迫不及待。

为了满足发动侵略战争的需要，意大利法西斯在经济上进行了全面的改造，通过各种措施在工业上强制实行卡特尔，加强对工业的控制，大力发展国家的垄断资本主义；在军事上加紧扩军备战，规定18～55岁的男子都必须义务服兵役，还大规模地建设军事基地，举行军事演练。

墨索里尼率领着法西斯军团再一次踏上了埃塞俄比亚的土地，除了埃塞俄比亚本身的诱惑和英、法、美等国采取的纵容或中立的绥靖政策助燃了其侵略的气焰之外，意大利法西斯们还念念不忘40多年前阿杜瓦那场战斗带来的耻辱，他们的到来是为了复仇，为了洗刷当年之耻。

1934年，意大利开始在埃塞俄比亚周边的国家建设飞机场。为了试探埃塞俄比亚，12月5日，意军在边境对其进行公开的挑衅。1934年12月30日墨索里尼召见意军总参谋

▲为了转移国内的矛盾，墨索里尼将侵略的目光转向了非洲，他的政策受到军方的支持。

长巴多里奥，把侵略埃塞俄比亚的行动方针与计划交给他。1935年1月14日德·博诺被任命为东非意大利军队总司令，接令前往厄立特里亚为侵略战争进行部署。2月，大批的意大利军队被运到埃塞俄比亚周边，到1935年秋天，已经有30万大军集聚在埃塞俄比亚北部和东南部边界上。1935年10月2日，墨索里尼发表演说，武力吞并埃塞俄比亚正式开始。次日，守候在埃塞俄比亚边境的30万大军行动了起来，他们越过马雷布河边界，从东、南、北分三路发动，侵入埃塞俄比亚，企图一举侵占。

同当年一样，埃塞俄比亚的人民为了保卫祖国，他们同仇敌忾，奋起反抗，拿起各种武器，顽强地抗击着这支凶狠的法西斯军队，他们利用其熟识而又独特的山区地形条件，组织伏击战，深入敌人后方，英勇的埃塞军多次挫败了意大利侵略军，给骄横的意军以沉重的打击。

埃塞俄比亚对于意大利侵略军的反抗，是一场正义的战争，它得到了来自全国各地乃至全世界人民的支持与同情。在强烈的舆论谴责下，1935年10月7日，处于英法控制下的国际联盟宣称意大利的行为属于侵略性行为，要求对其实行经济制裁。然而，这些都只是做给人们看的表面功夫，为了笼络意大利，组成对付德国法西斯的统一战线，他们暗地里依旧放任意大利的侵略行径。

在绥靖政策的纵容下，意大利法西斯的气焰更加狂妄，他们肆无忌惮地欺压和屠杀着埃塞俄比亚人民。

1936年4月，意大利法西斯对埃塞俄比亚的疯狂侵略达到了高潮，其军队由之前的30万增至40万，武器装备也大量得以补充。埃塞俄比亚的上空布满硝烟。

5月5日，埃塞俄比亚首都亚的斯亚贝巴被侵略军占领，国王海尔·塞拉西逃亡海外。5月9日，意大利宣布埃塞俄比亚为其殖民地，建立意属的东非帝国。

埃塞俄比亚的反抗失败了，无法像40年前那样为国民或是世界创造奇迹。然而这场被墨索里尼吹嘘为"历史上最伟大的殖民战争"并没有因此而消停，不屈的埃塞俄比亚人民仍然在进行抵抗，它粉碎了意大利想要迅速灭亡埃塞俄比亚的妄想，鼓舞了世界反法西斯的力量；同时意大利本身亦付出了生命、金钱等高昂的代价，他的不羁还为日后与英法的矛盾播下了种子。

第一章　序幕：战争阴云

慕尼黑阴谋：缺席的捷克斯洛伐克被判"死刑"

1938年3月，纳粹德国吞并了奥地利后，蓬勃的野心开始集中到下一个侵略目标捷克斯洛伐克身上。

希特勒以维护捷克境内日耳曼人的利益为借口锁定了捷克。在靠近两国边境的苏台德区有300多万日耳曼人，为了使得这些日耳曼人脱离捷克斯洛伐克回归"大日耳曼帝国"，希特勒一方面指使捷克纳粹党徒和部分民众要求"民族自治""脱离捷克"，另一方面，希特勒又声称不能容忍德国境外的日耳曼人遭受捷克人的"欺侮"，要替他们"伸张正义"，准备用"军事行动扫荡捷克"，为其陈兵边界创造舆论条件。眼看兵临城下，捷克政府亦不想成为德国人的俘虏，任人宰割。于是加强了作战兵力，采取相应的措施，德国和捷克两军对峙，战争一触即发。

在第一次世界大战结束之后，捷克斯洛伐克的主权是受到英国和法国保护的，且签有互助的同盟条约，条约规定：任何一国一旦受到军事进攻，其他国家都要出兵协助防卫。所以当德军要进攻捷克时，英法两国便深感不安，按照条约他们必须出兵协助，也就不可避免地被卷入战火中，而战争很有可能在西欧大范围地蔓延开来。

为了寻求更好的解决方法，1938年9月13日晚上，英国首相张伯伦给希特勒发出一封十万火急的电报，表示要和希特勒见面，希望"和平解决"这一问题。随后，张伯伦很快就得到希特勒的愿意同他会晤的答复。

9月15日，张伯伦抵达慕尼黑，马不停蹄地赶往希特勒的住处同他进行会谈。谈话中，希特勒在虚伪地奉承了张伯伦一番后便以带着"杀气"的口吻说："不论用什么方法，这次都要解决捷克境内300万日耳曼人的问题。就是为捷克打一场世界大战也不怕！"如

▲1938年9月，英、法、德、意在慕尼黑举行会议，签订阴谋瓜分捷克斯洛伐克的《慕尼黑协定》，图为希特勒（左二）与张伯伦（左一）在一起。

此赤裸裸的话语出自这位张狂的"领袖",在张伯伦看来并不奇怪,他只是希望在战争爆发的时候,不要危及英国的利益,为了讨好希特勒,他说:"我可以代表个人说,我赞同苏台德区脱离捷克斯洛伐克的主张。我希望回到英国向政府报告我个人的态度,并且取得政府的批准,同时还要和法国人商量。"

次日,张伯伦和希特勒协定,割让苏台德区。

其实,在暗地里,德军已经开始紧锣密鼓地进行入侵捷克斯洛伐克的准备工作。9月16日,德国最高统帅部与宣传部共同制定了一项关于军事侵略怎样与舆论宣传相配合的计划;17日,希特勒指定最高统帅部派人去协助汉莱因组织"苏台德自由团",并命令这个团要不断制造与捷克当局的武装冲突和纠纷;19日,最高统帅部向准备参战的军团下达了行动时间表。

张伯伦从慕尼黑回到伦敦后,便遵循其约定与法国人一起向捷克政府施压,要他们割让苏台德区。这当然遭到了捷克政府的拒绝,但是他们的保护国却声称,如果捷克斯洛伐克政府不同意英法的建议,那么他们也就没有义务协助捷克斯洛伐克共同抵御德国的入侵。为了表示他们的决心,9月19日,英、法向捷克政府递交了一份正式的照会。照会写道:"法、英两国政府明白,为了和平事业而要求捷克斯洛伐克政府做出的牺牲是何等巨大。但是,这一事业既关系到欧洲全体,也关系到捷克斯洛伐克本身,法、英两国政府认为有责任向捷克斯洛伐克政府坦率提出获致和平必需的条件。这个条件就是将苏台德区划给德国。"孤立无援的捷克斯洛伐克最终只能选择退让,同意割让领土。

1938年9月29日,希特勒、墨索里尼、张伯伦、达拉第这些来自德、意、英、法的四国首脑在慕尼黑聚首。他们决定把苏台德区"转让"给德国,而希特勒也在这次会议上信誓旦旦地承诺,苏台德区将会是他最后一次要求西方国家割让领土。这使得英法首脑深信不疑,他们沾沾自喜着自己为"一代人的和平"作出了重大的贡献。然而,这个从捷克斯洛伐克搜刮领土的会议,却唯独缺席了当事国捷克斯洛伐克。

尽管希特勒在慕尼黑协定中表态不会进一步侵占领土,但这只是他的权宜之计,野心勃勃的希特勒是不会停下他侵略扩张的步伐的。在占领了苏台德区后,1939年3月希特勒公开违背了其诺言悍然侵占了整个捷克斯洛伐克。

第二章

开场：远东硝烟

一、日本全面侵华

"二二六"法西斯军事政变

20世纪30年代，日本军队内部存在着很严重的斗争。由于对政治的看法、理念不同，军队内部逐渐分成两派："皇道派"与"统制派"。统制派主要是陆军中央机关内的军官，"皇道派"的人多为野战部队的少壮派军官。

"皇道派"认为，日本天皇已经被周围的"奸人"包围和蒙蔽，无法得知民间疾苦，所以必须起来"清君侧"。其手段就是废除内阁，让天皇成为类似希特勒的直接军事独裁者。"统制派"则完全反对这种主张。不过两派的政治主张虽迥异，目的却都是要将日本进一步转型为法西斯国家。

"皇道派"的代表人物是荒木贞夫、真崎甚三郎、冈村宁次、桥本欣五郎和相泽三郎等人。统制派的领袖则是宇垣一成、杉山元、永田铁山、东条英机等人。两派主张建立军部法西斯独裁的手段有很大区别。"皇道派"为实现目标不惜采用政变、暴动以至暗杀等恐怖手段。统制派则主张运用合法手段，从事合法改革。统制派极力主张建立总体战体制。两派的对立还在于人员安排上的钩心斗角和争权夺利。两派并不是明确的组织，每派内部的行动也往往并不统一。

两派的斗争影响到没有实际权力的年轻军官。1936年2月25日深夜，东京城降下百年一遇的大雪。26日凌晨5时左右，香田清贞大尉、安藤辉三大尉、河野寿大尉、野中四郎大尉等9名政变核心军官率领1400余名官兵，从驻地武器库中夺取了步枪、机枪等武器，然后从位于皇宫外西侧三宅坂的第1师团驻地出发，分头去刺杀"天皇周围的坏人"。

这批"皇道派"的少壮派军官，他们袭击了首相官邸、警视厅（首都警察厅）等重要政府机关，杀死了内阁大臣、前首相斋藤实，藏相高桥是清，陆军教育总监渡边太郎，天皇的侍从长铃木贯太郎也被打成重伤。他们试图通过在首都东京发动军事政变来建立军部法西斯独裁。

叛军占领陆军省、参谋本部、国会及首相官邸等一带地区，要求陆军上层对国家实行法西斯化改造。政变激怒了日本天皇，天皇敕令平叛。后来经过上层两派势力激烈斗争后，暴乱在2月底被全部平定下去。

军部对政变的处理极其严厉。参加政变的青年军官中两人自杀，其余19人被起诉，此外被起诉的还有民间人士北一辉、西田税等和士官，共。123人。经过不到三个月的审理，7月5日作出了判决，政变的直接策划组织者香田清贞等17人被判处死刑，其他关联人员也分别被判刑。

"二二六兵变"之后，"统制派"借机对"皇道派"进行了大规模的清洗和排斥，从此掌握了军部内的主导权。具有讽刺意味的是，"皇道派"发动政变时所设定的目标，在政变失败后反而得以实现。他们的军部独裁、国家政权法西斯化等愿望被同属法西斯派别的统制派逐步实现。统制派从此牢牢掌握了军部大权，而且内阁也被以新首相广田弘毅为首的文官法西斯集团所控制。

法西斯军阀要挟政府说"政治的主导权如不让给军部，就会发生第二、第三个'二二六'事件！"在军部的强烈要求下，日本政府在1936年5月恢复了。1900年制定，1913年一度废止的陆海军大臣、次官由大、中将现役军人担任的制度。为了缩小议会权限，消除政党政治，法西斯军阀还提出所谓改革政治制度的"计划"，从而使议会完全变成军部法西斯独裁的附属品。

日本的军部法西斯独裁在"二二六兵变"后，正式宣告确立。之后，日本军部在国内推出了一连串的反动措施。对内加强"特别高等警察"；实行警察的特务统治；压制言论思想自由；迫害共产党人和进步人士，等等，加紧镇压日本人民。对外则加紧侵吞中国华北。继1935年8月提出"广田三原则"（对华外交方针三原则：1. 中国方面要彻底取缔反日言行；2. 中国要承认"满洲国"，在这之前日本和中国在华北方面实行经济、文化的交流合作；3. 日本和中国合作，在接近外蒙古的地区内排除共产主义。）之后，1936年8月，日本政府通过了《第二次处理华北纲要》，进一步重申要使华北五省（河北、山东、山西、察哈尔、绥远）实现"特殊化"，以达到"华北分治"的侵略目标，意图肢解华北，使其脱离中国，沦为第二个伪"满洲国"。

日本由于国内长期存在军国主义反动传统，军部又在天皇制统治机构中占有特殊地位，所以日本不需要像德国和意大利那样组织法西斯政党来夺权。日本法西斯主义的显著特点是天皇制军国主义的法西斯化。依靠和利用现存的天皇制统治机构，以建立军部法西斯独裁的方式来推行国家的法西斯化。"二二六兵变"是日本军部法西斯独裁确立的标志。从此日本整个国家体制完全纳入战争和法西斯轨道。

卢沟桥上的枪声

1936年日本制定的总体战略计划——"国策基准"出笼后，全面侵华便成为日本的既定方针。1936年8月，日本参谋部就制定了《1937年度对华作战计划》。1936年末，日本军事当局在京都、名古屋地方由陆军参谋本部参谋次长主持举行了一次"将官演习"，向参加演习的将官交代了全面发动对华战争的战争部署。

这次"演习"的目的是设想日本对中国和苏联开战，而且从形势上看是先打中国，后打苏联。在这次"演习"前后，日本军事当局对发动全面侵华战争的军事作战问题已作了具体的研讨。参加这次"演习"的有十多个现役和预备役将官，他们后来都参加了全面侵华战争，担任兵团司令以上的职务。

与此同时，日本向中国东北大幅增兵，1936年的总兵力已超过1931年的4倍多，火炮增加3倍，飞机增加2倍，坦克增加9倍。这些兵力随时可抽调到

▲日军侦察兵

华北作战。在华北，1937年春，关东军一部进驻通县及平津一带。驻华北日军兵力达1万余人。

从1937年6月起，驻丰台的日军连续举行军事演习。1937年7月7日下午，日本华北驻屯军第1联队第3大队第8中队由大队长清水节郎率领，荷枪实弹开往紧靠卢沟桥中国守军驻地的回龙庙到大瓦窑之间的地区。晚7时30分，在未通知中国地方当局的情况下，日军径自在中国驻军阵地附近举行所谓的军事演习，并诡称有一名日军士兵失踪。随后日方立即要求进入中国守军驻地宛平城搜查。

中国第29军第37师第110旅第219团拒绝了日方的无理要求。日军一面因"士兵失踪"与中国方面交涉，一面部属战斗。冀察当局为了防止事态扩大，经与日方商议，双方同意协同派员前往卢沟桥调查。此时，日方声称"失踪"的士兵已归队，但隐而不报。7月8日晨5时左右，日军发动炮击，守卫卢沟桥和宛平城的第219团第3营在团长吉星文和营长金振中的指挥下奋起反击。震惊中外的卢沟桥事变爆发了。

卢沟桥事变的爆发，在全国引起强烈反响。事变的第二天，中国共产党中央委员会就通电全国，呼吁："同胞们，平津危急！华北危急！中华民族危急！只有全民族实行抗战，才是我们的出路！"蒋介石则提出了"不屈服，不扩大"和"不求战，必抗战"的方针，并致电宋哲元等人，命令他们坚守宛平城。

日军在遭到卢沟桥守军顽强抵抗后，分别在1937年7月9日、11日、19日与冀察当局三次达成所谓的"停战协议"。

到7月25日，陆续集结平津的日军已达6万人以上。26日，日军参谋部经天皇批准，命令日本华北驻屯军向第29军发动攻击，并增调国内5个师约20万人到中国，并向华北驻屯军司令官香月清司下达正式作战任务："负责攻打平津地区的中国军队。"7月28日上午，日军按预定计划向北平发动总攻。

驻守北平的第29军将士在各自驻地英勇抵抗。最后，第29军副军长佟麟阁、第132师师长赵登禹战死，不少军训团的学生也在战斗中牺牲。28日夜，宋哲元撤离北平，29日，北平沦陷。7月30日，天津失守。平津地区完全被日寇占领。

攻占平津后，日军的气焰十分嚣张，决定按照预定计划大规模入侵中国。他们一方面开始实行全国的战时动员，另一方面以在华北地区的30万兵力分四路向中国内地长驱直入：一路由平绥路进攻绥远省；一路由津浦路、胶济路进攻山东省；一路由平汉路进攻河南省；一路由平绥路、同浦路进攻山西省。日军所到之处，中国遍遭蹂躏。

二、淞沪血战

张治中要主动出击

日本在华北展开大规模攻势的同时，开始将战略重点南移华东，从上海向中国横插一刀。企图通过南北两面施加军事压力，迫使南京政府屈膝投降，达到"三个月之内灭亡中国"的狂妄目标。

对中国来讲，无论是经济意义还是政治军事意义，上海的地位都十分重要。上海是蒋介石赖以起家的江浙财阀的基地，也是四大家族的经济中心和英美帝国主义在华利益的集中地，而且还是南京的屏障。上海一旦失守将直接威胁国民党政府对全国的统治。所以蒋介石和国民政府下决心保卫上海，并任命张治中为京沪警备司令官，负责上海和南京的军事防卫。

1937年8月7日，日本政府召开四相会议，根据陆海军的协议，通过了一项决定：在"大陆使用武力的地区应为河北—察哈尔和上海"。根据这一决定，日本军事当局开始在上海寻衅发难。8月9日，日本驻上海的海军特别陆战队官兵二人，企图驾驶军用卡车冲入虹桥中国军用机场，机场卫兵不得不开枪制止，两个日本兵中弹毙命。

▲1937年8月13日，日军在海空军的火力支援下进攻上海，淞沪会战拉开序幕。

▲ 守卫上海的中国军队

当夜10时，上海市长俞鸿钧赴日总领事馆交涉，叙说了事件经过，并主张用外交途径解决，不使事件扩大。

日本方面却声称日本全国对于虹桥击毙二日兵事极为震动，外交解决可以，但中国必须满足两个要求：（一）将保安队撤退；（二）将保安队已筑之防御工事完全撤除。遭到中国拒绝。日本还以此事件为借口在8月10日运送增援部队到上海，撕毁了1932年签订的《淞沪停战协定》。

针对日军的行动，蒋介石也在8月11日开始调动中国军队进入上海地区，决意对抗日军的进侵。第二天，日本要求列强迫使中国解散进入上海的部队，但市长俞鸿钧声明日本7月7日对中国的侵略已经违背了协定。上海市民狂热地欢迎重新在上海出现的中国部队。

中日双方频频调动军队，战事已经一触即发。

当时负责上海防卫的张治中将军，对军事指挥及军事理论有着很深的研究，他还有指挥第一次淞沪战役的作战经验。

"七七事变"爆发时，张治中正在青岛养病。卢沟桥的炮声使他无法再安心养病，他毅然返回南京，担负起保卫宁沪的重担。

张治中总结"九一八"以来中国屡战屡败的教训，认为"九一八"和淞沪"一·二八"战役，中国军队要么是"敌人打我，我不还手"，要么是"敌人打我，我才还手"。每次都让敌人占了先机。所以这次一定要改变作战方针，争取主动出击。总体的作战精神便是：一旦战争无法避免，我军即以优势兵力出敌不意，一举全歼上海之敌，并要使以后日军登陆和增援失去凭借。

为实现这一战略构想，在"八一三"之前，张治中就在上海做好了应战准备。他在淞沪外围各要点密筑工事，构成坚固的主阵地带和后方阵地带，并加速了铁路、公路和江防交通、通讯设施的调整和建设。

国民党军队进驻上海的第一批部队是第9集团军第87、88师，原为国民政府的警卫部队，是德国顾问训练的样板师，全部德国武器装备，堪称精华。秘密开到上海附近后，张治中又建议抽调正规军化装为保安队进驻上海，蒋介石同意了，派了第2师补充旅换上保安部队服装进驻虹桥机场。

何应钦认为这一做法冒险，拍了张治中的肩膀："文白（张治中字文白），这是要闹出事来的啊！"

"七七事变"后，日军在上海活动日趋频繁，原驻汉口的陆战队千余人也调到上海，日舰十余艘位于浏河至吴淞间，封锁了海口。张治中根据这些情况判断，大战将不可避免，于是他在1937年7月30日向南京最高统帅部提出了他的作战报告。报告说，在断定日军发动战争无疑的情况下，"宜立于主动地位，首先发动，较为有利"。

但是来自南京的回复却是"卅来电悉，应我先发制敌，但时机应待命令。"张治中接电后，于8月1日分别发布了激励京沪区将士的文告和《告京沪区民众书》，讲明了战争形势和保卫上海的意义与决心。以使将士和民众有所准备，并动员全军将士和民众立即行动起来，"抗战到底，以求最后之胜利"。

上海"虹桥机场事件"之后，中日开战已经迫在眉睫。在此紧张时刻，张治中决定攻击部队于8月13日拂晓对虹口、杨树浦两翼日军据点发动突然攻击，打他个措手不及。然后以一个扫荡态势，一举消灭为数尚少的驻沪日军，把上海一次整个拿下来。

然而，当作战部队准备攻击时，南京统帅部突然打来电话："不得进攻。"张治中回电说"我军业已展开，攻击准备也已完毕。"请求继续进攻。但南京复电仍然是"不得进攻"。

原来当时上海外交使团因怕上海打仗，建议南京政府将上海改为不设防城市——自由口岸。该建议11日发出，12日到达外交部。因此导致南京政府犹豫不决，命令军队停止进攻，结果坐失良机。

上海前线的中国军队，没有等到南京的作战指示，却等来了日本的进攻。8月13日，日军凭借停泊于黄浦江上的军舰，炮轰闸北一带，日军飞机也对闸北狂轰滥炸。

从上午到下午三点，日军在海空军的火力支援下和在坦克掩护下几次向宝山路、八仙桥和天通庵发起进攻，企图切断我大场与闸北的联系，围歼守卫北站地区的国民党军队。张治中将军指挥的第87、88师奋力迎战。

淞沪血战拉开序幕。

中国军队进攻受挫

应日本方面要求，8月12日下午，《淞沪停战协定》共同委员会会议在公共租界工部局会议厅召开。

出席者除中日双方，还有英、法、美、意四国代表。会上，日方代表冈本声称：今晨中国保安队及正规军队，已在近郊设置防御工事，此种行动，违反停战协定，应请共同委员会加以注意，采有效办法，加以制止。

▲日军重型坦克进攻上海。

上海市长俞鸿钧随即驳斥："共同委员会设置之目的，在维持上海之和平与治安，并非协助日本政府实施侵略政策。""虹桥事件发生后，日方曾一再表示静候调查事实真相，以外交方式解决，但一面竟军舰云集，军队大增，军用品亦大量补充，此外尚有大批军舰正在途中，源源而来。此种措施，不独妨碍各国侨民之安全，且对中国为一种威胁，且足发生危害之行为。中国在本国领土内，当然有权采取自卫之行动……我方秉承中央所定'人不犯我，我不犯人'之一贯政策，对侨居上海之各国侨民，仍当加以保护。"

各代表提议是否可将保安队稍稍后撤以免发生冲突。俞鸿钧义正词严地回答道："停战协定早已为日方破坏，故本日实无召集共同委员会之必要。""我国军队，在本国土地行动，有绝对自由之权，此则未容他人之置疑。""为维持上海之和平治安计，如日本将增加之军舰与军队调回，则我方对撤退保安队一点，亦愿加以考虑。"会议无果而终。

在会上日本做出一种竭力避免战争的姿态，在行动上却一直进行积极准备。最后挑起"八一三事变"的恰恰是日本。

8月14日，南京政府发表自卫抗战声明，宣布："中国为日本无止境之侵略所迫，兹不得不实行自卫，抵抗暴力。"

蒋介石下令，将宁沪警备部队改编为第9集团军，张治中任总司令，负责攻击虹口及杨树浦之敌；苏浙边区部队改编为第8集团军，张发奎任总司令，守备杭州北岸，并扫荡浦东之敌，炮击浦西江山码头；空军出动，协同陆军作战，并担任重要地段的防空。

淞沪抗战开始时，国民党军队占据了绝对优势。驻沪军队除2个精锐师外，还有2个装备德国火炮的重炮团，即炮兵第10团（100毫米加农炮）和炮兵第8团（150毫米榴弹炮），而且还有坦克、空军助战。而当时日军在上海的部队仅海军陆战队3000多人，紧急从日本商团中动员退役军人，合计也不过4000人，重武器也不足。按理中国军队应全面压倒上海的日军。

为抢得战争主动权，第9集团军于8月14日对上海市区之敌发动全面进攻，同时出动空军，轰炸日海军陆战队司令部、汇山码头及海面舰艇。攻击重点最初为虹口，后转向公大纱厂。

经过数日苦战，第87师占领沪江大学，第88师占领五洲公墓、宝山桥、八字桥各要点。日军在16日退守江湾以日本海军陆战队司令部为中心的据点。但是这次围攻日军并不顺利。

为数只有几千人的日军，凭借坚固工事进行顽强抵抗。中国军队往往屡攻不克，无功而返，而且造成自身很大伤亡。8月14日，负责指挥进攻日军的第88师264旅旅长黄梅兴阵亡，为开战以来中国军队牺牲最高级别之军官。其旅伤亡1000余人，连排军官几乎损失大半。

除地面进攻外，中国还出动了海空军。8月14、17和19日，中国飞机多次出动轰炸日军目标，并与日机爆发激烈空战。8月14日，第4驱逐机大队大队长高志航率所部飞机于杭州笕桥机场上空击落敌机6架、击伤多架，创下抗日战争史上击落日机的纪录。

后来国民政府将这一天定为空军节。海军则奉命以商船沉于十六铺，封锁黄浦江，以防止日舰溯江而上进攻上游。

这次上海围攻未竟，陈诚日后回忆时总结说："以5师之众，对数千敌陆战队实行攻击，竟未能奏功，实在是当时部署种种不当的缘故。"这是国民党军队第一次各军种（空军、海军、陆军）和各兵种（步兵、炮兵、坦克）大规模合成作战，相互的协同很差。步兵逼坦克冲锋又不予以掩护，结果坦克被日军全部击毁；步兵失去坦克掩护后攻坚伤亡惨重，甚至出现一个营部队挤在一条街内被日军堵住街口全部击毙的悲烈战况。之所以发生这种混乱状况，是因为"步兵与炮兵、战车协同作战的训练从来没做过"。

中国军队在上海主动出击并发起凶猛的进攻，让日军大吃一惊。但是中国军队的兵力与火力仍然无法取得优势，特别是没有足以攻坚的重型武器，单靠部队英勇攻击，无法攻破日军在上海坚固的据点。所以虽然取得攻击的先机，而且表现勇猛，但是却没有达到赶日军下黄浦江的目的。

中日两军在上海正式开火之后，列强感到自己在上海的利益受到重大影响，于是装模作样地提出停战调停的要求。而蒋介石一直想要争取国际社会的支持，因此不得不对列强的要求有所敷衍。日本正可以利用机会喘息以固守待援，这也增加了中国军队早期攻势的困扰因素。

日军金山卫登陆，淞沪会战告终

淞沪会战进行到11月初，中国军队虽早已由主动进攻转入被动防御，且一再后撤，但仍控制上海。这与日本当初"迅速解决上海战事"的如意算盘恰好相反。日本是个资源有限的岛国，是无法和中国这个庞然大国比拼耐力和韧劲的。

经过数次增兵，日军依旧无法取得决定性胜利，日本统帅部对此感到极为恼怒，也大为焦急。国际社会开始怀疑日军的战力，日本人民也开始从狂热中体会到挫败与死亡的忧虑。

日本大本营经过审慎研究商讨后，认为中国已倾全国兵力之五分之三云集上海，所以中日主力决战的地点应该在华东，而不是日本之前认定的华北。日本在华北方面过多待命决战的部队，根本是战略部署的浪费。

日本大本营因而提出"目前刻不容缓的是迅速结束上海战役"，并决定将战略重点转向华中、华东。于是日本大本营在10月26日，以"临参命一二〇号"，做出最新战斗序列的调整，下令由华北方面军抽调第16师团，加入上海派遣军战斗序列。同时以第6师团、第18师团、第114师团，以及国崎支队等特战与支持部队，组成

▲日本战机

第二章　开场：远东硝烟

第10军的战斗序列，由柳川平助中将率领，前往上海地区参战。至此，聚集在上海的日军总数达到27万。

日军第10军预定的作战方案是：1.在10月末或11月初在杭州湾金山卫附近地域登陆，主力以快速突进方式向黄浦江之线前进，攻占松江，切断沪杭铁路，一部向闵行渡河点前进，策应上海派遣军作战；2.渡过黄浦江之后向上海以西及南方攻击前进，与上海派遣军配合消灭上海周边的中国军队。

在敌人大兵压境、欲图决战之际，蒋介石却又陷入对国际社会调停的奢望中。《九国公约》会员国，将在11月3日于比利时布鲁塞尔召开会议，主题是讨论中日之战，所以蒋介石希望在上海地区继续作战，以利于中国求助国际仲裁。

其实寄希望于列强干涉的念头，蒋介石一直没有放弃过。淞沪一役，实乃日本人逼迫太甚不得已而为之，"打"的目的是为了将来可以更好地"谈"。国际社会的调节，是他紧抓不放的救命稻草。所以蒋介石一闻布鲁塞尔会议将讨论中日之战，立刻喜出望外，乱了之前的战争部署。

原来之前蒋介石已决定按照白崇禧、陈诚等人建议，放弃上海，采取持久战策略，全军退到上海外围的国防工事固守，抗击消耗日军。本来这是当时情势下的明智之举，但《九国公约》会议的消息搅乱了蒋介石的头脑。

在撤退命令下达之后的第二天，11月1日夜10时蒋介石偕白崇禧、顾祝同等人乘火车，冒雨来到淞沪前线中央军总部驻地南翔，在一所小学里召集由师长以上将领参加的紧急军事会议。

会上，蒋介石大声讲道："《九国公约》会议对国家命运关系甚大，我要求你们作更大的努力，在上海战场再支持一个时期，至少10天到两个星期，以便在国际上获得有力的同情和支援"，"上海是政府的一个很重要的经济基地，如果过早地放弃，会使政府的财政和物资受到很大影响"。会后，宣布撤销撤退命令，各部队坚守原先阵地。

新命令下传之后，部队一片哗然。一些已经卷好铺盖准备撤退的士兵只好匆匆返回阵地，队伍秩序开始出现混乱。而且短短时间内命令两次反复，使得中国守军士气大受影响。

然而恰在此时，日本增援的第10军，突然在杭州湾的金山卫登陆。蒋

第二次世界大战全史

▲上海失陷。历经3个月的浴血奋战，最终以中国军队的失利而告终，淞沪会战落下帷幕。图为疯狂欢呼的日军。

介石在上海作战初期，曾设想过日军从金山卫登陆包抄的可能，因此在沿岸建有简单的防御工事，还留有部队监视。

但后来蒋介石及其军事顾问都认为日军已无再投入登陆杭州湾的兵力。结果没料到，日本竟把华北方面的军队抽调来了上海。

11月5日拂晓，日本第10军在柳川平助指挥下，由舰队护送至杭州湾金山卫附近之漕泾镇、全公亭、金丝娘桥等处突然登陆，包抄淞沪中国军队防线南方的背后。

日军登陆时，在杭州湾北岸几十千米长的海岸线上，中国仅有少数兵力和地方武装防守。既无重炮，也无像样工事。10万装备精良的日本生力军迅即突破防线，登陆成功。

当蒋介石得知日军登陆金山卫的消息时，不禁大吃一惊，立刻火速调兵阻挡。此时却无兵可调了，第62师回防阵地已经太迟，第67军刚从河南赶到，根本还没有完成集结，立刻就被日本第10军的主力击溃。

11月8日夜，日军凭借强大火力从东、南、西三面突入松江城，守军死亡殆尽。日军遂占松江，随即兵分两路：一部沿太湖东岸，经浙江、安徽直趋南京，主力则指向枫泾镇、嘉兴、平望。9日，切断沪杭铁路及公路。

日军在杭州湾登陆的战略意图非常明显，就是要从背后包抄在上海决战的中国军队，准备围歼。但是身为统帅的蒋介石此时已经方寸大乱，未能对这个情势变化作出实时与果断的退兵决定，只是设法抽调一切可能的部队去杭州湾沿岸，以阻挡日本第10军的登陆与推进，却迟迟没有调动在上海参战的军队。白崇禧告诉他，前方将士听到日军登陆的消息后人心惶惶，有的部队已经出现混乱，大有失控之趋势，再不撤退70万人只有白白等死了。于是蒋介石不再坚持，于11月8日晚下令全面撤退。

撤退命令虽然下了，但由于命令仓促，指挥不利，大撤退演变成大溃退，完全没有章法。日军地面部队穷追不舍，飞机则在天上轰炸扫射。蒋介石原本计划撤到吴福线、锡澄线、乍嘉线和海嘉线一带，依托原有坚固工事作持久抵抗，但败军穿越工事径自溃逃，致使耗费数年苦心筑成的这些工事成为摆设，国民政府首都南京于是门户大开。

11月11日，上海市市长俞鸿钧发表告市民书，沉痛宣告上海沦陷。11月13日，国民政府发表自上海撤退之声明：

"各地战士，闻义赴难，朝命夕至，其在前线以血肉之躯，筑成壕堑，有死无退，阵地化为灰烬，军心仍坚如铁石，陷阵之勇，死事之烈，实足以昭示民族独立之精神，奠定中华复兴之基础。"

至此，在历经3个月的血雨腥风之后，淞沪会战落下帷幕。

回过头来，再说蒋介石之前所寄希望的《九国公约》。会议上通过的宣言，对日本连句谴责都没有，只是不痛不痒地表示："日本为干涉他国内政而使用武力，既无法律根据，且此项权利一经公认，将永为纠纷之渊源。"

在淞沪会战惊心动魄的三个月当中，全中国上下凝结一心，达成了"纵使战到一兵一枪，亦决不终止抗战"的共识。这是中华民族历史上最为悲壮的决定。中国坚抗日寇达百日之久，使得世界各国对于中国的抗日实力与决心，产生刮目相看的态度。

淞沪会战的意义更在于，打破了日军"三个月灭亡中国"的妄言，将中日战争拖入持久战。一旦日军无法速战速决，也就决定了它最后失败的命运。

三、山西血战

平型关大捷

卢沟桥事变后，日军很快便占领平、津，之后便按照其侵略计划，分多路向中国内地进犯。其中一路便是从长城线向西切断同蒲路，然后南下，从平汉路西取正太路，会攻山西。

1937年初秋，日军板垣师团猛攻南口。同时日军东条纵队猛攻张家口。张家口守军第29军刘汝明部不战而退，阎锡山的第61军反攻不力，张家口失守。张家口失守后，日军下一个矛头便是第二战区阎锡山苦心经营的山西。

山西地处华北屋脊,有高屋建瓴之势。占领山西,东进可以控制华北平原,南下可以逐鹿中原,乃历代兵家争夺要地,被称作"华北之锁钥"。另外,山西还盛产煤、铜和锡,这些都是重要的战争资源。所以日军对山西志在必得。

▲平型关大捷 沙飞摄影

日军占领南口、张家口后,阎锡山判断,日军为运送部队、军火,展开机械化作战,以发挥其优势,下一个进攻目标应该是大同。阎锡山为此部署了大同会战计划。

但是,9月上旬,东条纵队和伪蒙军沿平绥线击破李服膺部防守永嘉堡、天镇间的国防工事,直抵阳高城下。李部一路逃到桑干河以南,日军于9月13日攻占大同,而其主力板垣师团指向平型关,意图抄雁门关后路,然后夹击太原。阎锡山的大同会战计划流产,之前部属在雁门关一带的兵力失去了意义,而平型关一带则兵力空虚。阎锡山被迫立即着手部署平型关会战。

此前国共两党已就红军改编达成了协议:红军主力改编为国民革命第八路军,设总指挥部,下辖3个师,每师1.5万人,并任命朱德、彭德怀为正副总指挥。1937年8月25日,中共中央军委正式下达命令,宣布中国工农红军第一、第二、第四方面军和陕北红军等部,改编为国民革命军第八路军(9月11日改称第18集团军),一般简称"八路军"。八路军总部直属3000余人,全军共有4.6万人。

在华北形势万分危急的情况下,中共中央在8月22日至25日在陕西洛川召开了政治局扩大会议。会议通过了《关于目前形势与党的任务的决定》和《抗日救国十大纲领》。这次会议用较长时间讨论了八路军出征后的作战方针问题,最后一致同意毛泽东所作的结论:"基本是独立自主的山地游击战,但不放松有利条件下的运动战。"

按照和国民党政府达成的协议,八路军开赴阎锡山负责的第二战区作战。很快八路军就陆续从陕西韩城、潼关两处东渡黄河，开赴抗日前线。当八路军过了黄河时，日军已威胁到阎锡山战区的心腹地带。

当时日军的主攻方向分左右两翼：右翼一个派遣兵团和两个独立混成旅团占领大同后，准备出山阴进犯雁门关；左翼第5师团企图突破平型关与大同之我军防线会师雁门关。日军的如意算盘是：两翼会师后攻占太原，以大迂回动作，迫使国民党军队撤退，达到不战而占华北5省之目的。

八路军进入山西后，兵分两路迎击日军，开赴晋东北的是115师，主力在9月中旬赶到平型关以西大营镇集结。

平型关位于河北与山西交界地带，是进入山西的一个重要隘口，敌人选中这个薄弱的地方作为攻打山西的突破口。

平型关东北方向有一条通往灵丘县东河南镇的狭窄沟道，沟长十多里，两面是山，深数十丈。沟底道路仅能通过一辆汽车，尤其沟道中段，地势最为险要，是打伏击战最理想的地方。八路军115师先遣部队发现敌人大队人马正向平型关方向运动，师党委决定在这里与日军打一仗。

115师师长命令部队25日零时出发。战士们顶着狂风暴雨，涉急湍山洪，在拂晓前到达了指定地区，把全师主力布置在平型关到东河南镇10余里长的公路南侧山地边缘上。进攻平型关的敌人完全处于包围圈伏击之中。

进犯平型关的日军是板垣第5师团。板垣师团有很强的武士道精神，战斗力非常强，自进攻华北以来，每每令国民党军不战而退。不过这次他们万万没有料到八路军这么快便东渡黄河，并埋伏好了等着他们。

那天夜里，阴云密布，大雨如注。埋伏待敌的战士们只着单军装，又破又烂。晋北9月下旬夜间气温已很低，战士们又冷又饿，但伏于湿地、山岩上待命，士气高昂。

25日晨5时半左右，日军第一辆汽车进入伏击圈，聂荣臻传令：沉住气，无命令不许开火。等敌军板垣师团第21旅团千余人及汽车、大车300余辆进入伏击圈后，115师某团5连连长曾贤生率全连首先向敌冲杀，用手榴弹炸毁敌人最后一辆汽车。敌人退路被截断。

我军居高临下，突然向敌军发起猛烈攻击，一下子把敌人打得晕头转向，指挥系统全乱了。一时间，十几里长的山沟，人喊马叫，乱成一团。我军战士一个个如猛虎下山，与日军展开了白刃战。军号声、喊杀声响彻山谷。

日军由于受过严格的训练，虽指挥混乱，仍负隅顽抗。敌人首先拼命争夺公路两侧制高点——老爷庙。失败后，又企图冲破独8旅阵地逃命。独8旅把一线配备改为纵深配备，奋力阻击。

激烈的战斗持续到27日白天，敌人终未能冲破包围，板垣师团21旅遭歼灭性打击。因为敌人死不缴械，千余日军全部被击毙。战斗极为残酷，我军伤亡也很严重。据阮受贤回忆，115师约有900人伤亡。还有说法是：我团营干部五人负伤，以下近千人伤亡。第5连百名壮士，凯旋时只剩30多人，连长曾贤生壮烈牺牲。

战后统计，此役我军共歼敌1000余人，毁敌汽车100辆，大车200辆，缴获步枪1000多支，轻重机枪20多挺，战马53匹，另有其他大量战利品。

这是中国全面抗战开始后取得的第一次大胜利，平型关大捷打破了日军不可战胜的神话，振奋了全国人心，鼓舞了全国人民的抗战热情。当胜利捷报传到全国各地时，各界纷纷给我党、我军发来贺电、贺信。

蒋介石在贺电中讲："朱总司令、彭副总司令勋鉴：25日电悉，25日一战，歼敌如麻，足证官兵用命，深堪嘉慰。尚希益励所部，继续努力，是所至盼。"上海市职业界救亡协会也发来贺电："贵军受命抗敌，立奏奇功，挽西线垂危之局，破日寇方长之焰。捷报传来，万众欢腾，谨电驰贺。"

忻口会战

八路军在平型关奇袭日军后不久，爆发了一场中国军队在晋北抗击日本侵略军的大规模的战役——忻口会战。

参加这次战役的部队有阎锡山的晋绥军、国民党的中央军和中国共产党领导的八路军（又称第18集团军）。

这次战役是由第二战区（司令长官阎锡山，朱德、卫立煌、黄绍竑副之）指挥实施的太原会战的中心战役。这是国共两党团结合作、在军事上相互配合的一次成功范例。

10月初，日本军部正式向华北方面军发布攻取太原的命令。10月1日，华北日军主力坂垣第5师团及关东军察哈尔派遣兵团第1、第2、第15混成旅团与特种部队等共3万余人，沿代县至原平公路发起进攻，忻口

第二章 开场:远东硝烟

战役序幕拉开。

10月13日开始,会战正式打响。13日拂晓,日军以飞机、重炮、战车掩护步兵5000人连续猛攻忻口西北侧南怀化阵地,守军阵地被突破。守军以炮兵协同步兵作战,肉搏冲锋,顽强抗击。

经过一整天的激战,收复了阵地。第二天,增兵后的日军发起更猛烈的攻击,一开战即成胶着状态。

15日,中路守军正面出击,发起攻势,阻止敌

▲忻口会战,抗日勇士行前高呼抗日口号。

主力从南怀化突袭忻口的企图。第9军军长郝梦龄、第54师师长刘家麒、独立第5旅旅长郑廷珍到前沿阵地奋勇督战,相继中弹,壮烈牺牲。师长李仙洲,旅长于镇河、董其武火线负伤。陈长捷接郝梦龄任中路前敌总指挥。

就这样,在南怀化、红沟谷地敌我持续拉锯战,阵地失而复得。日军主攻方向是中路的南怀化,到10月22日,进入南怀化之敌已三易联队。为打破僵局,日本华北方面军司令官寺内寿一急调萱岛支队等增援忻口,并亲临督战,于24日再次发起猛攻。气急败坏的日军采用毒瓦斯、烧夷弹助攻,使我军阵地一片火海。日军还以坑道攻击法逐步进逼。

我军则向敌壕一侧掘进坑道或窄壕,实行对壕互轰,展开地下战。我守军官兵冒着烈火和毒气拼死战斗,双方损失惨重,每日伤亡均以千计。

双方如此对阵厮杀达半月之久。在忻口正面顽强抗击的同时,八路军在敌后开展游击战争,进行战役配合。八路军主力第115、120师深入敌军两翼及侧后,向灵丘、广灵、代县、崞县、雁门关敌后进军,袭击敌人的后方,破坏敌人交通运输,切断敌人的补给和增援。

另一方面，八路军还以部分兵力直接袭扰敌人第一线，协同友军作战。如10月19日夜，刘伯承第129师第769团以一个营的兵力夜袭代县西南的阳明堡机场，毁伤敌机20架，歼敌百余人。这次袭击有力地削弱了敌空中攻击力量，援助了忻口友军正面作战。

卫立煌在忻口会战后不久因此盛赞"八路军确实是抗日的，是复兴民族的最精锐的部队"。

然而到了10月底，忻口战场局势恶化。赶来晋北的第14集团军由于连续冲杀，战斗力渐渐不支。

另外，晋东告急，太原告警，第二战区作出新的部署。战区司令傅作义回太原组织城防，把杨爱源派去晋南组织防御。卫立煌下令部队停止反击，并请求增兵。11月2日夜，在忻口作战的中国军队奉命撤离阵地，向太原撤退。11月8日夜，日军从太原城北突入，经过激烈巷战，傅作义率守军2000余人向西山突围，太原失守。

忻口战役创下歼敌逾万的纪录，虽然最后中国方面失利，付出了重大牺牲，它的意义仍不容低估。中国守军英勇抵抗，消耗了大量敌军。此役还破坏了日军的河北平原会战计划，为平汉线中国军队南撤赢得了宝贵的时间。

八路军政治部主任任弼时高度评价了忻口战役的功绩："敌曾以全力猛攻忻口，遭受了忻口抗战部队的猛烈的袭击。

忻口战争是华北抗战中最激烈的战争，郝、刘两将军在前线同时作了壮烈的牺牲，卫立煌将军指挥下的全线部队，虽遭受了重大伤亡，毫未动摇；许多忠勇将士的英勇奋斗，是值得每个同胞永远纪念的。"

虽然在一些战场上，中国军队的抵抗十分勇敢，但日军在华北战场整体还是有长驱直入之势。他们分别于10月13日占领石家庄及平汉铁路北段，14日占领归绥（呼和浩特），16日攻陷包头，11月13日占领济阳，进到黄河北岸。华北大部分重要城市被日军占领。

太原失陷后，国民党军队向西南撤退。华北战场上的正规战争便基本结束，而由敌后游击战争支撑着华北的抗战局面。

八路军进入单独作战的新阶段。根据党中央的指示，八路军大力开展独立自主的游击战争，创建了一批抗日根据地，如晋察冀根据地、晋东南根据地、鲁中根据地，等等。随着抗战的发展，广大爱国青年踊跃参加抗日革命军队，抗日根据地不断巩固和扩大。

  与此同时，新四军也在成立后迅速出发东进抗日。1938年6月，新四军进至南京、镇江、芜湖一带，从敌伪手中解放了这一带的广大农村地区。在江北，新四军解放了淮南铁路和津浦铁路南段两侧地区，有力打击了敌人。

  中国抗日战争渐渐形成两个战场。一个是正面战场，以国民政府军队抗战为主；一个是敌后战场，以中国共产党领导的八路军、新四军和游击队等人民武装力量的抗战为主。

第三章

爆发：欧洲沦陷

一、波兰覆亡：一场"鹰击羔羊的悬殊对决"

一号作战指令

1939年8月31日中午，希特勒发出了"白色方案"第一号作战指令。傍晚，只见150万德国法西斯军队已经开始进入波兰边境的前沿阵地，只等次日拂晓出击。

与此同时，希特勒为了使德国人民对于这一场突如其来的侵略战争在精神上有所准备，他又开动宣传机器，玩弄一套欺骗伎俩。

当天晚上9点，所有的德国电台都广播了希特勒对波兰提出的诚恳"和平建议"被波兰"粗暴拒绝"的事情。事实上，希特勒从来没有向波兰人提出过这个建议，不过是在不到24小时以前含糊其词地向英国大使提了一下而已。这一重要的事实，广播电台却完全隐瞒不报。为了给入侵波兰制造借口，希特勒明白仅仅依靠言辞宣传是不够的，还需要有实际行动。于是，他又命党卫队的流氓特务瑙约克斯于当晚8点钟，向靠近波兰边境的德国格莱维茨电台表演了一场伪装波兰方面的进攻。从此，这个"以牙还牙""正当防卫"的战争就这样开始了。

1939年9月1日，这一天，在柏林是一个灰暗、闷热的早晨，尽管无线电和晨报号外相继传来重要的新闻，但街上的老百姓却对此非常冷淡。

在"白色方案"的第一号指令中规定的拂晓4点45分，德国军队大举越过波兰国境，分北、南、西三路进逼华沙。天空中，德国的机群吼叫着飞向波兰的部队、军火库、桥梁、铁路以及不设防的城市。

波兰人民第一次尝到人类历史上规模最大的来自空中的突然死亡和毁灭的滋味。在此后六年间，欧亚两洲千百万男女老幼将经常处于这种恐怖之下。

上午10时，希特勒从总理府驱车驶过冷清的街道前往国会，去向全国人民报告他刚刚毫无人性地挑起的重大事件。

希特勒在过去夺取政权和巩固政权的时候，已经不知说了多少谎话，在这个历史的重要关头，他又用混淆视听的谎言来愚弄善良的德国人民并为他那荒唐的行为辩护。他说："诸位知道，我曾一再作出努力，争取在奥地利问题以及随后的苏台德地区、波希米亚和摩拉维亚等问题上通过和平途径澄清事态，并取得谅解；但是，一切都归于徒劳。"

"在我同波兰政治家们的会谈中，德国的'诚恳建议'，又'遭到了拒绝'，整整两天，我和我的政府在等待着，看看波兰政府是否方便，能够派遣一位全权代表前来，但是，我再也看不到波兰政府有任何诚意同我们进行认真的谈判。昨天夜间，波兰正规军已经向我们的领土发起第一次进攻。我们已于清晨5点45分起开始还击。从现在起，我们将以炸弹回敬炸弹。"

在发动侵略战争那天，希特勒只有一次在国会说了实话。他说"我要求于德国人民的，只不过是我自己四年来准备做的，从现在起，我只是德意志帝国的一名军人。我又穿上了这身对我来说最为神圣、最为宝贵的军服。在取得最后胜利以前，我决不脱下这身军服，要不然就以身殉国。"

从最后下场来看，这一次希特勒算是言中了，一旦战败，他是不敢正视也不敢承担战败的责任的。

希特勒不仅肆意欺骗德国人民，而且还对那些亲眼看到是谁首先在波兰边境上发动进攻的德国士兵，灌输了一顿编造的谎言。他在9月1日一份冠冕堂皇的告德国军队书中说，"为了制止波兰侵犯边境的疯狂行为，我别无他策，此后只有以武力对付武力。"

奇怪的战争：西线的英法"宣而不战"

1939年9月1日，英国和法国得知德国进攻波兰，华沙、克拉科夫及

▲攻陷华沙，希特勒向占领华沙的将士致意。

其他城市遭到轰炸的消息。波兰外长贝克立即通知英国驻柏林大使韩德森说：德波之间已开始战争。波兰急待英、法迅速援助，你们不能按兵不动，坐视不管。

当天晚上，就在德波战争开始16个小时后，韩德森来到德国外交部通知里宾特洛甫："如果德国政府不给英国满意的保证，停止对波兰的一切侵略行动，并准备立即把军队撤出波兰的领土，那么联合王国政府将毫不动摇地履行对波兰的义务。"

随后，法国驻柏林大使库隆德也递交给里宾特洛甫一份同样内容的照会。对于英、法外交部在要求德国停止军事行动并从波兰撤军的警告，希特勒及其将军们感到有些担忧。事实上这只是一次带有警告性质的照会，并非最后通牒。于是，德军便放开胆子继续侵入波兰。

9月1日，英国国王签署了动员陆军、海军和空军的命令。同日，法国也签署总动员令。但这并没有把德国吓住。希特勒深信，英法即使对德宣战，也不会有重大的军事行动。他认为英、法的这些措施不过是虚张声势而已。

由于英、法当时的国内形势已经发生了急剧的变化。张伯伦和达拉第明白，如果公开拒绝履行对波兰承担的义务，那就表明了对希特勒的投降，很可能激怒本国人民，内阁有可能被推翻。在这种情况下，他们不得不表示"援助波兰"。

9月2日，英国政府发出最后通牒，要求德国停止在波兰的军事行动，并撤出军队。9月3日上午9时，韩德森把最后通牒交给德国。里宾特洛甫对照会表示拒绝，并通过自己的翻译施米特向希特勒报告了有关内容。不久，德国又收到了法国的最后通牒。

9月3日，韩德森和库隆德于11时15分到里宾特洛甫那里要求答复，得到的却是里宾特洛甫傲慢无理的倒打一耙："德国拒绝英国和法国的最后

第三章 爆发：欧洲沦陷

通牒，并要英、法政府承担发动战争的责任。"

里宾特洛甫强硬的答复让英、法大使无可奈何，英国外交大臣哈里法克斯召见德国驻伦敦代办，向他表示："……今晨9时，陛下驻柏林大使根据我的指示，曾通知德国政府，如果今天，9月3日，英格兰夏季时间11时前，陛下的伦敦政府得不到德国政府的满意答复，那么从此时起，两国即处于战争状态。由于英国没有得到这种保证，所以我荣幸地通知您，两国从9月3日11时起处于战争状态。"

同日下午，法国大使库隆德也向德国政府照会："在这种条件下，我必须根据我国政府的委托，最后一次提醒您注意，德国政府由于不宣而战，对波兰采取军事行动，对英、法政府坚决要求德军撤出波兰领土不作让步，而应承担严重的责任。我必须执行我的令人不快的使命，我通知您，从今天（9月3日）17时起，法国政府根据自己对波兰承担的义务，认为自己已同德国处于战争状态。"

在英、法对德宣战后，英国各个自治领相继对德宣战：

9月3日——澳大利亚、新西兰及印度（当时为殖民地）；

9月6日——南非联邦；

9月10日——加拿大；

至此，第二次世界大战全面爆发。德国同英帝国各联盟国、法国及波兰处于战争状态。事实上仅在波兰领土上有战事。

波兰上空呼啸的炸弹把笼罩在波兰问题上的层层迷雾彻底撕破了。正如斯大林所说："战争撕破了一切外幕，暴露出一切关系。"英、法虽然于9月3日对德宣战，却都不想认真履行对波义务，尽管波兰频频呼救，英、法两国要么置之不理，要么消极应付，按兵不动。是英、法兵力不够吗？否！实际上，当时德国在西线只投入了23个师，而仅法国就有100多个师，只要英、法从西线发动进攻，德国就会处于东西两线作战的困境。

当谈及波兰的失败原因时，美国总统约翰逊1963年曾承认："当初美英法如能共同下决心阻止侵略，也许可以避免波兰的溃败。"因此，西方史学界和军界把英、法"宣而不战"的事实，称为"奇怪的战争"。

积极应对战争的苏联

第二次世界大战全面爆发后，为了尽力维护本国安全，避免或推迟卷入战争。苏联政府在政治、经济、军事、外交等领域采取了许多重大措施。

1939年9月到1940年8月，斯大林趁德军西进之机，在苏联西部边界力图在德国势力范围以东构筑一道北起波罗的海、南达黑海的"东方防线"，以便从地缘政治的角度改善苏联对纳粹德国的防御态势。

▲苏军趁德军西进之机，也出兵波兰，并占领了波兰东部的领土，图为苏联坦克经过一支德国军队。

1939年9月3日，德国驻苏大使舒伦堡拜见苏联的外交人民委员莫洛托夫，借故探明：在德军进攻波兰时，苏联是否愿意出动军队，打击在苏联利益范围内的波兰军队，并且从他们那一边进占该地区。

莫洛托夫模棱两可地表示，苏联政府将出兵波兰，但以"具体行动的时机尚不成熟"为借口，拖延出兵波兰。

9月5日舒伦堡与莫洛托夫会晤后，舒伦堡一再拜访莫洛托夫，来往电报十分频繁。其中心内容就是协商苏联出兵一事。与此同时，苏联政府发布命令：对6个军区预备役兵员进行集训；基辅和白俄罗斯特别军区的部队进入战备状态。

9月9日，日本驻莫斯科大使拜会苏联外交人民委员部，声明日本政府愿意签订停战协定。英、法政府继续维持对德宣而不战的政策。

9月14日，莫洛托夫召见舒伦堡，明确指出：苏联的准备工作进展顺利，只是考虑到政治上的原因，政府想在华沙陷落后再谈入波事宜。

9月15日，当里宾特洛甫获悉苏军的准备工作已经完成并即将出动时，他再次指令舒伦堡拜会并通告莫洛托夫：德军数日内将攻占华沙，请苏联现在对波兰采取行动。

此时此刻，德军向波兰进军的迅猛与顺利，引起了苏联领导人的担忧。如果德军越过8月23日划定的分界线，德军很可能不愿意从新占的领土撤退，这样就会直接威胁到苏联边界。于是，苏联政府决定，在德军尚未到达波兰东部诸省时，出兵占领波兰东部领土。

第三章　爆发：欧洲沦陷

9月16日，舒伦堡再次要求苏联政府"现在就定一个开始出兵的日期和时刻"。莫洛托夫表示：即将进行干涉。同日，苏联同日本签订停战协定，协定规定，双方军队于9月16日起停止军事行动。

9月17日凌晨2时，斯大林接见并正式通知舒伦堡，红军4小时后将沿波洛茨克—卡美涅茨—波多尔斯基一线开出国境。

9月17日凌晨3时，苏联副外交人民委员波将金召见波兰驻苏联大使格日博夫斯基，向他递交了苏联政府的照会。接着，苏联外交人民委员莫洛托夫发表广播讲话称："……苏联政府认为向居住在波兰的乌克兰弟兄和白俄罗斯弟兄伸出援助之手是自己的神圣职责……"

17日凌晨5时40分，苏军发起进入波兰的行动。由于波兰已被德军打得溃不成军，苏军力量充足，波军大败。

苏军进入波兰后，苏德两国就双方的势力范围进行了一系列具体磋商。9月20日，苏德军方在比亚威斯托克举行会议，就苏德两国的军事行动作了协调。

9月22日，苏军占领了比亚威斯托克和利沃夫。

9月27日，里宾特洛甫再次飞抵莫斯科，与苏联政府于9月28日签订苏德边界友好条约。条约规定：苏德"两国政府在前波兰国家领土上划定界线，作为两国国界"。任何第三国对此项绝对不得干涉。

苏德边界条约签订后，苏联政府开始把保障安全的重点转移到西北部。列宁格勒是苏联人口最多的第二大城市，工业和文化的中心，这里距苏芬边界仅32千米。苏联政府担心，英法德等国

▲苏芬战争历时三个半月，战争最终以苏联的胜利而结束，但苏联也为此付出了高昂的代价：军事上，伤亡20余万；政治上，被国联开除；战略上，将芬兰推入德国的怀抱。

会像1918年、1919年那样以芬兰为跳板，对苏联构成威胁。

1939年3月，苏联政府提出：把芬兰湾内的苏尔岛（戈格兰岛）、拉凡岛、塞伊斯卡里岛（塞斯卡尔岛）和季乌林岛租借给苏联，以建立军事基地，保障列宁格勒及苏联西北部的安全。

3月8日，芬兰政府表示"不能考虑租借芬兰岛屿的建议"。苏联外交人民委员李维诺夫希望"这不是芬兰政府的最后答复，仍希望芬兰政府将重新考虑它对苏联建议的态度"。同时，他还表示，愿以二倍于上述岛屿面积的苏维埃卡累利阿的领土相交换。

1939年4月，芬兰再次拒绝了苏联的建议，谈判中断。

1939年9月1日第二次世界大战爆发后，苏联对芬兰有可能成为德军入侵苏联的桥头堡的担忧更加强烈，解决西北边界安全的心情也更加迫切。

1939年10月5日，莫洛托夫通过芬兰驻莫斯科公使伊里耶·科斯基宁男爵，要求芬兰外交部长或芬兰政府派出一个特命全权代表立即前往莫斯科就某些政治问题交换意见。

10月12日，苏芬开始新的外交谈判，芬兰代表再次拒绝了苏方的意见。

由于在进行谈判的同时，苏联飞机开始轰炸芬兰边境，以施加压力。芬兰代表表示愿作某些让步，但苏联仍不满意，致使谈判破裂。

苏芬谈判破裂后，两国边界气氛紧张。苏联报刊的论调开始出现火药味。

11月26日，莫洛托夫照会芬兰驻苏公使，称苏军遭到来自芬兰领土的炮击，致4人死亡，13人受伤，要求驻在卡累利阿地峡的芬军撤离边界20～25千米。

11月29日，苏联副外交人民委员波将金把莫斯科签署的一份简短照会递交给芬兰公使，宣布与芬兰断绝关系，将苏联在芬兰的代表召回。

▲1940年1月27日，法国《插图》的封面用图显示了苏芬战争的惨状。

11月30日，苏军越过苏芬边界，进入芬兰国境。芬兰总统发布命令，宣布苏芬进入战争状态，苏芬战争正式爆发。

苏芬战争从1939年11月30日到翌年3月13日，历时三个半月，战争初期由于苏军估计不足，兵分四路，从整个边境地区推向芬兰全境，力求在短期内结束战争。结果只攻占了北端的佩特萨姆港，而在其他战线均受阻不前，在南部主战场上苏军的两个师竟被歼灭。

苏军在初期失利后，斯大林非常恼火，于1940年1月重新准备，部署兵力，调集三四十个师，组成西北方面军，由铁木辛哥指挥。2月11日，苏军发动新的攻势，主攻方向是芬兰的维堡。经过三天激战，突破了著名的"曼纳海姆防线"的第一防御地带，并迅速投入快速集群以扩大战果。3月2日，苏军突至芬军后方防御地带，并从东北包围了芬军维堡集团，芬军开始全线撤退。到3月12日，芬兰战败。

战争以苏联的胜利而告终，但它付出了高昂的代价。在道义上，苏联是失败的。由于这次行动，1939年12月初，苏联被国际联盟开除。在军事上，苏军损失巨大，伤亡约20万人，其中6万余人被击毙。芬兰政府从此倒向纳粹德国，"苏芬战争"把芬兰推入希特勒的怀抱。

二、闪电战继续逞威

为了铁矿，希特勒决定先发制人

1939年10月10日，德国海军司令雷德尔元帅向希特勒提出夺取挪威基地的建议。当时由于纳粹元首正忙于准备向西线发动进攻，挪威问题显然顾不上。

两个月后，严冬来临，运输瑞典铁矿砂的海道结了厚冰，这样一来，德国铁矿砂的供应受到新的威胁。希特勒为了确保经过挪威从瑞典进口铁矿砂的安全供应，按照海军的建议，他暂时推迟了向西线发动进攻的计划，挥师北上，向丹麦和挪威开刀了。

德国的生存要仰赖铁矿砂的进口。在天气暖和的月份里，铁矿砂还可以从瑞典北部经波的尼亚湾越过波罗的海运到德国。但是到了冬天，这一条海道运输线结了厚冰，因此就无法使用了。

这样，瑞典的铁矿砂只好改由铁道运到挪威港口纳尔维克，然后再用船沿挪威海岸运到德国。

德国运铁矿砂船只的整个航行路线都在挪威领海以内，这就给英国海军舰艇和轰炸机的破坏提供了机会。

为了实现征服挪威的计划，希特勒在挪威收买了一个叫维德孔·阿伯拉罕·劳里茨·吉斯林的内奸。这个人毕业于挪威军事学院。20岁时，就被派到彼得格勒担任陆军武官。在1931年至1933年期间担任国防大臣。1933年5月，他领导创立了一个法西斯政党"国家统一党"。但是，纳粹主义在挪威吃不开，他就转而投靠纳粹德国去了。

吉斯林和德国纳粹运动的官方哲学家罗森堡建立了关系。罗森堡曾担任过希特勒的启蒙导师，从1939年以后，他一直和吉斯林保持联系，给吉斯林灌输了纳粹的荒谬的哲学理论。

1939年6月，当欧洲正是战云密布的时候，吉斯林乘出席在卢伯克举行的北欧协会会议的机会，要求罗森堡不仅在理论上而且在其他方面给予支持。从此，吉斯林就经常来往于奥斯陆和柏林之间，为希特勒征服北欧效劳。

在12月份，吉斯林曾带着一个政变计划来到柏林，他认为这个计划一定会得到柏林的重视。希特勒和雷德尔曾多次会见了吉斯林，并对他留下了"可靠的印象"。关于英国占领后对德国所造成的威胁，他作了详尽的叙述。

▲在侵占挪威军事行动中，一群德国步兵在坦克的掩护下向前推进。

第三章　爆发：欧洲沦陷

为了在英国行动之前先发制人，吉斯林建议，把必要的基地交由德国武装部队自由处理。他说，在整个沿海地区的铁路、邮政和交通的重要岗位上的人员，已经为这一目的而被收买过来了。他和挪威另一个卖国贼哈格林来到柏林是为了建立"将来和德国的明确关系"，希望能召议讨论有关联合行动和把部队运到奥斯陆去的问题。

希特勒反复研究了北欧的形势之后，随即于1940年1月27日在最高统帅部成立了一个由海陆空三军各派一名代表组成的工作小组。这一军事行动计划的代号是"威塞演习"，并委任曾在北欧作过战的福肯霍斯特将军为执行这个计划的总司令。

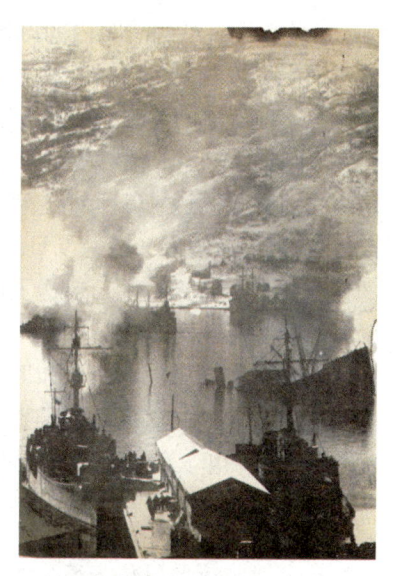

▲纳尔维克海战

一切准备就绪之后，希特勒于3月1日发出"威塞演习"的正式绝密指令，指令要求做好占领丹麦和挪威的一切准备，称这一作战行动，可以防止英国对斯堪的纳维亚和波罗的海的侵犯。此外，它还可以保证我们在瑞典的铁矿基地，并为我们的海军和空军提供进攻英国的更为广阔的出发线……

早在3月间，挪威政府就从驻柏林公使馆和瑞典人那里接到关于德国军队和海军舰艇在北海和波罗的海港口集中的警告。

4月2日下午，希特勒在同戈林、雷德尔和福肯霍斯特举行了长时间的会议后，发布了一道正式指令，规定"威塞演习"在4月9日上午5时15分开始。同时，他还发布了另一道指令，要求"占领时必须千方百计防止丹麦和挪威两国国王逃到国外"。

同一天，最高统帅部对里宾特洛甫发了一道详细命令，指示他准备采取外交措施，劝诱丹麦和挪威在德国军队到达的时候不战而降，并编造一些理由为希特勒最新的侵略辩护。

海军也按照希特勒的指示，将自己的军舰和运输舰伪装成英国舰艇开过去，必要时甚至悬挂英国国旗！

4月3日，英国战时内阁讨论了最新收集来的情报，尤其是从斯德哥尔摩来的情报。这些情报说，德国人在它的北部港口集中了相当多的兵力，目标在于向斯堪的纳维亚推进。但这消息似乎并没有受到应有的重视。

4月5日英国从柏林收到了一份确实的情报说，德国人即将在挪威南部海岸登陆。但是，奥斯陆的麻痹自满的内阁还是对之抱怀疑态度。

这样，在1940年4月9日上午5时20分，德国驻哥本哈根和奥斯陆的使节向丹麦和挪威政府递送了德国的最后通牒，要求他们立即无条件接受"德国的保护"。

德国政府期望挪威政府和挪威人民不要抵抗。任何抵抗将不得不受到一切可能手段的击破，从而导致绝对无益的流血牺牲。这个最后通牒，可能是希特勒和里宾特洛甫起草的迄今为止最厚颜无耻的文件。

"黄色计划"

比利时与荷兰是位于德、法之间的两个小国，地理学家们在有关欧洲的地理著作中，常把比、荷放在一起叙述。由于比、荷濒临北海和英吉利海峡，同卢森堡以及北部的部分地区称为"尼德兰"，即"低地"，人们习惯称比、荷为"低地国家"。

荷兰境内绝大部分为平原，中部是丘陵地带。南部与比利时接壤处是阿登高地，海拔仅300米。在荷兰南部的比利时，其地势东南高，西北低。东南部为波状起伏的阿登高地，海拔200~600米。

希特勒对低地国家的入侵蓄谋已久。早在1939年9月27日，华沙陷落前夕，他就在总理府召集将军们开会，并决定："尽快地在西线发动进攻，因为英法联军现在还没有做好准备。"

由于法国人在法德边境上修筑了马其诺防

▲山雨欲来，比利时人开始躲避战争。

第三章　爆发：欧洲沦陷

线，希特勒决定从低地国家打开进入法国的突破口。

10月10日，希特勒在会上向将领们宣布："做好穿越卢森堡、比利时和荷兰地区的作战准备。这次进攻必须尽可能迅速有力地进行，目标在于尽量夺取荷兰、比利时和法国北部的广大地区"，预定11月就要在西线发起进攻，即"黄色计划"。

但为了确保德国铁矿砂的供应，希特勒推迟了马上进攻西线的计划，而挥师北上去对付丹麦和挪威了。

1940年5月初，眼看挪威的战局已定，希特勒立即按照已修改过的进攻西线的"黄色方案"，把136个师、2580辆坦克和3824架飞机组成A、B、C三个集团军群，在从北海到瑞士边境800千米长的战线上部署就绪。此计划的制定者是曼施泰因，在此计划中，他大胆提出使用坦克部队经阿登高地突击法国北部。曼施泰因出生于将帅名门，父亲是炮兵将军李文斯基。第一次世界大战爆发后，进入陆军大学仅一年的曼施泰因就投身战斗，转战于东、西两线，先后参加了对波兰北部的进攻、塞尔维亚作战以及凡尔登和索姆河等著名会战。

1934~1939年，曼施泰因先后担任柏林第3军区司令部参谋长，陆军总参谋部作战处长，德军总参谋部第一副总参谋长。1939年10月，他被升任德军"A"集团军群参谋长。他为希特勒拟定过许多计划，并受到希特勒的高度评价："曼施泰因大概是总参谋部所产生的最优秀的智囊专家。"

在天气转暖的5月初，德国人部署了世界上从没有过的强大兵力。在西线待命进攻。

为了抵御德军的侵略，荷兰、比利时和法国在战前各自修筑了一道坚不可摧的防线："荷兰要塞""埃本·埃马尔炮台"和"马其诺防线"。这三条防线自北向南，互相衔接，连绵数百千米。

"荷兰要塞"地区有海湾、河流和大面积水域，构成重重天然水道防线，它是荷兰的中枢神经所在地。德军将领为解决这个问题煞费苦心，想不到什么好主意。最后，他们决定成立五个伪装的谍报局特别营，这个营要按荷兰边境警察的服饰装扮自己。他们的任务是保护桥梁，阻止荷军炸桥。

5月10日拂晓，荷兰战役开始后，他们化装成荷兰警察，押送几名犯人来到默兹河上的格内普桥，突然向荷兰哨兵扑去，桥梁遂落到德军手中。

与此同时，德军的空降兵从天而降，打得荷军措手不及。随后，德国伞兵空降到荷兰各处，他们装扮成警察、农民、官员、神父和修道士，无孔不入，扰乱交通，往井中投毒，甚至还拉假警报。这种混乱和不安状况正是德国人所期望的。

但荷兰人并未放弃抵抗，仍在顽强地坚持着。虽然德国部队已占领了通往鹿特丹的桥梁，但荷兰的防御部队也封锁了北端的桥头，占领了桥头堡，德军坦克不能轻易通过。只要盟军的增援部队能及时赶到，荷兰还是有一线希望的。

由于比利时和荷兰拘泥于恪守中立，他们没有举行联合参谋会议，以致不能充分协调自己的计划和力量。尽管以法国甘末林将军为首的盟军最高军事委员会也秘密制定了对付德军的"D计划"，但这是一个重阵地防御、轻机动作战的消极防御计划。要对付有航空兵支援，实施多向、高速、大纵深开进的德军，根本不能奏效。

5月14日，在德军强大攻势的压力下，荷兰武装部队总司令温克尔曼将军下令部队放下武器，并签署了正式投降书。至此，荷兰也牺牲在希特勒的屠刀之下。

比利时无条件投降

1940年5月10日拂晓，德国42架容克运输机拖曳着一架滑翔机起飞，滑翔机上载着一支受过特殊训练的空降兵小分队，悄悄地来到了比利时平原的上空。

此次战争，德国人大胆使用了经过特殊训练的小股部队空降突袭的崭新战术。希特勒在战争初期及时地将其运用到波兰、丹麦、挪威以及比利时、荷兰，配合地面部队，收到了奇效。

当德国轰炸机在荷兰上空呼啸之际，德国使节将一份内容为德国部队即将开进比利时，以保卫他们的中立，抵御英法军队即将进行进攻的电报，送交给比利时大使。

比利时大使气愤地说："你们刚刚进攻了我们的国家，对奉行中立的比利时进行了罪恶的侵略。德方既没有向比利时政府提出最后通牒，也没有提出照会或任何抗议。对此，比利时已下定决心要保卫自己的国家。"

这时，德国使节才开始宣读德国正式的最后通牒。但是比利时大使打

第三章 爆发：欧洲沦陷

▲疲惫的比利时军人驱车行进在布鲁塞尔的街道上。

断了他的话，轻蔑地说道："把文件交给我吧，我愿意免掉你这个痛苦的责任。"

其实，德国对于这两个低地小国的中立曾作过无数次保证。1839年，比利时的独立和中立，曾经得到欧洲5大强国"永久"的保证，直到1914年德国撕毁为止，这个条约已被遵守了75年。

1937年1月30日，希特勒在废除了《洛迦条约》以后，公开宣称：德国政府愿意承认和保证比利时、荷兰领土不可侵犯和中立。

1937年10月13日，德国也庄严地正式表示：在任何情况下，都不会破坏比利时的领土完整，它在任何时候都将尊重比利时……如果比利时受到进攻，就准备给予援助……

然而，1938年8月24日，希特勒草拟进攻捷克斯洛伐克的"绿色方案"时说，如果占领比利时和荷兰，那对德国就非常有利，他向军方征求意见："在什么条件下能够占领这个地区？需要多长时间？"

1939年5月23日，希特勒斩钉截铁地对他的将领们说："必须以闪电的速度，用武装力量占领荷兰和比利时的空军基地，无须考虑中立声明。"

1940年5月10日5时30分，天刚破晓。A、B、C三个集团军群向西线展开了全面进攻。当希特勒听到部队已突破荷兰、比利时和卢森堡三个中立国的边防线时，不禁大喜。胜利的消息频频传来，希特勒那双湛蓝色的眼睛炯炯有神，紧抿的嘴角透出一丝胜利的微笑。这时，西方两大强国英国和法国却在睡大觉。他们不相信从比利时和荷兰传来的警报。英、法两国政府一直等到德国轰炸机的咆哮声划破了春天黎明前的宁静的时候,才得知德国的进攻。

过了一会儿,天大亮了,他们又收到荷兰和比利时政府拼命求救的声明。可是英、法两国却"宣而不战"。此时,德空降师也展开了空降行动。在德军指挥部里,希特勒挥舞着指挥棒对他的将军们说:"你们认为,欧洲最坚固的防线在哪儿?"

有人立即说"是马其诺防线!"希特勒却打断他的话:"不!不是马其诺,是比利时的艾伯特运河防线上的埃本·埃马尔炮台!"

第一次世界大战结束后,比利时苦心大干了三年,沿着艾伯特运河构筑了一条绵亘不断的防线。在防线的中部,在孤立突出的岩质高地上,建造了埃本·埃马尔炮台,它比法国的马其诺防线和德国的齐格菲防线都坚固。

为确保拿下这座要塞,德国人不惜仿造艾伯特运河的桥梁和要塞,并专门组建了一个突击团,挑选了最好的指挥官,训练了400名滑翔员,集中了最好的滑翔机,先后进行了12次模拟训练。希特勒还亲自接见指挥官,要求绝对保密。

1940年5月10日黎明,当埃本·埃马尔炮台的1200名守军还在熟睡,德国的空降兵乘滑翔机在10分钟之内就控制了炮台的表面阵地和运河桥上的守军。

5月11日晨,德国装甲兵先头部队赶来包围了炮台,对坑道、暗堡、炮塔连续进行爆破和突击,要塞工事被破坏殆尽。几十门巨炮一弹未发,欲冲出地堡的比军又和迎面扑来的德军相撞。双方一阵枪战,比军死伤不计其数,其余的人又退回了地堡。

比军成了瓮中之鳖。德军不顾一切地冲进地堡。经过一场坑道白刃战,最

▲希特勒与占领比利时的将领合影

终比军不得不在炮台里扯起了白旗，1200名惊慌失措的比利时守军走出炮台投降。5月28日，比利时国王宣布向德国无条件投降。从此"低地国家"上空笼罩着沉重的褐色阴云。

三、德国在西线的胜利

不设防的马其诺防线

由于在第一次世界大战中，法国人员伤亡过大。后来，法国为了避免再次发生惨重的人员伤亡，开始在战略上采取防御政策。于是，法国对即将开始的西线战事的反应就是加强防御力量。为此，法国大规模兴建防御工事，并对依赖重型大炮保护的法军重新部署。

相关链接

★**防御工事**

构筑土木工事在拿破仑战争中已经出现了，可是挖掘战壕和地下掩体却是在美国内战中才开始的。胜利者要建造许多海岸要塞以保护重要的港口。第一次世界大战爆发后，大炮的改进及大量机枪的涌现迫使步兵们转入了地下。诸如钢梁、混凝土等材料的采用使得现代的防御工事变得异常坚固。

▲被称为"龙牙"的德国反坦克障碍

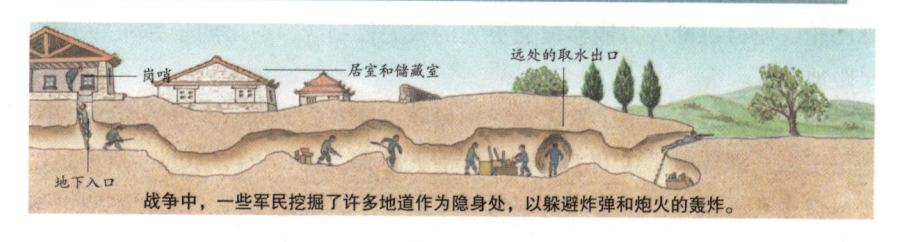

战争中，一些军民挖掘了许多地道作为隐身处，以躲避炸弹和炮火的轰炸。

德国加紧备战的消息传来，法国军民强烈呼吁加强边境的防御力量。1929年12月，马其诺就任法国陆军部长，他提议在法国东北边境修建堡垒防线并得到国会的多数通过。从此，马其诺防线开始全线施工，1936年完工，并以法国陆军部长马其诺的名字命名。

由于德国相继占领了萨尔区，吞并了莱茵兰，1937年，法国不得不从马其诺防线北端，沿整个法国—比利时边境直至北海边缘，修建了达拉第防线。同时对马其诺防线也进行了加固，工程一直修到1940年5月德军进攻法国时。

马其诺防线从隆吉永至贝尔福，长达390千米。它连接了梅斯堡垒地域、萨尔地域、劳特尔堡垒地域、下莱茵堡垒地域和贝尔福堡垒地域。防线的宽面由纵深4~14千米的保障地带和纵深6~8千米的主要防御地带构成。

整个马其诺防线最坚固的是梅斯和劳特尔。在这两个地域的一些重要地段修建了地面和地下相结合的环形防御工事群。地上由装甲和钢筋混凝土组成机枪和火炮工事群，地下多达几层。

地下工事拥有指挥所、休息室、储藏室、弹药库、救护站、电站、通风室等。工事之间均有通道连接，甚至能通电车。射击工事里的武器都是由军事专家精心设计的。

另外，还修建了大量的防坦克壕、崖壁、断崖及金属和混凝土桩，埋设了大量地雷。防线上遍布金属桩或木桩铁丝网，许多地段修建了通电铁丝网。

在第一次世界大战期间，曾使用过毒气。但在马其诺防线上，法军可以用通风过滤设备来解决这一问题。炮手作战时非常安全，并不直接观察目标，而是由地面观测员用潜望镜观测，再用电话通知炮手。

如果战争时需要狙击步兵，法军可以用悬在头顶上的轨道将坦克炮收回，很快，一挺先进的机枪就冒了出来。马其诺防线的很多机枪下拥有升降凸轮，使得机枪火力能够覆盖更大的火力控制区，射出的子弹保持1英尺距地高度。

即使大量敌人越过了这座地堡，只要指挥室一按电钮，就能引爆整个地下工事。即使引爆地下工事还没有消灭敌人，法军士兵也可以立即从秘密出口撤离，通过一个很小的通道，来到一个垂直的出口。由此可见，马

第三章 爆发：欧洲沦陷

其诺防线的设计构想多么精细。

事实证明，马其诺防线在许多方面是很难攻克的。一些德国军官曾回忆说，德军士兵在靠近马其诺防线时像兔子一样逃窜。在大型火炮群和机枪的火力网覆盖下，只要有任何车辆和士兵落入射程内，都会灰飞烟灭。

当时，马其诺防线经过法比边界的阿登大森林的南部。法国总参谋部认为，阿登森林和莱茵河一样是安全的。1934年，一些法国国防部的高级军官在视察这一防线时说："阿登森林是不可穿越的天然屏障，不存在任何危险。"

德军在马其诺防线进行了多次侦察。认为无论从时间上或资金上，都不允许法军用这种防线来保卫国家，事实证明法国边防上仍存在着极大的疏漏。就在过了阿登森林，介于比利时与英吉利海峡之间这段防线，法军没有认真修筑工事。

当时，法军认为盟国比利时是一处很好的缓冲区，能够为法军至少争取八天的时间来组织防御力量。

战争爆发的种种迹象接踵而至，危机随时都可能发生，迫使驻守在没有防御工事地段的法军指挥官加紧修筑工事。就这样，漫长的法德边界又出现了成千上万的与整个防线极不相称的小型工事。

当时的法军总司令甘末林大元帅被西方人士称为"世界第一流职业军人"，他拟定了一项击败德军的绝密计划。

甘末林认为，在法国边境修建一条由钢铁堡垒组成的长城，配备现代化的火力网，使得敌人不管投入多少步兵来进攻，最终都将倒在枪林弹雨中。

按照甘末林的理论，法军为

▲德国超级大炮。这种火炮射程远，威力大，但因为准确性差，因而实际的战时用途并不大，更多是作为一种威慑武器存在。

了防止德军入侵而在法国东北边境修筑堡垒体系，可以用地下坑道将碉堡连起来。

法军一些有识之士对马其诺防线提出一些质疑。他们说："马其诺防线在法德边界只修了150多千米，终点是隆古庸。然而，从隆古庸到比利时边界的地带却没有修，长度快跟马其诺防线一样了。难道德军不会绕过马其诺防线，沿着这个地带进攻吗？"

那些支持甘末林修筑马其诺防线计划的人无奈地回答说："把防线继续向前修，一直穿过比利时。"但比利时人不同意，他们宁愿保持中立而不敢得罪德国人。即使可以延长防线，政府再也支付不出如此庞大的开支了。

就这样，法国没有把马其诺防线修完，而采纳了甘末林的计划：一旦发生战争，盟军将部署在未修筑工事的法比边境一带，与20万比利时军队会合，建立庞大的防御阵地，固守马斯河防线。因为在现代化战争中处于防御地位具有很大的优势，德军如果发动进攻，将会受到毁灭性打击。

1940年5~6月，正如一些法国有志之士所担心的，德军果然绕开漫长的防线，通过阿登山脉，自马其诺防线左边出现，突破达拉第防线，攻占法国北部，出现在马其诺防线的大后方，法国劳民伤财修筑的马其诺防线也就失去了意义。

法国投降——又见贡比涅森林

1940年6月21日，对法国人而言，那是一个充满耻辱的夏日。在德国贪婪地攻陷了法国首都巴黎之后，希特勒和法国的停战谈判，就是在贡比涅森林中的一块小小的空地上举行的。

这个地方是1918年11月11日德意志帝国向法国及其盟国投降的地方。希特勒将在这儿一洗前耻，因为这个地方本身也会增加他复仇的快感。1918年11月11日，在第一次世界大战中战败的德国在巴黎东北方贡比涅森林"福煦列车"上签订了停战协定。

22年后，在这片法国人曾经引以为傲的贡比涅森林里，历史向法国人开了一个莫大的玩笑，法国人扮演了22年前德国人所不愿意扮演的角色。

为了谈判，对这一历史性地点进行了专门布置。1918年德国失败之后同法国人签署停火协定的车厢被从博物馆里拉出来。如今，遵照希特勒的命令，将它放在22年前所在的位置——车站中央的轨道上。

第三章 爆发：欧洲沦陷

那是一列国际卧铺列车的普通餐车，里面的一个包厢被改建成了会议室。一张大桌子，四周围摆放着椅子。通向"停火地点"的林荫道前有座法国人竖立的胜利纪念碑，上面雕刻着一只跌落的德国鹰。

1940年6月21日下午3时15分，希特勒驱车前往贡比涅森林。他在离空地近300米的一座"一战"结束时树立的塑像前走下汽车。希特勒的表情十分严肃，他缓缓地绕行了一周，注视着1918年议和的纪念碑和福煦的半身塑像。在福煦的塑像前，希特勒的手下给他树立了一尊他本人的塑像。

希特勒在车厢外巡视了一周，在车厢附近的花岗岩石碑前停住了脚步，开始读碑上的文字。"他的脸上燃烧的是蔑视、愤怒、仇恨、报复和胜利……"

然后，希特勒及其随行人员走进停战谈判的车厢，他坐在1918年福煦坐过的那把椅子上。

五分钟以后，法国代表团来了。这是一个以色当的第二军团司令查理·亨茨格将军为首的代表团，他现在正亲身经历着德军造成的第二次崩溃。

显然他们事先并不知道会在这个曾经让法国人引以为荣的圣地来受这种屈辱。他们的这种震惊，无疑正是希特勒所期望的。

在凯特尔将军对法国人宣读了停战条款的序文以后，希特勒和他的随行人员马上离开了车厢。

谈判工作交由最高统帅部长官继续进行，但对于他亲手所拟订的条件没有留出丝毫的回旋余地。

▲签署"一战"停战协定时的车厢

▲法国与德国签署停战协定，法国宣布投降。

067

凯特尔把这些条款读完以后，亨茨格马上对德国人说，"条件太'冷酷无情'了！"这比1918年法国在这里向德国提出的条件差得多。

在德国人提出的条件中，最恶毒的一条就是，强迫法国把法国本土和海外属地上的反纳粹的德国流亡人士，全部交由德意志帝国；凡是与别国联合对德国作战的法国人，被捕后立即枪决；所有战俘都将被关押到签订和约时为止。

停战条约中最难处理的是法国海军问题。在法国将要崩溃的时候，丘吉尔曾经表示，法国如果把海军开到英国来，过去不单独媾和的诺言就可取消。希特勒决心不让这件事情实现。

因此，他在停战协定中规定，法国舰队必须复员、解除武装，并把舰只停泊在本国港口废置不用。德国"无意使用在德国监督下的港口所停泊的法国舰队来为自己作战"。

在贡比涅举行停战会谈的第二天，法国代表还在继续拖延和争论。到下午6时30分，凯特尔发出了最后通牒。法国必须在一小时之内接受或者拒绝德国的停战条件。在这一小时内，法国政府屈服了。

1940年6月22日下午6时50分，亨茨格和凯特尔分别在停战协定上签了字。这个曾经拥有300万大军、号称欧洲头号陆军大国，这个在"一战"中曾四年不败的法兰西，在这次战争爆发六周以后就投降了。这是法国统治集团长期推行绥靖政策所造成的恶果。

按照停战协定规定，法国军队全部解除武装并把武器交给德国，法国被肢解为两部分，法国北部约占全国五分之三的富庶工业区由德军占领，法国负担德国占领军的全部费用。

其他非占领区表面上由贝当傀儡政府统治，实际上整个法国完全被置于德国人的统治之下。法国从此陷入了亡国的深渊。

当法国代表团从停战谈判的车厢走出的时候，天空下起了霏霏细雨。这时，一群德国士兵正起劲地叫喊着，开始移动那节车厢——"福煦列车"。

"运到哪里去？"一个美国记者问道。

"运到柏林去！"他们要把车厢运往柏林当作展品。至于那座在1918年树立的花岗岩纪念碑，则在两天以后，被一队德国士兵奉命用炸药炸毁了——只有福煦元帅的塑像留了下来。

这是一个令法国人民很久都不能忘怀的历史插曲。

戴高乐在伦敦树起"自由法国"的旗帜

法国名存实亡后，戴高乐的事业此时几乎陷入绝境，但他仍然信心百倍。这时，他的事业所得到的最重要支持来自英国。

1940年6月18日下午6时，在英国广播电台的播音室里，戴高乐向全世界、也向沦亡的法国，发表了也许是他一生中最重要的演说。

戴高乐说："法国并非孤军作战，它可以与控制着海洋并在继续作战的不列颠帝国结成同盟。我，戴高乐将军，现在在伦敦。我向正在英国领土上和将来可能来到英国领土上的持有武器或没有武器的法国官兵、军火工厂的工程师和技术工人发出号召，请你们和我取得联系。"

▲戴高乐将军在英国BBC广播电台的播音室里，进行了著名的《告法国人民书》的演说。

戴高乐还说："无论发生什么情况，法兰西抵抗的火焰决不会熄灭！"

尽管法国的军政官员们没有人理睬戴高乐的声音，但这声音却深深震撼着几千万法国人民的心灵。

在戴高乐的旗帜下，集中了来自法国各方的自由战士，他们在打败德国的过程中作出了重要贡献。

在伦敦的戴高乐接到回国"命令"。贝当政府命令戴高乐到图卢兹的圣米歇尔监狱去"自首"，听从"战争委员会"审判。

这个委员会先是判处戴高乐4年的徒刑，然后根据伪政权国防部长魏刚的指示，改判"死刑"。

戴高乐又向法国驻海外的殖民总督们发电报，要求他们坚持作战。他还请他们来伦敦会谈，得到的是一片嘲笑声。那些总督们认为戴高乐是野心勃勃、追名逐利的家伙。

6月22日下午，法国代表和凯特尔在停战协定上签了字。

这一消息震惊了全世界，全世界人民都注视着法兰西的灭亡，许多法国人听到广播后都哭了。德国控制的傀儡维希政府显然已经无法代表法国，几千万法国人民成了亡国奴！

6月23日晚上，戴高乐将军在伦敦发表广播声明。他说，由于波尔多政府投降所造成的局势，法国的政治机构已不能自由地行使职能，法国人民无法表达他们的真正意愿，因此在英国政府的同意下，他宣布在伦敦成立法国民族委员会。

6月28日，英国正式承认戴高乐为"一切自由法国人的领袖"。丘吉尔对戴高乐说："你虽然孤身一人，但我只承认你一个人！"

这样，戴高乐就在伦敦树起"自由法国"的旗帜，组织英国领土上的法国武装部队和海外法国人民，为反对法西斯、争取法兰西民族的解放而斗争。

为了法国的独立，他一边与挪威、荷兰等国的流亡政府取得联系，寻求他们道义上的支持，一边扩充实力。因为他的力量有限，他才必须争取别国的支持，永不言败。

他向英国借来白城体育馆作为招兵基地，接见逃到英国的法国人，用他那粗犷的声音打动他们："法西斯的侵略已经引起大多数国家的反抗。法国暂时还有很多困难，但法国一定会重新获得解放！"

戴高乐坚韧不拔的意志深深地打动了每一位法国爱国志士，很快有几百人站到他的旗帜下。6月29日，他来到利物浦附近的特伦特姆公园，招募了200名阿尔卑斯山步兵，以及一些炮兵、工兵和通讯兵。

几天后，两艘法国潜艇和一艘巡逻艇宣布追随他继续作战。圣阿塔恩的几十名飞行员也前来追随他。6月30日，米塞利埃海军中将逃了出来，加入"自由法国"的阵营。

这时开始陆续有人从法国逃出来，其中有不少不甘屈辱的中高级军官。甚至有许多人从北非来到伦敦，

▲戴高乐视察"自由法国"女兵大队。

第三章 爆发：欧洲沦陷

前来追随戴高乐。

法国的国庆节这一天，为了向全世界宣告反法西斯的法国军队仍然存在，戴高乐决定举行阅兵式。7月14日上午，7000多人的"自由法国"部队聚集在白城体育馆。戴高乐全副戎装地站在台阶上，身后悬挂着巨大的福煦元帅画像。

这是戴高乐的部队第一次在伦敦公开亮相，是对德国的公开宣战。紧接着，第一批"自由法国"的飞行员进行了对德国鲁尔区的轰炸。

▲法国抵抗组织在巴黎街头袭击德军，这种游击行动一直持续到德国投降为止。

这时，戴高乐以"自由法国领袖"的身份与丘吉尔进行"必要的谈判"。通过艰苦的努力，双方达成《丘吉尔—戴高乐协议》。

在协议中，戴高乐坚持英国必须保证恢复法国的疆界。他以这种办法从法律上打消英国人怀有的任何攫取法国领土的想法。最终，英国政府承认他们有义务"恢复法国的独立"。

"自由法国"军队的开支先由英国政府垫付，戴高乐坚持表明这是借贷。所有开支将立账，以后偿还。这一协议的签订使戴高乐摆脱了物质困难，同时使英国和"自由法国"的关系正常化。

在军事上，戴高乐身边有一批得力的参谋，他们认为不能总待在英国，必须动身去非洲发展。戴高乐决定先去乍得、喀麦隆和刚果，使它们加入"自由法国"。

1940年8月2日，戴高乐派勒让蒂约姆将军去索马里半岛，派普利文、帕朗少校和内阁总管埃蒂埃·德布瓦兰贝尔去赤道非洲。这些人很快使"自由法国"的洛林十字旗帜飘在乍得和喀麦隆的上空。

达喀尔是戴高乐想争取的地方，因为控制了达喀尔就控制了塞内加尔和法属西非的大片地区。为了使这个计划成功，就必须请英国提供海上援助。关键时刻，丘吉尔依然一如既往地支持他。

10月27日，戴高乐在布拉柴维尔向全世界庄严地宣布成立国防委员会:"我要以法国的名义,而且只是为了保卫法国行使我的职权。为了协助我进行工作,我从即日起,组织一个法国防务委员会。"

1941年,"自由法国"运动在戴高乐的领导下,不仅取得了较大的发展,而且建立起一支精悍的海陆空武装部队。

1941年9月24日,戴高乐宣布成立"法兰西民族委员会",代行政府职能。法国本土的抵抗运动在戴高乐的影响下也发展起来。

四、不列颠上空的鹰

"我们决不投降"

1940年5月10日,张伯伦因慕尼黑协定引起国民抗议而下台,由主张对德国采取强硬政策的海军大臣丘吉尔出任首相。这时候,战争阴影笼罩着整个英国,甚至英国国民也在怀疑,打赢这场战争的把握有多大?

5月13日,德国坦克刚刚出现在阿登山口时,丘吉尔在英国下院发表了激情四射的就职演讲。他说:"我能奉献的只有鲜血、劳苦、眼泪和汗水……"

英国人第一次领略到丘吉尔身上所具备的那种坚定无比的品格。他的决心、意志,感染了在场的每一个人,雷鸣般的掌声在会议厅里久久地回荡。

在此以前,希特勒并未想过入侵英国的问题,他天真地相信,法国一旦被击败,英国就会接受和谈。他曾信心十足地说:"英国是个傲慢的国家,不会轻易投降。等他们明白自己的处境后一定会接受我们的和谈方案。"

希特勒从6月中旬到7月中旬频频向丘吉尔摇动橄榄枝,还通过瑞典和梵蒂冈教廷向英国做出和平试探,但希特勒听到的回答始终是一个坚决的"不"字。

▲英国抗击德国的宣传海报,丘吉尔成为当时英国人民抗击德国的坚定旗手。

第三章　爆发：欧洲沦陷

一天晚上，丘吉尔在地下总部的一间防空洞里召开参谋部会议，丘吉尔指向会议桌首席放的那把木椅说："我将在这里指挥这场战争。如果德国人攻打我们，我就坐在这把椅子上。"他把雪茄叼在嘴里，深深地吸了一口，

▲美国《生活周刊》发表的遭德军轰炸后的伦敦街道照片

说"我就在这里，直到德国人投降，要么就是德国人把我的尸体抬出去！"

7月19日，希特勒在柏林的克罗尔歌剧院召集了一次引人注目的国会会议。希特勒一改以往那种歇斯底里的风格，而是十分温和地开始了自己的发言。在演讲中讲到英国对待战争与和平的态度，说："现在我从英国只听到一个呼声：战争必须进行下去！但这不是人民的声音，而是政客的声音……现在，我觉得在良心上有责任再一次呼吁英国和其他国家拿出理智和常识来，我认为我是有资格做出这种呼吁的，因为我并不是乞求恩惠的战败者，而是以理智的名义在说话的胜利者。我实在看不出为什么要把这场战争继续打下去。"

当天晚上，德国的飞机在英国撒下了数百万份印着希特勒演讲全文的传单。实际上，英国的广播早已全文播送了希特勒的演说，并将他的讲话在报纸上全文刊载。对于希特勒的战争恐吓，英国政府没有进行封锁，反而让全体英国人民知道，让他们对此有所准备。

7月22日，哈利法克斯勋爵在广播中正式拒绝了希特勒的建议："除非自由确有保障，否则战斗决不停止。"

希特勒派人继续在幕后进行外交活动。8月3日，瑞典国王认为商谈此事的时机已经到了，试探着英国的态度，但英国外交部门给予了强硬的回答。

在英国外交部发言后，丘吉尔向新闻界发表了声明："首相希望大家了

解，德国企图进攻的可能性没有完结。德国人正在散播谣言，说不打算进攻，对于他们所说的话，我们历来表示怀疑，对于这个谣言就更应该加倍怀疑了。我们感觉到，我们的力量在日益增长，准备也日益充分，但决不可因此丝毫放松警惕，在精神上有所松弛。"

　　对英国人的态度，许多德国人难以置信："你能理解那些英国傻瓜吗？"他们禁不住互相询问："现在还拒绝和平，他们是不是发疯了？"

　　但英国的反抗精神和钢铁意志令德国参谋部的大部分将军惊讶不已。不列颠空战期间，英国硝烟弥漫，遍地弹痕。然而，英国人依旧毫不屈服。在飞机的轰炸下，丘吉尔穿过伦敦市区，踏访一条条街道、一间间民房……

阴差阳错的伦敦夜袭

　　希特勒对英国有能力空袭柏林大为震怒，他命令戈林进行相应的报复行动。希特勒还认为轰炸伦敦能造成英国国民的恐慌情绪，德国或许不需陆军劳师远征就能迫使英国举手投降。

　　1940年9月7日下午5时，德国大规模空袭伦敦的前一刻，一批批德国轰炸机正向英吉利海峡对岸猛扑过去；机场上，密集排列的"施图卡"轰炸机已做好出发准备，随时可以升空。

　　9月7日下午7时50分，由625架轰炸机、648架战斗机和驱逐机组成的声势浩大的机群从不同航向、不同高度越过英吉利海峡直扑伦敦。英国空军估计德军仍要袭击他们的战斗机前进基地，因此主动让出了飞往伦敦的通道。

　　但这一次，德军已经改变了攻击目标。当英国飞行员发觉时，已经来不及对其进行拦截了。第一波

▲德机轰炸后的伦敦

第三章　爆发：欧洲沦陷

次德机对泰晤士港、人口稠密的伦敦东区、伍尔威奇工厂等目标准确地投下了高爆炸弹。英国23个飞行中队全部怒吼着向德国轰炸机群横冲过来，在伦敦上空展开了激战。

梅塞施米特式战斗机 ME109型

海上飞机 "喷火"式战斗机

短短一个小时内，德军就成功地将300多吨高爆炸弹、燃烧弹泻入伦敦。伦敦顿时成为一片火海。大大小小的工业设施、交通枢纽、电力网络、平民住宅相继被毁，爆炸声、坍塌声、呼救

▲在1940年7月至10月。德国空军轰炸了英国的很多城市，并袭击了英国空军（即英国皇家空军）。在此空袭过程中，英国皇家空军摧毁了1733架德国空军战机，自己只损失了915架。到10月31日时，英国已经赢得了不列颠之战的胜利。

声、惨叫声以及警车、消防车的呼啸声伴着黑烟直冲云霄。城市瞬间化为瓦砾。草木顿时燃成灰烬，整个大地在颤抖，整个天空在呻吟！

当太阳再次在伦敦上空升起的时候，伦敦依旧被一片浓浓的黑烟笼罩着，阳光几乎无法透过这层厚厚的烟幕，更无法抹去伦敦市民对恐怖的灰暗记忆。从纯军事角度讲，德国首次大规模空袭伦敦获得了成功。

9月9日下午5时，德国空军200余架轰炸机在强大护航机群的掩护下，第二次前去轰炸伦敦。由于英国空军做足了充分的准备，严阵以待敌人的再次入侵。德国机群刚刚飞越英吉利海峡时，英国"喷火"式和"旋风"式飞行中队就立即奉命起飞。

双方飞机在天空中你追我赶，展开了一场殊死搏斗。尽管德军最后还是进行了轰炸，但他们再也不可能在不受攻击的情况下到达伦敦上空了。随后，德国又不惜代价地继续闯入伦敦地区上空并给伦敦造成了巨大的破坏。

在这关键的时刻，英国战斗机司令部改变了拦截战术，战斗机不再以零星分散的中队投入战斗，而是将它们统一组成大的机群，以能够同德国空军抗争。

9月15日，德国空军再次出动。第2航空队第3轰炸航空团在坎特伯雷上空首先遇到英机拦截。这是英国空军第72、第92中队的"喷火"式战斗机。英国战斗机还没等占据有利位置就迫不及待地从前方直接冲入德轰炸机编队。飞行员们猛按射击按钮，将自己的满腔怒

▲英国"喷火"战机掠空飞行。这款战机在不列颠空战中立下汗马功劳。

火化成了条条复仇的火焰向德国轰炸机群铺天盖地射击。

几分钟之内，德国轰炸机就接二连三地拖着浓烟，哀嚎着坠入大海。空战正在激烈进行着，交战双方都竭尽全力去赢得此次空战的胜利。尤其对大英帝国来说这是一场生死攸关的战斗。

德军终于狼狈逃窜了！从这之后，德国空军再也不敢与英国空军进行大规模的拼杀了，它再也损失不起了。仅此一天，德军就被击落飞机185架。丘吉尔激动地说：这一天是世界空战史上前所未有的、最为激烈的一天。

在德军还沉浸在失利的沮丧之中时，英国皇家空军借胜利的余威发起了反击。9月16日和17日，英军持续猛烈地轰炸了准备发动入侵的德军舰停泊港，使德国海军遭到严重打击。海军将领纷纷向元首报告装备严重遭受破坏的消息，大小驳船沉没，军火列车被炸毁，仓库多处着火，多艘轮船和鱼雷艇被炸沉，人员伤亡惨重。

英国空军如此快的复苏使德国惊恐不已。为了尽可能减小损失，戈林下令：从10月1日开始，对伦敦的空袭改为夜间进行。

10月2日傍晚，由1000多架飞机组成的德国庞大机群又起飞了，它要再次把死神带进伦敦。尽管英国空军全力拦截，但效果不甚理想。大批德国轰炸机成功地飞抵伦敦上空。顿时，整个城市响彻了刺耳的空袭警报，灯火管制使街区陷入一片黑暗。

第三章 爆发：欧洲沦陷

在探照灯的照耀下，只见各种飞机时而俯冲，时而拉升，整个伦敦街区看上去好像正承受一场空前的大劫难。

德国空军的夜袭使英国防空陷入了很大的被动，至 1941 年 2 月，德军共出动飞机 24000 余架次，被击落 156 架；而伦敦则遭受了惨重损失，市民死亡近万人，市区五分之一的房屋被炸毁，交通和公共设施遭到严重破坏，每天从伦敦开出的火车由轰炸前的 60 次减至 4 次。

直至希特勒下决心入侵苏联后，轰炸仍在持续，但已主要作为掩盖进攻苏联企图的烟幕，空袭规模也逐渐减小。

5 月，当进攻苏联的准备一切就绪时，德国空军开始大规模转向东线战场，不列颠之战结束。

英国没钱了，美国来援助

当全世界的目光都注视着不列颠之战，为在法西斯德国野蛮的狂轰滥炸和虎视眈眈的入侵威胁之下顽强抗击的英国人民的命运而担忧时，丘吉尔及其领导下的英国人民不仅始终保持着沉着坚定的态度，而且对获得反法西斯斗争的最后胜利始终抱着极大的信心。

面对德国的一次次侵犯，丘吉尔为了保卫英国，决定争取与美国结盟，让美国援助英国。早在 1940 年 5 月 15 日，刚上台的丘吉尔就给罗斯福发电报，要求美国提供四五十艘旧驱逐舰以救急需。

6 月中，丘吉尔也发出过同样的电报。7 月底，他又致电罗斯福说："总统先生，我怀着崇高的敬意向您说明，在漫长的世界历史上，这是目前当务之急的一件事。"

德国那可怕的"闪击战"彻底惊醒了美国人。5 月底，美国国会拨给罗斯福的经费比他要的还要多，到了 10 月，国会又通过 170 亿美元拨款用于防务。在不到一年的时间里，国会共拨款 390 亿美元用于防务和援助英国等同盟国，远远超过美国在"一战"中的拨款总额。

1940 年 6 月 15 日，罗斯福下令设立国防研究委员会。罗斯福向丘吉尔表示，他正尽最大努力使英国得到急需的物资。最初，美国国会只同意加强美国的防务，而不批准对英国的援助。但罗斯福仍然把军火库中几乎所有的库存借给了英国：50 万支步枪，8 万挺机枪，900 门野战炮，大量的炮弹、子弹、炸弹和无烟火药。罗斯福的疯狂做法使许多议员在国会吵个不休，称政府的做法等于自杀。

英国坚决抗击德国法西斯的政策，得到了美国越来越大的支持和援助。1940年9月2日，美英正式达成"以驱逐舰交换海空军基地"的协议，即美国把50艘第一次世界大战后退役的旧驱逐舰"租给"英国，英国同意美国在纽芬兰和西印度群岛的8个地方建立海空军基地，租期99年。这个协议肯定构成了非中立行为，使美国由中立国变成交战一方。

就在英美双方就驱逐舰问题进行紧张而反复的磋商的同时，1940年的美国大选已经拉开了序幕。按照美国政治传统，总统不得第三次连任。但在激烈的战争使世界局势日渐严重的特殊背景下，这一传统被罗斯福打破了。他又一次接受了民主党总统候选人提名。

当11月6日传来罗斯福第三次当选总统的消息时，丘吉尔深感庆幸，立即致电表示祝贺。而罗斯福在重新当选后的第三天就公开宣布，按"根据实际经验得来的办法"分配军火产品，即大致上一半分给美国军队，另一半分给英国和加拿大军队。

英国由于大量购买美国的武器和军事装备，黄金美元储备日趋枯竭，无法用现款支付，因此丘吉尔便进一步向美国求援。

1940年12月29日，罗斯福发表"炉边谈话"说："如果大不列颠一旦崩溃，我们整个美洲的人民将生活在枪口之下……我们必须竭尽全力生产武器和舰只……我们必须成为民主国家的大兵工厂。"

1941年1月6日，罗斯福在致国会的咨文中，要求国会根据租借法，向那些反对法西斯侵略的国家提供武器装备。

在罗斯福等美国当权人士的努力下，1941年3月11日，美国国会两院终于通过了《租

▲二战期间美国卖给英国的旧军舰。尽管当时美国保持"中立"，但罗斯福仍想方设法地向英国提供力所能及的援助。

借法案》，规定把国防物资出售、转让和租借给"总统认为其防务对美国国防至关重要"的国家，并且一次就拨款 70 亿美元援助英国等国家。

3 月 27 日，美英两国总参谋部的代表在华盛顿经过两个月的商谈后，达成了美英会谈协议，规定一旦美国参加对德国和日本的战争时，美英两国将首先打败德国，然后再对付日本。

这样，英美两国就逐渐结成了反法西斯同盟。在整个战争期间，美国给予英国 270 多亿美元的租借援助。

美国这时虽然已事实上成为交战一方，但希特勒还不敢对美宣战，因为德国法西斯的侵略矛头已转向东方，准备去进攻苏联。

在反法西斯的第二次世界大战中，美国通过租借法拨款 500 多亿美元，购买武器、粮食和各种军用物资，援助英、苏、法、中等 38 个同盟国家，对打败当时的人类公敌德、意、日法西斯侵略者起了一定的积极作用。

第四章

激战：苏德大战

一、"巴巴罗萨"计划，让全世界震惊

恶魔的眼睛转向东方

1940 年夏，希特勒在取得对法国战争的胜利后，进攻苏联的议案又提上日程。希特勒进攻苏联的想法由来已久。早在 20 年代，他在自传《我的奋斗》中就这样写道："德国不能满足于 1914 年的边界。""我们要从 600 年前停止下来的地方开始行动。""我们是民族社会主义者，我们要自觉地改变战前对外政策的方针。我们要消除德国长期以来在南欧和西欧的目标并把自己的目光集中到东方……但当我们今天说到欧洲的新领土时，我们首先指的就是俄国及其所控制的仆从国。"

希特勒进攻苏联的想法立即在德国高级军事领导层中引起了反响。最高统帅部及海陆空将领都参加了关于进攻苏联的时间和方式问题的讨论。将军们普遍认为，现在德国正处于军事鼎盛时期，时机极为有利。陆军元帅勃劳希契在 7 月 21 日的德国最高统帅部会议上作了对苏作战的报告。在报告中，他对陆军最高统帅部的意见表示乐观，并建议对苏战争应该在 1940 年就开始。

为了高度保守机密，希特勒命令由总参谋部来研究进攻苏联的计划，以便对任务、时间和目标有一个明确的了解。在以后的几天里，希特勒在柏林和上萨尔茨山接见了罗马尼亚、保加利亚和斯洛伐克的总理。在得知

第四章 激战：苏德大战

苏联对波罗的海国家的合并，以及对比萨拉比亚和北布科维纳的占领后，希特勒决定推迟解决巴尔干问题，加紧考虑进攻苏联的计划。

7月31日，希特勒在伯格霍夫召开最高军事会议。会上，先由海军元帅雷德尔报告了"关于英国登陆战准备工作的第16号指令"，即"海狮计划"的准备工作的进度。雷德尔说，9月15日将是开始执行"海狮计划"的最早日期，前提是届时没有

▲德国名将古德里安，著名的"闪击战"理论的创始人。与曼施泰因、隆美尔一起并称为纳粹德国的三大名将。

"由于天气或者敌人的原因而出现不测情况"。雷德尔就这一前提向希特勒解释说，英吉利海峡和北海的天气，除了10月上半月以外，一般都是恶劣的。10月中旬开始有薄雾，到了下旬就有浓雾了。然而，这只是天气问题的一部分，"只有海上风平浪静，才能够执行作战计划"。"即使第一批部队在天气有利的条件下渡海成功，还是不能保证第二批、第三批部队也能够有同样有利的天气。事实上，我们必须认识到，在一些港口可供利用之前，有好几天是不能运送比较大量的物资的。"这样一来，陆军就会陷入困境：他们会被搁在海滩上，没有给养，也没有援军。这位海军元帅在结束他的发言时说："从一切情况考虑，最有利的作战时间将是1941年5月。"希特勒发言，表示对雷德尔的结论不敢苟同，并认为不能因为天气情况而不考虑坐失时机的后果。德国海军到来年春天也不一定就能打败英国海军。而如果给英国陆军8个月到10个月的时间，它就将会有30~35个师的兵力，到那时再登陆作战将会更加困难。因此他认为："必须设法为1940年9月15日开始的作战行动进行准备工作……至于这次作战行动是在什么时候开始，将在空军对英国进行一个星期的密集轰炸之后作出判断。如果空袭的效果很好，敌人的空军、港口和海军等等遭受重创，那么'海狮计划'将在1940年进行。否则将推迟到1941年5月。"

希特勒话锋一转说:"英国的希望在于俄国和美国。如果对俄国的希望破灭,那么对美国的希望也将破灭,因为消灭俄国以后就会大大增加日本在远东的力量。我现在越来越相信,英国继续进行战争的顽强决心是由于它对苏联有所指望。英国人原来已经完全倒下了,现在他们又站了起来。俄国只需向英国暗示,它不希望德国过分强大,那么就像一个快要淹死的人突然抓到救命稻草一样,英国会重新获得这种希望:局势在6个月到8个月之内就会完全改观。但是如果俄国被摧毁,英国的最后希望就会被粉碎。那时,德国就将成为欧洲和巴尔干的主人。因此,必须消灭俄国。时间定在1941年春天。"

随后,希特勒详细地叙述了他的作战计划。他认为,这次行动只有以一举摧毁苏联为目标,才值得进行。只占领俄国的大片领土是不够的。"要消灭俄国的生存力量!这才是目的!"希特勒强调说:"首先将发动两个攻势,一个是在南方向基辅和第聂伯河进攻,另一个是在北方通过波罗的海国家,然后向莫斯科进攻。两支军队将在莫斯科会师。在这以后,必要时将进行一次特殊作战,以获取巴库油田。"他接着说,他将干脆吞并乌克兰、白俄罗斯和波罗的海沿岸各国。他将拨出120个师来进行整个战争,留60个师保卫西线和斯堪的纳维亚。进攻将在1941年5月开始,用5个月的时间完成,在冬天结束。他补充说,他本来希望在今年这样做,但是这已经证明是不可能的了。

"巴巴罗萨"计划

8月26日,希特勒便下令从西线向波兰派遣10个步兵师和2个装甲师。他规定,装甲部队要集中在波兰东南部,以便他们可以出兵保护罗马尼亚油田。德国人自知向东部调动大量部队肯定会被苏联人发现。于是便命令德国驻苏联大使通知苏联总参谋部,说这个调动只是派年轻的士兵代替要复员参加工业生产的年纪较大的士兵。9月6日,德国国防军指挥参谋部参谋长约德尔发出指示,概述了进行伪装和掩蔽的方法。规定:"这种集结的工作绝不能在俄国造成这样一种印象,即好像我们准备在东方发动攻势。"约德尔又拟了一个作战草案,设想对苏作战将动用3个集团军群。普里皮亚特沼泽地以北用2个,以南用1个,但有一点要注意,即在越过奥尔沙陆桥—斯摩棱斯克地区以后,能否继续向莫斯科进攻将取决于肃清

第四章　激战：苏德大战

波罗的海苏军的进展情况。

11月28日至12月3日，在德国陆军总参谋部第1军需部长保卢斯将军的指导下，德军进行了一系列的军事演习，以便对方案存在的主要问题进行审查。然后，方案的制定者们在12月5日与希特勒举行了正式讨论。将要进行这一作战的3个集团军群的参谋长，各自研究了有关的战略问题，他们突出地感到了空间与人力上的困难。所谓空间上的困难是指地理环境而言的。1940年的苏德边界，始于梅默尔以北的波罗的海之滨，沿旧东普鲁士一立陶宛边界延伸，接着向西进入波兰，形成一个突出的弧形地，然后向西绵延到布列斯特—里托夫斯克，接着继续向南伸展，直到匈牙利边境为止。这条苏德边界线全长约1100千米。而乌克兰—罗马尼亚边界沿普鲁特河至黑海，长约720千米。另外，在俄罗斯欧洲部分西部的中央，就在布列斯特—里托夫斯克边界东南，有一片南北宽约240千米、纵深约480千米的辽阔沼泽地区。复杂的地形会把德军队形拉得很长，无法组织防御和进攻。

后备军总司令弗罗姆谈了自己的看法，认为在一片辽阔地区向300万人、50万匹马的部队进行补给是非常困难的。何况，这个地区公路寥寥无几，铁路不能直达。另外，现有的增援部队不足50万，只够补充夏季战役的损失。摩托车辆奇缺，车辆燃料更是吃紧，国内只有不超过3个月的汽油储备和1个月的柴油储备。由于缺乏天然橡胶与合成橡胶，轮胎也成了问题。

听了上面几位将军的发言，陆军总司令勃劳希契对于元首的全球战略目标开始产生怀疑。如果向苏联开战真是必要的话，那么消灭苏军就是压倒一切的目标，经济方面的考虑就不能占优先地位。进攻莫斯科将吸引敌人的主要兵力；夺取莫斯科地区不仅将使苏联失去控制，交通联络断绝，而且将在苏军的战线上打开一个巨大缺口。勃劳希契要求

▲日本关于德国入侵苏联的"巴巴罗萨"计划的海报

▲尽管战争的准备工作正紧锣密鼓地进行着，然而在公开场合，希特勒仍大谈他的和平主张。

发言，他对元首说："德国空军是否有力量对英、苏两线同时作战？"

希特勒立即回答说："如果对苏战争不拖长的话，德国空军就能够在两条战线上同时作战！"哈尔德也发言坚持中央集团军群主要突击方向应该是莫斯科。希特勒说："对苏战争的目的是保卫帝国领土不受空中袭击，以保护柏林和西里西亚的工业区。这就需要战略纵深，使粉碎后的苏联成为一些非武装的社会主义行省，自波兰边境到伏尔加，全由德国人驻防和统治。伏尔加河以东的原始土地，冰冻的西伯利亚地区，以及乌拉尔外的空旷森林，等有了工夫再去占领，一个重要的考虑因素，就是从这些边远的地区，任何轰炸机都飞不到德国。"接着，他又说道："战争开始后，苏联会死守波罗的海与乌克兰，因为那里有海港，在经济上至关重要，而对于中部，斯大林会慷慨退让。德军夺取莫斯科无甚重要。中央集团军群的装甲侧翼要准备向北进入波罗的海、向南进入乌克兰。"勃劳希契默然。

会后，最高统帅部向各集团军群发出了命令。陆军总部在勃劳希契的领导下，夜以继日地修订作战计划。在计划中，勃劳希契认为有必要加强北方集团军群的力量，使其通过波罗的海国家的速度能像中央集团军群向斯摩棱斯克的推进速度一样快，两军齐头并进，避免在攻打莫斯科之前使军事行动停顿下来。

12月17日，该作战计划，即21号指令呈送到希特勒案头。希特勒看

第四章　激战：苏德大战

后，皱起了眉头，他认为21号指令没有体现他的最新思想，即他在12月5日会议上的发言，便提笔进行了修改。明确规定：要优先保证肃清波罗的海的敌人，夺取列宁格勒与喀琅施塔得；为此目的，中央集团军群要往北抽调强大的装甲部队。只有完成上述目标，才能恢复对莫斯科的攻势。希特勒认为21号指令代号为"奥托"似不够明确，这场战争应当是"巴巴罗萨"这个名字。

第二天，即1940年12月18日，希特勒以武装部队总司令的名义发出了第21号指令——"巴巴罗萨计划"。按照计划要求，德国武装部队必须准备在对英战争结束之前，以一次快速战役击溃苏联。准备工作必须在1941年5月15日以前完成。进攻苏联分两个阶段，第一阶段，首先用突然袭击的方法消灭苏联西部军区的军队，然后在空军的掩护下，以坦克部队为先导，长驱直入，向苏联腹地进攻。进攻路线分南、北、中三路。北方集团军群共29个师，在1000多架飞机的掩护下，由东普鲁士出发，经德文斯克、奥斯特洛夫，直取列宁格勒；中央集团军群共51个师，在1600架飞机的掩护下，由华沙以东出发，经布列斯特、明斯克、斯摩棱斯克，向莫斯科进攻；南方集团军群共63个师，在1400架飞机的掩护下，在卢布林至多瑙河口地区展开，向基辅进攻，然后向顿巴斯进击。在包围并歼灭这三个城市的苏军后，分别占领莫斯科、列宁格勒和顿巴斯。第二个阶段，进攻苏联的后备军，占领阿尔汉格尔斯克、伏尔加和阿斯特拉罕。这就是希特勒的宏伟计划。为了保密起见，计划只印了9份，三军各一份，其余的保存在最高统帅部。希特勒还指示，参与这一机密的军官的人数要尽可能少，不然，准备工作就会有泄露的危险，在政治上和军事上导致严重的后果。签署完"巴巴罗萨计划"之后，希特勒感到如释重负。他踌躇满志，巴巴罗萨、拿破仑未竟的事业，将由他来完成了。这个当年维也纳的流浪汉，已经自认为是有史以来世界上最伟大的征服者了。

战争爆发

6月18日，苏联一个边防分遣队的指挥员打电话给自己的军长费久宁斯基上校说："有一个德国士兵刚才跑到我们这边来。他谈了一个非常重要的情况，但我们不知道是否应当相信他的话，他谈的情况非常非常重要。"

在边防分遣队指挥部，费久宁斯基见到的是一个高个子的年轻德国士兵。翻译说,这位士兵在喝醉酒时打了一个军官,因为怕被枪毙才跑过来的,他告诉费久宁斯基说,战争很快就要开始,6月22日凌晨4点,德国部队将沿着整个德苏边境发动进攻。看到对方将信将疑的样子,这个年轻的德国士兵急了,他说:"上校,到6月22日早上5点钟,如果您发现是我骗了您,那就把我枪毙!"

费久宁斯基见他这样说,便毫不迟疑地立即把情况转告给第5集团军司令员波塔波夫将军,这位将军衔着烟斗懒洋洋地说:"没有必要相信这种挑拨,也没有必要使部队进入戒备状态,因为那样会搞成一场虚惊。"费久宁斯基仍然坚持要加强防备,波塔波夫将军见拗不过这位上校,只得同意调两个团靠近边界,并从靶场上调回一个炮兵团。在第87边防支队的地段上,苏军又抓到了一个德军特务小分队。据他们交代说,他们的任务是破坏火车和在卢尼涅茨车站上造成阻塞,以利于德军轰炸。

6月20日,列宁格勒军区收到了关于芬兰部队在边境集结的情报。

《纽约时报》驻安卡拉的记者苏利茨别尔盖发来的消息说:"从两个与苏联接壤的国家中获悉,德国对俄国的武装进攻可能在未来48小时内发生……德国在罗马尼亚和芬兰的支持下将对苏联发动一场从黑海到北极圈的全面进攻。"

赫尔辛基发布命令:预备役的年龄放宽到44岁。报纸头版头条写道:"每一个芬兰人都应该毫不犹豫地战斗,就像1939年那样。"

柏林德国官方发言人就各国报刊发表有关苏德边境冲突消息这一情况郑重声明道:"外国制造的这一传闻没有任何根据。"

路透社莫斯科消息说:"这里没有任何迹象表明德国向苏联提出了某种要求。在苏联首都没有任何危机的迹象。"

《真理报》在当天发表了以《反对饶舌者和游手好闲者》为标题的社论,文中号召人们在工作中要有实事求

▲德军入侵苏联。借助装甲部队的来回穿插,德军在战争开始阶段得以长驱直入。

是的精神，反对空谈和喋喋不休地说无聊话。

6月21日夜11点，苏军总参谋长朱可夫从基辅打来的电话称，一名德军司务长越过了防线对苏联指挥员说，德国军队将在次日凌晨发动进攻。朱可夫立即向斯大林和最高国防委员铁木辛哥作了报告。"也许德国将领们把这个逃兵送来，是为了挑起冲突吧！"这是斯大林的第一个反应。"不，我们认为逃兵说的是实话。"总参谋长坚持说。随后政治局委员们都来了，经过审慎的讨论和研究，斯大林才最后同意发出一项命令：命令列宁格勒、波罗的海、西部、基辅和敖德萨各军区的前线部队，立即做好准备，准备抗击德国可能发动的突然袭击，但为时已晚。

斯大林作了这样的处理后，拖着疲惫的身子刚要在卧室的沙发上休息一下，突然有人敲门。门声刺痛了他的心：任何时候都不曾有人这样唤醒他，也许发生了最坏的事情，难道战争爆发了？斯大林勒紧睡衣走了出来，卫士长向他报告说，朱可夫有急事打来电话了。随后，总参谋长在电话上向他报告了德军空袭基辅、明斯克等城市的情况。这一切表明，他最不愿发生的事情——战争终于爆发了。

二、苏联初战失利

布列斯特要塞

布列斯特要塞位于白俄罗斯与波兰边境，距离白俄罗斯首都明斯克349千米。1830年，俄军在布列斯特老城的基础上修筑了临时工事。1833~1842年，俄国将布列斯特老城改建为要塞。布列斯特要塞建在穆哈维茨河与布格河两河分割成的4座小岛上，建有中央工事和3个桥头堡。中央工事是环形封闭式的两层设垒营房，长1.8千米，砖墙厚度2米。"一战"结束后，要塞外围修筑两道堡垒地带，使要塞更加坚固。

▲德军士兵弯腰穿过苏军的封锁线。

第二次世界大战全史

　　在德国进攻苏联前夜，苏联西部特别军区总司令巴甫洛夫仍然麻痹大意。肩负重任的他正在明斯克的一家军官俱乐部里观看一部喜剧，正看得津津有味时参谋急忙赶来报告："德军在边境上挑衅了，他们又朝我军开火了。"巴甫洛夫说："这消息太无聊了，告诉前线官兵要保持克制。不要让他们轻举妄动，不要给德军以任何挑起战争的借口。"这真说出了大战前夕的西方面军司令巴甫洛夫的心里话。

　　6月22日凌晨3时，德军的6000门大炮炮轰苏联，1000多架德国作战飞机进攻苏联，只用了一天时间就把800多架苏军的战机摧毁在机场上了，其中500多架飞机是隶属于巴甫洛夫的。

　　战争爆发后，德军分南、北、中三路进攻苏联。南路德军由克鲁格率领的第4集团军的21个步兵师和古德里安的第2装甲集群（5个装甲师、3个摩托化步兵师和1个骑兵师）组成。古德里安的第2装甲集群强渡布格河，向苏联边陲重镇布列斯特发起了进攻，迅速突破了苏军西方面军左翼第4集团军的防御。这部分德军以快速部队迂回到该市的南北两侧，向斯卢茨克和明斯克方向发起进攻，步兵突入布列斯特，遭到苏联驻军的顽强抗击。

　　德军向布列斯特要塞的苏军发起进攻，苏联卫国战争就是从布列斯特要塞开始的。布列斯特要塞内的苏军在处于劣势的情况下奋勇阻击德军。守卫要塞的苏军阻击月余后几乎全部牺牲，在苏联卫国战争史上留下了光辉的一笔。

　　当时，德军遭到了苏军的猛烈抵抗，激烈的交战到处进行着。巴甫洛夫并没有看透德军的战略意图，他虽然号称坦克专家，但并未真正领悟到坦克战的真谛。

　　德国中央集群总司令包克根本就不想从正面硬碰西方面军，而是用两个装甲集群从南北两翼以合围之势向纵深推进。

▲德军炮击布列斯特要塞

第四章　激战：苏德大战

前线的苏军部队明显被杀得措手不及。德国的侦听部门收听到一份苏军的电报："我们遭到炮击。请求指示！"很快，德军的侦听部门就收到了苏军统帅部的回电："你们疯了吗？为何用明码来电？"。

当时，古德里安的第2装甲集群和霍特的第3装甲集群分别从南北方向向苏军第3、第4、第10集团军防线的纵深进行向心突击。两个德军装甲集群如同两把大铁钳，死死地钳住了苏军的3个集团军。

德国步兵部队要追上装甲集群是非常困难的。他们一天至少行军40千米，道路非常坎坷。

德国官兵们对这些日子的行军记忆最深刻的是：苏军很多部队在忙着撤退，而德军则忙着追赶，大片尘土扬起。当时的天气很热，有时候还会突然下雨，下雨时的路面泥泞不堪。太阳出来后，很快就把泥泞不堪的地面晒成一块块的干土块。

激战格罗德诺

格罗德诺是白俄罗斯西端城市，格罗德诺州首府。格罗德诺位于涅曼河岸，靠近波兰边镇。格罗德诺曾是格罗德诺公国首都，1920～1939年被波兰统治。1939年归白俄罗斯苏维埃社会主义共和国。

在德国空军的狂轰滥炸和德军空降兵的大肆破坏下，苏联西部前线的通信指挥系统遭到严重破坏，指挥系统瘫痪。此时，由于在司令部的巴甫洛夫难以联络到前线部队，他赶到比亚韦斯托克的第10集团军司令部时，发现那里更是一片混乱。第10集团军司令格鲁别夫解释道："电话中断了，油库没了，坦克也没了。面对德军的坦克和飞机，我们靠什么打？"巴甫洛夫转达了最高统帅部的第3号命令：第10集团军立即反攻，占领奥索维茨、维斯纳、别尔斯克等地。不过，巴甫洛夫认为最高统帅部的命令实在离谱。

巴甫洛夫完全被德军迅猛的攻势震惊了。他不知道自己的集团军状况如何，更不知道德军在采取什么行动。他根据最高统帅部的"反攻"命令，下令所有集团军以及方面军的预备队进入突出部位，以解除德军步兵师对比亚韦斯托克突出部的威胁。这样一来，在明斯克地区出现了一块空白地带，使德军合围的任务更容易完成。这位号称"苏军头号坦克战专家"的巴甫洛夫，将整个西方面军都送入诺沃格鲁多克"口袋"地区。

巴甫洛夫竟不知道由装甲部队和摩托化部队配以航空兵的高速突击，已使传统的战争面貌发生了巨变。何况，德军装甲集群的推进速度和力度大得惊人。

德军的坦克集群正在快速绕过比亚韦斯托克突出部。这时如果巴甫洛夫下达命令，将3个集团军撤出危险地带还来得及。但巴甫洛夫却认为："利用坦克部队突袭敌军后方无法取得胜利！"他认为德军的装甲集群孤军深入，补给线太长，这正是西方面军反攻的大好时机。

同时，没有最高统帅部的撤退命令，巴甫洛夫没有胆子下令撤退，他只是一味催促部队进攻。西方面军副司令博尔金倒很镇静，根据苏联总军事委员会的第3号命令，他组织第10集团军的第6机械化军、第6骑兵军阻击德军和第3集团军的第11机械化军，向德军苏瓦乌基地区进行了反攻。

两军在格罗德诺与德军展开了激烈交锋，博尔金在格罗德诺组织的那点兵力根本无法抵挡德军的强大攻势。当时，由于苏军所调兵团分散在各地，加上准备时间仓促，又缺乏必要的通信器材，所以未能对德军形成突击。

苏军许多反攻部队受到严重损失，燃料、弹药消耗殆尽，被迫放弃格

▲德装甲集团军向格罗德诺开进。苏德两军在格罗德诺展开激烈的交火，最终德军凭其强大的攻势战领该地。

罗德诺，撤向诺沃格鲁多克，这导致在西北方面军和西方面军之间出现了一个大缺口，西方面军被围歼的命运无可挽回。

封锁列宁格勒

列宁格勒是无产阶级革命的摇篮。在这里，列宁领导布尔什维克党为世界上第一个社会主义国家奠定了基础。对希特勒来说，占领列宁格勒就意味着，在卡累利阿地峡作战的北方集团军群和芬兰军队，能轻而易举地在斯维里河地域会合，并切断苏方通向卡累利阿和摩尔曼斯克的交通线。同时，在精神上和心理上对提高德国及其盟国军民的士气，保持他们对实现反苏战争计划的信心，也具有重要的意义。对斯大林来说，失掉列宁格勒，在各方面都会使战争形势严重复杂化。如果希特勒占领该城，并且德芬军队在此会合，那么苏方就必须从北面建立保卫莫斯科的新战线，并消耗掉最高统帅部准备用于保卫首都的战略预备队。此外，还会不可避免地失掉强大的波罗的海舰队。所有这些因素，都决定了争夺列宁格勒斗争的极端残酷性和紧张性。

1941年8月下旬，德国以32个步兵师、4个摩托化师、4个坦克师和1个骑兵旅的兵力，同时还配备了6000门大炮、4500门迫击炮和1000多架飞机，向列宁格勒发动猛烈的攻击。希特勒又从中央集团军群调出一个坦克军，支援北方集团军群，并扬言，要在9月占领列宁格勒，并狂妄宣称，一定要把这座城市从地球上抹掉。

9月初，北方集团军群各快速兵团已挺进到列宁格勒以东的涅瓦河。9月8日，这些兵团实施强攻，夺取了施吕瑟尔堡，从而切断了列宁格勒与其东南交通线的联系。列宁格勒形势十分危急！

斯大林和联共（布）中央号召当地军民不惜一切代价，保卫列宁格勒。同时，斯大林又将朱可夫从西线召回去接替伏罗希

▲德军火炮封锁列宁格勒，列宁格勒形势万分危急。

洛夫指挥列宁格勒方面军。这样，这位智勇双全的将军再次临危受命，充任稳定苏德战场每一危险地段的"消防队员"。

9月10日晨，朱可夫飞往被围的列宁格勒。就在这一天，局势变得更加紧张了。希特勒军队向第42集团军防御地段进行极其猛烈的攻击。德军坦克曾突入乌里茨克，又被苏反坦克炮兵击退到原来的位置。在这些激烈的交战中，第42集团军司令员用尽了自己的预备队。部队严重减员，有的师只剩10%～30%的兵力，形势十分危急。

9月11日拂晓，德军重新开始进攻，并配合数百架飞机进行轮番轰炸。德军逼到了列宁格勒城市附近。形势要求苏军必须采取坚决而有效的行动。哪怕只有最小的可能性，也要日夜连续反击敌人，袭扰敌人。消耗其有生力量和技术兵器，破坏其进攻措施。同时还必须在部队中振奋士气，建立严格的秩序和纪律，大大改善军队的指挥能力。9月11日，霍津将军被任命为方面军参谋长；9月14日，方面军军事委员会任命费久宁斯基将军为第42集团军司令员。

9月13日清晨，德军又以两个步兵师，开始向乌里茨克总方向进攻。德军突破了防御，占领了康斯坦丁诺夫卡、索斯诺夫卡、芬兰科伊洛沃，并向乌里茨克推进。德军不停地空袭和炮击，妄图把列宁格勒夷为平地。列宁格勒军民面临着极其严重的困难。此时，市外交通全被封锁，从陆上没有一条出路，只有被誉为"生命之路"的拉多加湖是通往内地的唯一道路。斯大林和联共（布）中央，派人从湖上给列宁格勒军民运送给养。但是，这仍然不能满足列宁格勒军民的需要。列宁格勒很快就发生了饥荒。

9月14日晨，争夺戈烈洛沃的战斗再次打响，而且战斗更加激烈了。列宁格勒南面的筑垒地带这时大多被突破。冲在最前边的德军装甲部队已攻到距离城市不到11千米的地方。

9月15日，尽管苏军进行了猛烈的防御战，特别是在乌里茨克，它一天之内曾数次易手，但德军第18集团军还是在斯特里亚纳和乌里茨克之间突破到芬兰湾，把苏军第8集团军同列宁格勒隔开了。这一天是战斗最为激烈的一天，德军感到苏军的抵抗变得更加顽强了。为了阻挡德军突击集团在乌里茨克和列宁格勒方向上继续进攻，朱可夫精心拟定出一项加强该城防御的计划。他的目标是使用空军和炮火突击来打击德军，以阻止他们突破苏军防御。这项计划要求动员这个地区的一切人力物力，包括他的方

第四章　激战：苏德大战

面军的部队、列宁格勒市民以及苏联海军，来加强预备队，扩大防御纵深。

在第42集团军的防区，朱可夫计划建立能够阻止德军通过发动强攻来夺取列宁格勒的一道防线。他非常倚重海岸炮兵和波罗的海舰队的火力。就这样经过日日夜夜50多天的英勇战斗，苏联军民终于粉碎了德军从南北两个方向进行正面突击以夺取列宁格勒的计划。虽说红军把德军挡在列宁格勒之外，但这座城市及其保卫者们的命运仍前途未卜。德军以武力占领的企图失败后，又决定通过围困、封锁和野蛮的轰炸，切断城市与外界的联系，将全城军民困死。

1941年9~10月份，德军对这座城市进行了猛烈的空袭，共投弹9.3万多枚。10月4日这一天，德军持续空袭时间长达9个多小时。列宁格勒遭到陆上封锁导致军民的粮食供应急剧恶化。9至11月，居民面包定量先后降低5次，11月20日降到最低限量。列宁格勒军民在被封锁中度过严冬，忍受一切艰难困苦，接受最严峻的考验。他们顽强地战斗和工作，决心不惜牺牲一切坚持到底。直到1944年3月初，苏军开始胜利反击，歼灭了列宁格勒周围的纳粹军队和芬兰仆从军，才彻底结束了长达3年零1个月的列宁格勒保卫战。1941年下半年，苏联军民坚守列宁格勒，具有重大的政治意义和军事战略意义。

基辅大合围

在苏德战场的南翼的乌克兰战线上，以攻、守乌克兰首府基辅为中心，德国法西斯及其仆从国的侵略军，同苏联军队展开了持续、激烈的战斗。从1941年7月上旬开始，到9月19日基辅陷落为止，历时两个半月。

在南北约1000千米、东西纵深五六百千米的广阔战线上，苏联西南方面军和南方方面军总共有86个师。但在艰苦的防御战中，苏军已严重削弱，人员、武器都深感不足。德国南方集团军群包括第1坦克集团军，三个野战集团军，另外还有罗马尼亚两个集团军、一个匈牙利军和一个斯洛伐克军。从7月20日起，意大利法西斯军队也直接参战，所以敌军总数共82个师，人数比苏军几乎多1倍。

对于基辅是否放弃的问题，斯大林同朱可夫曾经激烈讨论过。朱可夫主张放弃基辅，而斯大林却不主张放弃，并指示乌克兰党组织向全体军民发出号召，号召他们抗击德国法西斯侵略者。在当地党组织和政府的领导

▲德军在乌克兰战线上的突进势如破竹，苏联很多阵地还没来得及布防就丢了。图为被德军轰炸后的乌克兰机场。

下，20万基辅居民参加构筑防御工事，7万多人参加了民兵，3万共产党员参军上前线。德军在南线的主攻方向是基辅。这一线的全部主力都投到基辅方面。

7月11日，德国第6集团军的先头部队进入基辅地区。7月下旬和8月上旬，德、苏双方为攻、守基辅展开了持续、激烈的战斗。苏军在战略防御的原则下，顽强死守，同时伺机实行反突击，消灭敌人的有生力量，千方百计地顶住德军的进攻。苏军英勇奋战，把敌人拖得疲惫不堪，使他们每前进一步，都要付出沉重的代价。

7月30日，德军用5个师进攻基辅，但被苏军击退了。

8月6日，德军又对基辅发动大规模的攻势，经过12天的鏖战，德军才勉强前进8至10千米，但仍未能攻入基辅。德军强攻基辅不成，便一方面改变战术，对基辅的苏军采取大合围，另一方面请求增援，消灭基辅外围的苏军。经希特勒批准，德中央集团军群的第2坦克集团军和第2野战集团军南下乌克兰，包抄和进击苏西南方面军的后方。

8月12日，在基辅南面，德第1坦克集团军也从别拉雅—策尔科维迅猛南下，进抵别尔沃马伊斯克，切断了苏军第6和第12集团军的退路。与此同时，德第17集团军又从文尼察南边向乌曼进攻，把苏军这两个军包围在乌曼的南边。被围苏军拼命杀敌，到8月13日，许多指战员壮烈牺牲，不少人被俘。8月底，德第6集团军同苏联第5集团军在基辅以北展开激战。苏军且战且退。德寇紧追，并渡过第聂伯河，突入杰斯纳河地区，在切尔尼哥夫地区同南下的德第2集团军会师，把苏军第5、第21和第37集团军围困在切尔尼哥夫、基辅和涅仁的三角地带。9月12日，德第1坦克集团军从克列明楚格北上，迎接南下的德第2坦克集团军。9月15日，这两股法西斯坦克部队在基辅以东的洛赫维察会师，把苏联西南方面军的4个集团军包围起来。9月19日，基辅陷落，苏军蒙受了重大损失。据西方史学家记载，德国南方集团军群抓到了65.5万苏军俘虏。一再坚持死守基辅的赫鲁晓夫，在基辅陷落前乘飞机离开，险些做了德国法西斯的刀下鬼。

三、希特勒发动"台风"攻势

希特勒南北分兵

1941年6月22日，德国入侵苏联，并以闪击战战术快速突击，其装甲集群以钳形方式推进。德军先分割苏军，再彻底歼灭苏军。德军北方集团军群向列宁格勒快速进攻，南方集团军群向乌克兰和高加索高地推进，而中央集团军向莫斯科方向推进。苏军的防线漏洞百出，伤亡惨重。8月上旬，德军占领斯摩棱斯克，莫斯科的大门被德军打开。

8月4日早晨，古德里安来到中央集团军群司令部所在地罗弗伊鲍里索夫，亲自向希特勒汇报战况。希特勒的军事会议是在司令部里举行的。每个人都需要单独发表意见，事先谁都不知道别人说什么。会议期间，包克、霍特和古德里安一致主张应加紧进攻莫斯科。霍特说他的第3装甲集群要到8月20日才能继续进攻。古德里安说他的第2装甲集群的最早进攻日期是8月15日。希特勒却说列宁格勒附近的工业区是德国急需夺取的目标。他认为莫斯科与乌克兰之间谁最重要，他很难作出割舍。他说有好几个原因使他想先占领乌克兰：第一，南方集团军群已经在乌克兰建立了胜利基础；第二，乌克兰的原料和农产品，对德国日后的经济发展和战争都有很大的帮助；第三，克里米亚是苏联轰炸罗马尼亚油田的航空母舰，必须铲除那个基地。

▲德军炮轰苏联军事重地基辅。乌克兰是苏联的粮仓，基辅的存亡对苏联来说至关重要。

希特勒建议在冬季刚开始时，再去进攻莫斯科和哈尔科夫。而对于古德里安、包克和霍特认为最主要的战略问题，在那天的会议中并未确定下来，为此3个人要求希特勒尽快确定。当天的会议还讨论了一些十分琐碎的问题。例如，古德里安向希特勒提出不撤出艾尔雅突出地带，因为他需要以它作为进攻莫斯科的跳板，但这个问题会议也没有确定下来。但古德里安决心自己做好进攻莫斯科的准备。

8月8日，罗斯拉夫尔的战役结束。德军俘虏苏军3.8万人，并缴获200辆坦克和200门火炮。古德里安又去视察罗斯拉夫尔附近的各军师部。

8月9日，德第24装甲军发起攻势后，古德里安随第4装甲师一起前进。第35坦克团和第12步兵团配合默契，简直跟演习一样，古德里安的炮兵部队出了很大力。

8月10日，古德里安的第2装甲集群所属各部到达指定位置。第7步兵师到达恰托维特齐以南地区，第3、第4装甲师正在进攻米罗斯拉维特齐的苏军，第10摩托化步兵师到达米罗斯拉维特齐。第78步兵师在斯洛博达推进，其先头部队赶到了布强，第197步兵师到达阿斯托费亚，其先头部队到达了阿廖什尼亚，第29摩托化步兵师到达罗斯拉夫尔，第23步兵师到达罗斯拉夫尔以北地区，第137和第263步兵师在杰斯纳河岸驻扎，第10装甲师在艾尔雅以西地区整顿，第17装甲师在艾尔雅西北地区，第18装甲师在普鲁德基以东地区，帝国师和"大德意志"步兵团在艾尔雅的西北整顿。

德中央集团军群司令部和陆军统帅部都主张向莫斯科进攻，并以莫斯科为决战地。古德里安也没有放弃这一主张，他相信希特勒能同意大家的观点。

第四章 激战：苏德大战

但是希特勒认为，莫斯科只不过是个地名，而列宁格勒才是布尔什维克主义的发源地，是苏联的真正堡垒。与此同时，他想攻占富饶的乌克兰，夺取战略物资。如果德军扫清了乌克兰的苏军，那么德军在进攻莫斯科时，就不用担心侧翼了。

随着德军辩论着目前主攻哪里，几个星期的时间大多被浪费。希特勒第一个目标是夺取乌克兰、顿涅茨盆地和高加索等资源地区。这些地方都处于南方集团军群战区内。希特勒的第二个目标是列宁格勒。列宁格勒眼看就要被占领，但希特勒重犯一年前他在敦刻尔克所犯的错误，命令勒布的装甲部队在列宁格勒城外停止前进，结果该城仍在苏军之手。

经过几天的争论后，希特勒不顾所有将领的反对，下令同时在南路的乌克兰方向和北路的列宁格勒方向发起主攻，莫斯科留到最后解决。正向莫斯科逼进的坦克部队去增援北方集团军群，包围列宁格勒；古德里安的装甲部队去增援南方集团军群，夺取基辅。

德军参谋总部和中央集团军群的将领们都认为，莫斯科一旦被夺取，苏联的军事工业不仅会受到严重损害，而且苏军的防线会一分为二，使苏军无法组织起统一的防御。此时已被胜利冲昏头脑的希特勒无法听取手下将军的意见了。

希特勒制造"台风"

德军攻占基辅，使希特勒更加得意忘形，他称"这是世界上史无前例的最大战役"。但是，尽管这个成就"非同小可"，他的一些将领对于它的战略上的重大意义却更加怀疑了。秋雨季节快来了，到时候苏联各地的道路将是一片泥泞。随之而来的将是冰天雪地的严冬。斯大林正在加紧组织力量，准备利用严冬的有利时机，对德国法西斯强盗给以沉重的打击。

希特勒虽然在战争初期先发制人，捞到不少便宜，处于主动进攻的有利地位。但是，随着战争的深入发展，每前进一步，困难也就愈来愈多。德军总参谋长弗朗茨·哈尔德于1941年8月11日在日记中写道："现在已经越发清楚，我们不仅低估了苏联巨人的经济力量和运输力量，而且更重要的是，低估了他们的军事力量。我们最初计算敌人大约有200个师，现在已经察明番号的就有360个师。一旦十几个师被歼灭，苏联就又投入十几个师。我军战线由于分布太广，显得过于单薄。"伦斯德在战后向盟军

▲希特勒在听取将领的作战部署

提审人员直率供认："在发动进攻后不久，我便发现以前所写的关于苏联的一切都是满纸胡话。"

8月21日，希特勒向总参谋部下达了一项新的指令。命令按以下指令继续进攻：冬季到来之前就应该达到的主要目的，不是夺取莫斯科，而是在南方夺取克里米亚、顿涅茨工业区和煤矿区，并使苏联人无法从高加索运送石油；在北方夺取列宁格勒并与芬兰会师。

希特勒不断干预战役指挥，他已给同时攻占列宁格勒和斯大林格勒的主意迷住了，因为他自信这两个"共产主义圣地"一旦陷落，斯大林所领导的社会主义苏联就要土崩瓦解了。他对那些不能赞赏他的战略天才的陆军元帅和将军们进行了侮辱。他批评陆军司令部中全是一批"脑袋已被过时理论弄得陈腐不堪"的人。总参谋长哈尔德与陆军元帅勃劳希契举行会谈，讨论"元首"对陆军总司令部和总参谋部事务进行的"不能允许的"干涉，否则，他建议陆军总司令和他本人辞职。

这件事情发生后的第二天，即8月23日，坦克集团军司令古德里安来到希特勒的大本营，竭力主张立即进攻莫斯科。然而，希特勒认为，"将来继续进行战争，十分需要乌克兰的原料和农业"，"克里米亚是苏联进攻罗马尼亚油田的航空母舰"，他批评将军们"对于战争经济方面的问题一窍不通"，并强调他已发布命令，必须坚决贯彻执行。

这是苏德战争爆发以来，德国最高统帅部中发生的最严重的一次危机。可是更严重的危机及其不利后果还在后头。9月5日下午，希特勒突然改变了主意，决定重新发动对莫斯科的进攻。他咬牙切齿地命令道："中路军必须在8~10天内开始行动。包围他们，击败他们，消灭他们！"希特勒同意把古德里安的中央装甲集团军重新调回来，这时该部在乌克兰正打得难解难分。同时，他还同意从列宁格勒前线把莱因哈特的坦克军调过来。10月2日，大规模进攻终于开始了。希特勒对这次进攻莫斯科抱有很大的期望，为之取名为"台风"，顾名思义，就是要猛袭苏联人，要在莫斯科前沿

第四章　激战：苏德大战

歼灭斯大林的最后的作战部队，要把苏联打垮。此刻，德国的战车正在隆隆驶来，一场猛烈的"台风"正向莫斯科刮来，保卫莫斯科的战役就要开始了。

斯大林阅兵红场

在首都和全国军民的支援下，前线苏军浴血奋战，视死如归，把敌人拖得精疲力竭，进攻能力日益减弱。但是，战争形势依然严峻，为了进一步鼓舞士气，斯大林决定举行传统的十月革命节阅兵式。11月1日，朱可夫被召到最高统帅部。斯大林对他说："今年十月革命节，除了开庆祝大会外，我还想在莫斯科举行阅兵式，你认为怎样？前线的形势允许我们这样做吗？"朱可夫回答说："德军在最近几天内没有力量发动大规模进攻；他们在10月份的作战中遭到了严重损失，现在正补充兵力和调整部署。但他们能够而且肯定要进行破坏。"最后决定，无论如何要举行阅兵式。为了防备在庆祝活动中遭到空袭，他们又调来战斗机，以加强首都的空防。

11月6日，在兵临城下、炮声隆隆、"敌军围困万千重"的莫斯科，苏联首都人民在地下铁道的马雅可夫斯基车站隆重举行了伟大的十月社会主义革命24周年庆祝大会。斯大林作了《伟大的十月社会主义革命24周年》的报告。斯大林指出，德军后备快要枯竭，苏联后备才刚刚充分扩充起来，德国和苏联相比，实力已大为削弱。德国法西斯对苏联实行的闪电战已经彻底破产，德国帝国主义及其军队必然灭亡。

11月7日上午，红场举行了盛大的独具风格的阅兵式。这天早上，一场大雪降临莫斯科上空。

整个阅兵式都是在雪中进行的，坦克、大炮和汽车都被雪覆盖着，庄严肃立的指战员们的双肩和后背都是雪。苏联最高统帅斯大林威严地屹立在列宁陵墓前，检阅了红军队伍，并发表了鼓舞人心的演说。他对苏联全体指战员说：你们进行的战争是解放战争，正义战争。让伟大的列宁的胜利旗帜引导你们，彻底粉碎德国侵略者！消灭德国占领者！

这一空前壮举，大长了苏联军民志气。斯大林一再重申，苏联共产党和苏联政府有信心消灭德国法西斯侵略者。希特勒德国一定会由于其罪行累累而崩溃。斯大林说："这一群丧尽天良、毫无人格、充满兽性的人恬不知耻地宣称要消灭伟大的俄罗斯民族，消灭普列汉诺夫和列宁、别林斯基和车尔尼雪夫斯基、普希金和托尔斯泰、格林卡和柴可夫斯基、高尔基和契诃夫、谢切诺夫和巴甫洛夫、列宾和苏利柯夫、苏沃洛夫和库图佐夫的民族……德国侵略者想对苏联各族人民进行歼灭战。好吧，既然德国人想进行歼灭战，他们就一定得到歼灭战。今后我们的任务，

▲苏联红军在莫斯科红场上经过斯大林的检阅后，直接开赴战场。

苏联各族人民的任务，我们陆海军战士、指挥员和政治工作人员的任务，就是把侵入我们祖国领土的所有德国人——占领者一个不剩地歼灭掉！"斯大林讲话之后，全场起立，高呼："伟大的斯大林乌拉！""斯大林同志万岁！"在游行中，全副武装的苏联红军，迈着雄健的步伐从红场列宁墓前走过，接受最高统帅斯大林的检阅，随后就从红场开赴前线。

四、莫斯科城下大决战

斯大林的电话

希特勒发动的"台风"攻势，既没有能够消灭苏军，也没有能够占领莫斯科，而是被迫转入了防御。经过半个月的休整，德军又于11月15日开始向莫斯科发起第二次大规模的进攻。这次德军的兵力是：中央集团军群有3个野战集团军，3个坦克集团军，总共74个师和4个旅。其中，德第9集团军牵制加里宁方面军；第2集团军牵制西南方面军。在苏联西方面军正面，德军集中了51个师，大炮、坦克和其他装备仍占优势。根据德军这次作战方案，德国第3和第4坦克集团军进攻北面的克林，从北面包围莫斯科；第2坦克集团军在南边占领图拉，从南面包围莫斯科；第4集团军在西面包围并消灭莫斯科以西的苏军，然后从南北两面包抄，在莫斯科以东会合。德军妄图采用这种南北钳形攻势，同时配合正面进攻，一举

第四章 激战：苏德大战

占领苏联首都莫斯科。

苏联西方面军的兵力是：35 个步兵师、3 个坦克师、3 个摩托化师、12 个骑兵师和 14 个坦克旅。红场阅兵鼓舞了红军和苏联人民的士气，他们的战斗口号是：死守阵地，决不让德国法西斯进入莫斯科！11 月 5 日清晨，德军开始向克林进攻，23 日占领克林。11 月 27 日，另一支德军占领了离莫斯科仅有 24 千米的伊斯特腊。当天夜间，一小股德寇在雅赫罗马地区渡过了莫斯科—伏尔加河运河。莫斯科已处在德军大炮射程之内，德军用望远镜几乎可以看到克里姆林宫的尖顶。这在希特勒和他的大部分将领看来，莫斯科似乎已在掌心之中了。德军在苏联首都北、南、西三面，已到达距离目标三四十千米的地方。在后方东普鲁士的大本营里，希特勒乐观地认为，他的军队已前进了 800 千米；他们只要再走三四十千米便行了。希特勒命令陆军元帅包克向莫斯科作最后攻击。他妄图在莫斯科举行"胜利庆典"。

在这千钧一发之际，斯大林打电话给朱可夫："你坚信我们能够守住莫斯科吗？我怀着沉重的心情向你提出这个问题，希望你作为共产党员诚实地回答我。"

"毫无疑问，我们能够守住莫斯科，"朱可夫回答说，"但是，至少还需要增加两个集团军和 200 辆坦克。""你有这样的信心很好，要英勇顽强！"斯大林说，"你打电话给沙波什尼科夫，商量一下把你所要的两个预备队集团军集中在哪里。他们将于 11 月底准备好，但是坦克我们还没有。"

斯大林指示朱可夫采取紧急措施，用快速反突击战术，迅速地把德军打到运河西岸。到 11 月底和 12 月初，苏联第 1 集团军和重新组建的第 20 集团军，在第 16 和第 30 集团军的紧密配合下，在空军的支援下，进行了一系列的反击，消灭了敌人大量有生力量，解除了德军从北面和西北面突入莫斯科的危险。

"最黑暗悲惨的一天"

在莫斯科南面，德军于 11 月 18 日发起进攻，12 月 3 日包围了图拉，切断了它和莫斯科之间的铁路和公路联系。苏军连夜抽调增援部队，向德军发动了快速反突击，在图拉工人歼击营的配合下，打退了德军的进攻。

德军不能占领图拉，就从东面迂回，向卡希拉进攻，妄图从守卫图拉地区的苏军后方突破。苏军再次打退了德军的进攻。就这样，无论德军如何企图在11月份占领图拉，从而打开通往苏联首都的道路，均未得逞。图拉市像一个无法攻克的堡垒一样屹立着！图拉捆住了德军整个右翼集团的手脚。敌人决定迂回图拉，为此不得不把自己军队的战线拉长，古德里安集团军也因此失去了应有的战役战术的密度。在苏军的连续反突击下，德军死伤惨重。

德军从南北两翼包围和占领莫斯科的企图失败以后，便打算单刀直入，从正面直接突入莫斯科。12月1日，德军从正面，即纳罗佛明斯克地区向莫斯科发动最后一次进攻。经过五天激战之后，德军惨败，被迫退到纳拉河西岸。12月5日是莫斯科会战关键性的一天。在环绕莫斯科周围300千米的半圆形阵地上，德军全线被制止住了。傍晚，古德里安通知包克，他不仅已经被阻止住，而且还得后撤。同时，勃劳希契也绝望地告诉他的参谋长说，他要辞去总司令的职务。这一天被称为是德国将领们"最黑暗悲惨的一天"。

古德里安后来写道："这是我生平第一次必须作出这样一种决定，没有比这再困难的事了。我们对莫斯科的进攻已经失败。我们英勇的部队的一切牺牲和煎熬都已归于徒劳。我们遭到了可悲的失败。"在克鲁格的第四军团司令部里，参谋长勃鲁门特里特已看出形势到了转折点。他后来回忆道："我们想在1941年打败苏联的希望，已在最后一分钟化成泡影了。"在莫斯科城下20多天的激战中，德军损失惨重。从11月16日到12月5日，德军损失官兵15.5万人、坦克777辆、大炮、迫击炮数百门。希特勒向莫斯科发动的"台风"攻势遭到失败。苏军在斯大林的运筹下，一场威武雄壮的反攻就要开始了。

反攻！反攻！

正当德军遭到严重消耗，开始转入防御之时，苏军则已做好对已精疲力竭、冻得半死的德国军队发动强大反攻的准备。

11月29日，朱可夫给斯大林打电话，要求把第1突击集团军和第10集团军从最高统帅部预备队拨给西方面军指挥。斯大林问朱可夫："你确信敌人已接近危机状态而没有可能投入新的重兵集团吗？"朱可夫对斯大林

第四章 激战：苏德大战

说，德军已经极端虚弱。

11月30日拂晓前，斯大林打电话询问西方面军军事委员会对于在整个方面军的战线上实施一次反攻有什么意见。朱可夫回答说，他没有足够的兵力兵器发动这样的进攻，但是他可以扩大已经在方面军两翼展开的反击，也许可以达到那个目标。接着，当天就制定了一项详细的作战计划。朱可夫的计划的核心是在新的集团军到达并在指定地域集中之后，于12月3日夜至4日凌晨开始反攻。当前的目标是，向克林、索尔涅奇诺戈尔斯克和伊斯特拉发动突击，以粉碎方面军右翼的德军各主要集团军，同时向古德里安集团军的侧后发动进攻，以消灭方面军左翼的德军。中央方面军的各集团军预定在12月4日深夜至5日凌晨开始进攻，以达到钳制正面敌军，阻止德军从这里调走部队的有限目标。

11月30日当天，朱可夫向最高统帅部报告了他的作战计划。斯大林未作任何改变便批准了。由于12月初下的一场大雪给军队的部署带来了一些困难。在克服这些困难后，各兵种于12月6日清晨前已作好转入反攻的一切准备。

12月6日凌晨，莫斯科的大反击开始了。在经过集中的空袭和炮

▲莫斯科保卫战的绘画，图中苏联红军越过防线向德军发起进攻。

火轰击之后，朱可夫的西方面军的部队，从莫斯科的南、北两面开始行动。随着战斗的胜利进展，战争的主动权已逐渐掌握在士气高昂的苏联红军手里。这时，早一天发动进攻的加里宁方面的部队，已经在加里宁以南揳入敌军防御阵地。加里宁方向的攻势起初是成功的，但由于冬季道路无法通行和兵力不占绝对优势而受阻。西方面军右翼向敌人施加了强大压力，大有分隔并合围从克林到索尔涅奇诺戈尔斯克的德军集团之势。

　　苏联红军对克林的进攻，迫使德军指挥部从邻近地段调兵增援。但他们这样做，反而便利了红军向索尔涅奇诺戈尔斯克、红波利亚纳和伊斯特拉的进攻。到 13 日，德军在克林和索尔涅奇诺戈尔斯克地区的抵抗已被粉碎。他们丢下大炮和车辆，向后退却。沿着被积雪覆盖的道路向西退却的德军部队，遭到苏联红军的猛烈轰炸，损失惨重。

　　到 12 月 16 日，苏军部队已把德军赶出了加里宁、克林和叶利齐。

　　12 月 16 日夜间，古德里安接到希特勒的一个电话，禁止他继续后退，并答应给受到严重削弱的师派遣补充营——部分用空运。他还答应：在 1 月份向维帖布斯克前线派遣 5 个师；到 1 月中旬，另有 2 个师和 2 个补充师在德国东部边境待命。同时他指示戈林派遣 4 个轰炸机联队、1 个双引擎战斗机联队和 6 个运输机联队以加强第 8 航空军。

　　但是，陆军元帅冯·包克和陆军总司令先后提出辞职，辞职申请都得到了希特勒的批准。希特勒对包克的辞职并不感到是一个损失。他对他的亲信说："发布几项作战命令谁都干得了。"对勃劳希契这个人，希特勒评价道："一个爱好虚荣、懦弱无能的可怜虫，他呀，算不上是一个军人。如果勃劳希契再留在他的职位上，哪怕是几个星期，也会酿成巨灾大祸。"

　　12 月 19 日，希特勒召见哈尔德，对他说，他将亲自接任陆军总司令。哈尔德可以留任参谋总长，如果他愿意的话。哈尔德表示愿意。但是希特勒明白表示，从今以后，他将亲自掌管陆军事务，正如他掌管德国的一切事务一样。

　　1941 年圣诞节那天，红军对古德里安所部的进攻取得了重大胜利——在切尔恩合围了德军机械化步兵第 10 师的部队。德军突围后，古德里安命令部队后撤到苏萨河—奥卡河一线的阵地。代替冯·包克的冯·克鲁格元

第四章 激战：苏德大战

帅，对此怒不可遏，要求陆军最高司令部解除古德里安的职务。第二天，希特勒就解除了古德里安的职务。

朱可夫的反攻取得了胜利，德军在莫斯科附近的损失是毁灭性的。20天来，朱可夫的西方面军摧毁并缴获了1000辆坦克、1434门火炮和大量其他军事装备。西南方面军的部队缴获并击毁了81辆坦克、491门火炮，还有其他兵器。数以万计的德军官兵阵亡。

▲莫斯科保卫战的胜利，打破了德军不可战胜的神话，极大地鼓舞了苏联红军的士气。

第五章
蔓延：血染太平洋

一、偷袭珍珠港

东条英机上台，日本对美开战

　　东条英机，1884 年 12 月 30 日生于日本东京一个军阀家庭，自幼受到军国主义思想和武士道精神的熏陶，为日本征战建立功勋的"训示"对他影响很大。1905 年，他从陆军士官学校毕业前夕带领着第 17 期 300 名学员在皇宫振天府前宣誓："要为天皇而死……粉身碎骨心甘情愿。"

　　1941 年 10 月 16 日，日本近卫内阁总辞职。18 日，战争狂热分子东条英机任首相的内阁正式成立。东条英机上台后坚决主张，如果美国不按他的意图办事就立即开战！

▲东条英机及其内阁成员

　　11 月 7 日，在美国例行的国务会议上，全体参会人员对远东形势都非常担心，因为危机已经逼近。国务卿赫尔明确指出："形势十分严峻。我们不知道日本军事攻击会在什么时间什么地点开始，一定要经常警戒。"全体参会人员顿时鸦雀无声，他

第五章　蔓延：血染太平洋

们都在认真思考战争的现实可能性。然而，当时绝大多数美国人不用说在亚洲和日本开战，甚至在欧洲也不同意参战，一直主张袖手旁观，"坐视狂热的、堕落的欧洲人自相残杀"。罗斯福总统处于进退两难的境地。

与美国的犹豫不决刚好相反，在裕仁天皇召集历届首相元老讨论是否对美英开战的会议上，东条英机坚决主张不能同意美国在中美外交谈判中要日本从中国撤军的提案，认为陆海军已经达成一致意见，做好了战争的准备。一旦战争爆发，首先占领东南亚资源丰富地带，以此为据点击败敌军。在战争进行中间，预计英国不久即将向德国投降，苏联也将被德军征服，美国将完全陷入孤军作战的状态，结果自然是在有利条件下建成"大东亚共荣圈"。

尽管众多元老反对对英美开战，海军军部所有高层将领也都认为在长期持久的战争中，日本不可能战胜美国。但是由于裕仁天皇赞同东条英机的意见，也顾及面子，不愿意在陆军面前示弱，只能硬着头皮一再表示："对美英不辞一战。"正如海军大将丰田副武在战后所说："海军积年累月动用大量军备预算，一旦遇到机会就自我炫耀，说什么海上防卫是铜墙铁壁，西部太平洋防守我们已包下等大话。事到临头要开战了，再说没有把握没有自信的话，是无论如何也张不开口的。"

由于日本培养军国主义侵略分子已经有数十年的历史，日本陆军和海军军令部都由主战的少壮派掌权，让他们放下屠刀是绝对没有可能的。加上东条英机力排众议、天皇对东条英机的赞赏与支持，日本最终决定对美国开战。

"不要忘记珍珠港"——美国对日宣战

日本偷袭珍珠港成功后，经过一个半小时，日本宣布对美英两国进入交战状态，并把最后通牒交给了美国驻日大使格鲁。

格鲁大使在同一天，还来东乡外相办公室要求面见裕仁天皇。相隔仅7个小时，谈的却不是面见天皇的事，给他的竟是交涉终止的通知。

而珍珠港遭受奇袭的特急电报到了当天中午才到达华盛顿。正在白宫椭圆形办公室里与霍普金斯一起看邮票册的罗斯福得到消息后，立即给赫尔国务卿打电话。

下午2时5分，野村吉三郎大使和来栖三郎特使来到了美国国务院，将日本外务省给美国的最后通牒交给了赫尔国务卿：

敦睦万邦，确保东亚安定，贡献世界和平，乃帝国矢志不移之志。曩者，中华民国不解帝国真意，不幸竟而目睹中日战争之发生。帝国为寻求和平，防止战争扩大，始终尽最大之努力。然美利坚合众国，动辄拘泥于理论，忽视现实，固执其不切实际之原则，故意拖延谈判，实为帝国政府难以谅解也。

美国政府处处声称为了世界和平，但却坚持对自己有利之各项原则，并逼迫帝国政府采纳。如果立足于现实世界和平，理应善自理解对方之立场，寻求妥善的互惠方案，以期能够实现。而今竟忽视现实，将一国独善之主张强令对方国家接受，如此态度，殊难促进谈判之成立。

帝国政府兹鉴于美国政府之态度，今后之谈判难望继续维持或达成协议。特此通告美国政府，表示遗憾。

赫尔国务卿读完这份最后通牒，立即露出十分激怒的神色："我在过去9个月的谈判中间，一直和你们说真心话。这些，只要看一看记录就会明白了。我在50年之久的公职生涯中，从来没有见过这样没有廉耻、充满虚伪和公然歪曲事实的文件，连做梦都不能想象地球上竟有这样牵强附会能说出这么多谎言的国家！"

当天下午，因行动不便而一向深居简出的罗斯福总统，作出了异乎寻常的举动，亲自前往美国国会，而且没有坐轮椅，而由他的长子扶着走进大厅，向美国参、众两院发表了为时6分钟的讲演。罗斯福开门见山地说："昨天，1941年12月7日，美国遭到了蓄意的猛烈攻击，这个日子将永远是我们的国耻日！——美利坚合众国受到了日本帝国海空部队的蓄意进攻……"

罗斯福沉痛地宣布——"昨天，日本政府已发

▲罗斯福总统对日宣战，美国正式加入到第二次世界大战的行列中。

动了对马来亚的进攻。

"昨夜，日本军队进攻了香港。

"昨夜，日本军队进攻了关岛。

"昨夜，日本军队进攻了菲律宾群岛。

"今晨，日本军队进攻了中途岛

……"

"他们说我们是胆小的国家，他们说我们是纨绔子弟的国家，让他们去对麦克阿瑟和他的士兵们说吧，让他们去对坚持抵抗的同盟国家说吧……"

罗斯福的讲话频频被雷鸣般的掌声所打断。

最后他要求国会宣布："自1941年12月7日星期日日本发动无端的、卑鄙的进攻时起，美国和日本之间已经处于战争状态……"

罗斯福在如雷的掌声和欢呼声中合上了记事本。这是他自担任总统以来第一次代表了全体美国人民讲话。参议院随即以82票对零票，众议院以388票对1票的压倒性优势批准了罗斯福的宣战要求，美国走进了第二次世界大战。

英国首相丘吉尔听到这个消息后高兴得老泪纵横，他在得知日本偷袭珍珠港的消息之后的第一句话就是："好了！我们总算赢了"。曾几何时，为了把美国拖进战争，他费了九牛二虎之力，也只搞到一个《租借法》，而日本人的行动却使美国人不得不痛下决心投入一场全球战争。当天，英国宣布同日本处于战争状态。

在中国重庆。12月9日，蒋介石在中日战争爆发4年之后，正式向日本宣战，他向全国宣布与日本断绝一切外交往来，直到用武力将日本军队完全驱逐出中国。蒋介石致电罗斯福说："在我们新的共同战斗中，我们将竭尽全力，与你们站在一起，直到太平洋地区和世界从野蛮势力的祸殃中以及无止境的背叛中解脱出来。"

希特勒和墨索里尼大惊失色

正当东条英机笑逐颜开的时候，德国的希特勒却暴跳如雷，在场的人被吓得目瞪口呆。

希特勒认为，德国征服欧洲，摧毁苏联，最后制服英国的目标是可以实现的，但必须有一个条件：美国不介入。但珍珠港事件使美国人终于找到了参战的借口，希特勒的世界性战略可能要功亏一篑。

1941年6月21日之前，几乎全部西欧和中欧国家都已被法西斯德国和意大利占领或沦为它们的附庸。6月22日凌晨4时，德国进攻苏联的闪电战开始。但德军未能像入侵计划所规定的那样攻占列宁格勒，而是被阻于莫斯科附近。特别是11月中下旬，德军加强了进攻，苏军进行了英勇抵抗，终于粉碎了德军的迷梦，并耗尽了德军的预备队。

日本轰炸珍珠港的时候，正好是德军在苏联即将大溃败的时候。这让希特勒十分绝望，按照他的设想，日本应该出兵西伯利亚，从东西两方夹击苏联，而不是去招惹美国。

珍珠港事件在顷刻之间解除了苏联唯恐东面受敌的后顾之忧，现在斯大林几乎可以把他在亚洲的全部力量用来对付德国了。并且，对世界战争局势有着神经质般观察力的希特勒，他跟日本的狭隘完全不同，日本忽略了美军的整体实力，对美军参战的后果缺乏清醒的认识，他深知美军的战争潜力。他很清醒地明白，偷袭珍珠港的小胜，无疑是日军走向彻底的覆灭提前敲响了丧钟，同时也把自己打造第三帝国的如意算盘给砸得粉碎！

这个时候，外交部长里宾特洛甫告诉希特勒，东条首相要求德国立刻对美宣战。他同时提醒"元首"，根据三国条约，只有在日本直接遭到进攻时，德国才有义务援助日本。

"如果我们不站在日本一边，这个条约在政治上就死亡了。"希特勒说。

希特勒面临着严重的现实问题。经过两三天的考虑，他转念一想，又觉得这未必完全是坏事，他认为日本在亚洲牵制住一部分英美的兵力也是可取的。希特勒对部下说："日本选择的时间事实上正是苏联寒冬的意外困难使我军士气遭到严重压力的时候，也正是德国人都十分担心美国早晚要参加冲突的时候，因此从我们的立场看，日本的参战再及时也没用了。"于是，12月11日，德国宣布对美开战。

墨索里尼在清晨还没有起床的时候，听到日本偷袭珍珠港的消息，很惶恐地跟他的女婿齐亚诺外相说："这下子可完蛋了。"他周围的工作人员也开始恐慌起来。但是经过一天的反复权衡，他也跟希特勒一样，开始觉得也许坏事可以变成好事。美英付出大量兵力在亚太地区和日本打，他在欧洲的压力就小得多了，可以重温他的"非洲大帝国旧梦"了。于是，12月11日墨索里尼也宣布对美开战。

也是在这一天，东条英机和希特勒、墨索里尼签订了一个三国军事协定，宣布德、意、日三国"在对美、英联合作战取得胜利以前，绝不放下武器"以及在任何情况下都决不单独媾和的"决心"；同时规定了瓜分世界的范围，商定在胜利结束战争之后，缔约国应根据三国同盟的精神，在建立"世界新秩序"的事业中进行合作。

二、狂飙突进

武力攻占马泰港缅

日军的实际战略目标是盛产石油的荷属东印度群岛，袭击珍珠港也只是战略支援任务。为了这个目标，日本实际上经过了一年多的充足准备。

日本陆军统帅部从1940年年末就开始制定对美国、英国、荷兰的进攻计划。经过10个多月的研究，1941年8月，海军陆军的协同作战计划大体上已经完成。

▲马来亚战役中被摧毁的英国皇家空军战斗机。

陆军第一阶段的计划是占领重要资源地带，摧毁敌军在东南亚的主要根据地。进攻的步骤是：首先攻占马来半岛、新加坡、菲律宾、泰国，并攻占缅甸，切断美英运送援华物资的滇缅公路并威吓印度；占领香港、关岛、威克岛、新加坡、婆罗洲（现在的加里曼丹）、西里伯斯（现在的苏拉威西）、爪哇、苏门答腊、俾士麦群岛、吉尔贝特群岛。各作战部队的进攻目标都有明确分工，有进度日程表。陆海军的协同作战计划也有具体的详细安排，力求一丝不乱。

在偷袭珍珠港前，日本大本营参谋本部就已经接到来自马来湾的军机电报："8日1时30分在哥打巴鲁登陆成功。"实际上，在12月8日这一天，日本侵略者同时对泰国、马来亚、菲律宾、关岛、威克岛、吉尔伯特群岛以及香港发动了进攻。

为取得荷属东印度，必须要经过英属的马来半岛。日军对马来半岛的进攻兵分两路：一路是在太平洋战争爆发之前已经进占印支南部的近卫师团，从陆上进入泰国，占领曼谷后，沿马来半岛南下；另一路是山下奉文中将率领的第5和第18师团，分批从海上登陆。为了支援登陆行动，日本海军以小泽治三郎海军中将指挥的南遣马来舰队负责掩护，辖有重巡洋舰5艘、轻巡洋舰4艘以及护卫舰只。

日本舰队从海南三亚起航，向马来半岛进发。12月6日登陆舰队转向西北，佯装开往曼谷，声称要切断印度与中国之间的运输线。12月7日上午，英军侦察机发现日军舰船，英军判断日军将先在泰国登陆。其实，这支登陆输送队于7日12时已突然转向，分兵数路，驶往马来半岛北部的哥打巴鲁、泰国的北大年和宋卡。1941年12月8日凌晨1时45分，入侵舰队的南路5000多名日军在4艘驱逐舰交叉火力的掩护下在哥打巴鲁登陆。这时4500海里以外的珍珠港以北，突袭机群正在准备起飞。两个小时后，日本登陆部分击退了哥打巴鲁的守军，控制了日本新帝国的第一个滩头堡，珍珠港的突袭机群也飞临美太平洋舰队上空。

日本的整盘计划非常周密，早在12月7日正午，日本驻泰国大使就已经向泰国政府交涉和平进驻，限定在8日零时之前给予答复，摆出不论结果如何，日军都要按计划进入的架势。一个主权国家当然不愿意接受这种要求，犹疑到8日上午3时还没有答复。3时30分，日本南方军司令官寺内寿命令日军进入泰国，日本近卫师团立即越过越泰边境进入泰国。与此同时，近卫师团的吉田大队从海上登陆，两股部队在9日天亮时就占领了曼谷。一个弱小的国家在一天之内就被日军占领。

12月8日黎明，另一股

▲1942年12月25日，英国守军挂出白旗向日军投降，香港失守。

日军进攻香港，他们先对九龙进行轰炸，遭到反击后，便集中力量对九龙进行攻打。由于香港是不设防城市，1936年修筑的防御工事尚未完成，所以日本很快就在13日占领了九龙，并切断水源。英军退守香港本岛。日军两次要求香港总督马克·扬爵士投降，均遭到拒绝。12月18日，日军分三路在香港登陆，英军不支，25日被迫宣布投降，香港被日军占领。

日本第5军入侵泰国之后，很快就开始进行进攻缅甸的准备，因为截断供应重庆政府的国际交通线——滇缅公路，就可以开展使印度脱离英国的工作，保障日本侵略军北翼的安全。12月13日，日本对缅甸采取空中攻势，掩护日军在田拿沙里姆省远海登陆。在缅甸境内，日本利用恐怖的战略轰炸和第5纵队的活动及泰国傀儡部队的配合，急欲切断中国抗战大动脉的滇缅公路。

日本在缅甸投入的兵力，远比攻占新加坡和菲律宾多得多。但是，他们并没有享受到胜利的快感。从大本营到南方军令部，一直到战地指挥官，都感到进不能，退又不得，只有蛮干下去。在雨季到来的时候，一直展开你死我活的持久战。

从1941年12月7日到1942年5月上旬，日本侵略者一举强占了泰国、香港、马来亚、菲律宾、荷属东印度、缅甸以及太平洋上的一些小岛。

麦克阿瑟饮恨菲律宾

菲律宾是太平洋和中国南海、印度洋之间的交通要冲。其境内的吕宋岛是菲律宾最大的岛，岛上建有美国在远东地区最大的军事基地克拉克和甲米地。

日军企图控制本土至东南亚间的海上交通线，决定攻占菲律宾群岛，把美军赶出远东地区。日军派本间雅晴率领第14集团军，下辖第16师、第48师和第65旅，共5.7万人。配属部队有海、陆、空三方的精良部队，南方军的部分部队也给予了支援。

美国对坚守菲律宾缺乏信心，希望远东军司令麦克阿瑟指挥驻菲美军能够阻挡日军，拖延几个月，这样美国就有时间增兵了。事实上菲律宾军队是仓促组建的，缺乏训练，装备很差。大多数菲军官兵抵抗日军的态度并不积极。

相反，日军的第16师团和第48师团，是由作战经验丰富的老兵组

▲麦克阿瑟，美国著名军事将领，太平洋战争中盟军主要军事将领之一。1944年授衔五星上将。

成。再加上庞大的舰队支援，况且日军还可以利用台湾的陆基飞机攻击菲律宾守军。

1941年12月7日，美军陆军部作战处处长伦纳德·杰罗将军告诉麦克阿瑟，珍珠港已经遭到袭击，还未来得及说出美军的损失情况，麦克阿瑟就大叫道："珍珠港！那可是美军最强大的基地呀！"杰罗说："你那里也将遭到进攻，那是肯定的。"麦克阿瑟说："告诉马歇尔将军别担心，这里没事。"

麦克阿瑟并不知道，美太平洋舰队已经遭受重创，夏威夷群岛海空军基地与菲律宾相距4000海里，很难支援菲律宾。他的菲律宾群岛注定要沦陷的。

麦克阿瑟看不起绑腿不整、军衣宽大、裤管松弛、短短的罗圈儿腿的"日本鬼子"。他以为日军在珍珠港肯定遭受了重创，并且坚持认为，受到重创的日军是不敢再举进攻菲律宾的。

1941年12月8日9时，日军出动500架飞机多次发动攻击，几乎歼灭了麦克阿瑟的空中力量，炸沉美舰艇4艘，炸毁了海军巡逻机的四分之一。

远东空军被日军摧毁以后，罗斯福总统还亲自发来电报，告诉麦克阿瑟美国最大的潜艇部队前来增援，正在途中。可是，麦克阿瑟的期待落了空。12月中旬，海军上将金听说日本在菲律宾海域部署了强大舰队以后，命令将援兵撤到澳大利亚。事后，麦克阿瑟在发给华盛顿的电报中，强烈指责海军的逃跑行为。对海军的"背信弃义"，麦克阿瑟一直无法原谅。

12月20日，日军占领了菲律宾第二大岛棉兰老岛。22日，日军登陆部队兵分两路在拉蒙湾和吕宋岛的仁牙因湾登陆。25日，日军在和乐岛登陆。在短短的17天内，日军在9处登陆成功。

在日军的突然攻击下，麦克阿瑟被动应战。日军主力部队在吕宋岛上的林加延湾一带发动进攻。麦克阿瑟认为美菲军队是日军的2倍多，完全

第五章　蔓延：血染太平洋

▲日军抢占位于菲律宾马尼拉湾的战略要地科雷希多岛。

可以守住吕宋岛。

　　于是，麦克阿瑟重新制定了作战计划，决定在海滩上迎击日军。结果，战线过长的两个菲律宾师在林加延湾的海滩上与两个身经百战的日军师团遭遇了。交战结果可想而知，菲律宾军受到日军陆海空的立体攻击，全线溃退。守军在打回巴丹半岛的路上，扔掉了大部分军需品。这时，本间命令日军马上攻占马尼拉，他以为美军一定会在马尼拉进行最后的决战。

　　1942年1月10日，日军向巴丹半岛的美菲军队发起总攻。这时，麦克阿瑟已经在纳蒂布山布置了防线。但部队的军需给养严重缺乏，粮食与药品严重匮乏，疾病蔓延全军。

　　1月初，一支日军大队通过纳蒂布山最陡峭的山崖出现在纳蒂布山防线背后。美菲军面临被全歼的危险，麦克阿瑟下令向南撤退。26日，麦克阿瑟在巴加克一奥里翁一带部署了新防线。8万名守军和26万名难民挤在面积为16平方千米的狭小阵地上。军民都沿着巴加克一奥里翁防线住着。

　　同样，日军的处境也不妙。日军进攻时伤亡惨重，再加上疾病流行，减员较大。日军被迫停止进攻。由于日本海军不能拥有制海权，军需给养无法到达被围困的巴丹守军那里，守军得不到任何补给。

　　相对于战争初期美军的大溃退来说，麦克阿瑟指挥美菲部队抵抗日军成为当时唯一的亮点。一些国会议员把他捧上了天，企图把他调回国内担任陆军统帅。麦克阿瑟也因此成了美国在第二次世界大战中的第一位英雄。

　　尽管菲律宾守不住了，但罗斯福认为，美国太需要麦克阿瑟这样的英雄了，不能死在巴丹半岛。3月12日，麦克阿瑟奉命离开巴丹半岛，赴澳大利亚组建西南太平洋美军司令部。麦克阿瑟难过地向留下来的部队发誓："我一定会回来的！"

4月9日，巴丹半岛的守军7.5万人全部投降。不足2万人的日军驱赶着刚刚抓来的战俘开始了新征程。

饥病交加的战俘队伍在烈日下步行，途中许多人倒毙，日军对战俘任意杀害。在集中营，定量配给的食物很少，战俘们处于饥饿状态，只得把时间和精力主要花在跟踪和捕捉臭虫和虱子上。

染指澳大利亚

日军在开战初期，以不到6个月的时间呈扇形向东南方向推进，共强占了380万平方千米的土地，控制了1.5亿人口。

尤其是在占领了拉包尔以后，日本陆军和海军侵略集团的指挥官和作战参谋们猖狂已达到极点。被胜利冲昏头脑的日军，变得更加穷凶极恶。

对下一步作战计划，日本陆军和海军的主要领导人激烈讨论了一个多月，双方各持己见，争执不下。

远在东京大本营的参谋本部就有两种意见，一些人认为，应该到此为止，不再向前进攻，以确实保住南方占领地域，形成长期持久战的状态；还有些人认为，日本应该乘欧洲德苏战争之机，越过中苏国境线，夹击苏联，迫使苏联投降。如果中国和英国、苏联都被打败，美国被孤立，便能消灭它对日本作战的意志。

海军认为这两种意见需要时间太长，没有物质基础，是完全办不到的，并提出先进攻澳大利亚，要求陆军增援8个师团，被陆军断然拒绝；陆军则打算把南方派遣军中的五分之一兵力调到中国大陆和日本本土去，也遭到海军的否定。

日本陆、海军战略思想各不相同，经过激烈争论，最后，陆、海军之间以妥协形式决定了下一步的进攻计划。具体顺序是：第一步是进攻新几内亚东南端莫尔兹比港和所罗门群岛；第二步是进攻中途岛和美国阿拉斯加西面的阿留申群岛；第三步是进攻斐济和萨摩亚群岛。

第一步主要目的是切断美国和澳大利亚的补给线，使盟军不能用所罗门群岛、澳大利亚、斐济等地做反攻的基地。

第五章　蔓延：血染太平洋

日本海军的总意图在于侵占美国海上基地，把控制地区扩展到美英两国在夏威夷和澳大利亚之间的那些基地。日本陆军最重要的任务是完成对新几内亚岛的占领。其中，主要目标是占领新几内亚东南岸东部的莫尔兹比港。

日军占领了澳大利亚领土新不列颠岛等地区后，直接威胁位于新几内亚东南方的莫尔兹比港，它是澳军的前哨基地。盟军感到形势十分严峻，在这种情况下，盟军的决策集团也有各种不同的意见，澳大利亚决策人打算在日本进攻时不再抵抗，把澳大利亚北半部拱手让给侵略者。

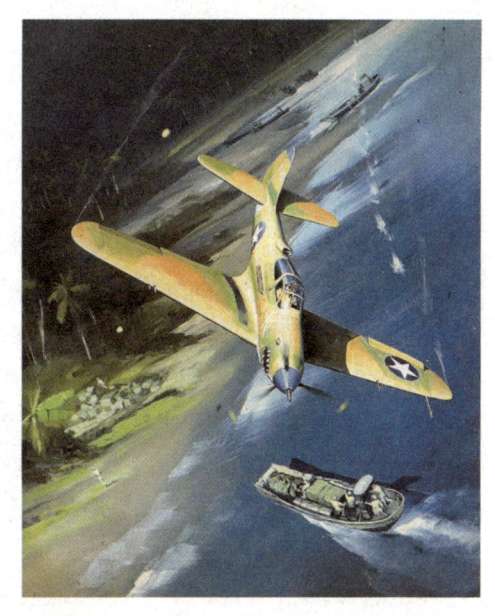

▲美军 P-39 战机在新几内亚岛上空执行作战任务

罗斯福和丘吉尔早已决定，必须拯救澳大利亚，以便把它作为反攻日本的跳板。

美英双方同意，把一直在北非作战的澳大利亚 3 个师中的两个精锐师调回澳大利亚，美国陆军参谋长马歇尔将军还下令把美国陆军第 32 师、第 41 师运往澳大利亚，还有防空分队、工兵分队和支援部队，总共达 10 万人。他还下令建立以澳大利亚为基地的空军，决心保住莫尔兹比港。

为了挽回劣势，美英联合参谋部决定把太平洋分为两个独立战区：一个是中部太平洋战区，由驻珍珠港的切斯特·W.尼米兹海军上将指挥；另一个是西南太平洋战区，由驻墨尔本的麦克阿瑟陆军上将指挥；下定决心要扭转战局，转败为胜。

盟军反攻作战的战略计划，是以所罗门群岛作为战区的分界线，从所罗门群岛向东，尼米兹率领部队，经过拉包尔、马绍尔群岛、加罗林群岛、马里亚纳群岛向日本本土进攻；麦克阿瑟则率领部队由所罗门群岛向西，在席卷新几内亚岛以后，向菲律宾进攻，最后指向日本本土。这个计划简称望楼计划，亦称瞭望塔行动。

1942年5月初，在美军的作战会议上，对望楼计划又作了修改，缩小了尼米兹担任的中部太平洋战区，在中部和西南战区之间增加一个战区，由葛姆里中将负责指挥（10月以后改由哈尔西中将指挥）。

7月2日，美国参谋长联席会议颁布一项命令，开始了美国对日本第一阶段的进攻目标，尼米兹海军上将指挥部队攻占圣克努思群岛，为进攻图拉吉岛做准备；麦克阿瑟陆军上将指挥所属部队发动平行攻势，把日军逐出新几内亚；为执行第三个任务做准备，即收复拉包尔。

随后，太平洋作战情报处破译日本海军秘密电报，发现日军正在图拉吉岛南方20海里的瓜达尔卡纳尔岛上紧急修筑飞机场。针对这一情况，英美盟军考虑到这个机场一旦完工，直接威胁着战争的局势，于是再次修改了作战计划，暂时放弃在圣克鲁斯群岛上修建基地的打算，把攻击图拉吉岛和瓜达尔卡纳尔岛放在第一步。

在以后的5个月时间里，日军便连战连败，从而宣布太平洋战争的第一阶段已经完全结束。

三、扭转战局

天皇的隐忧

1942年元旦，日本全国各地，大街小巷，每户人家都悬挂国旗，欢庆之声此起彼伏，洋溢着节日的快乐。各大报纸趁机扩大版面，刊登奇袭珍珠港等战地的巨幅照片，宣传自1941年12月8日开战以来，日军仅用短短二十几天的时间，以超出想象的速度取得辉煌战果的事情。某报纸还大肆报道裕仁天皇及其家属的平安和健康，祝愿"天机煦丽""武运长久"。

但这份报纸的另一个版面，却这样写道："去年12月8日，宣战大诏颁发之日，实乃以皇国兴废为赌注的大事。天皇陛下在此日之后，深虑之余，饭不能进，寝不能安，只管祈求神灵庇护。"只此几句话，真实地道出了裕仁天皇当时的真实心理状态。

日本裕仁天皇自去年偷袭珍珠港、对美英宣战那天起，心里无比兴奋，但究竟能否取得最后的胜利，却也没有十足的把握。其实从那天起，他便

第五章　蔓延：血染太平洋

如坐针毡，坐卧不宁。

当忐忑不安的裕仁天皇在听到前方频传捷报时，比如：击沉敌军舰多少啦，大破敌军多少啦，这里登陆成功啦，那里敌军投降啦，又占领什么地方啦等等，精神马上为之大振，胸中的隐忧一扫而光。

1942年元旦，是日本天皇最高兴的一天。日本人民在军国主义宣传的鼓动下，纷纷手举国旗庆祝胜利，全国上下"万岁"的呼喊声连绵不断。1月8日上午举行陆军阅兵式。裕仁天皇骑着"白雪号"坐骑，由各皇族、内阁各部大臣、外国驻日武官陪同，检阅步兵、装甲兵、炮兵、骑兵。各军种列队通过时，天皇在马上举手答礼。当机械化部队通过时，500架陆军飞机飞越皇宫上空，阅兵式达到最高潮，可谓盛况空前。

2月18日，新加坡被攻陷，日本全国上下举行祝捷祝贺会。每个家庭都配给3合白酒（约300毫升），每一个小孩都配给一角钱的糖果，以示共庆胜利。11时55分，裕仁天皇乘"白雪号"坐骑，出现在皇宫门前二重桥上，接受聚集在广场上的国民的祝贺。皇宫内外大摆筵席，群臣穿着节日盛装，连以前极力反对开战的元老重臣也参加了。

▲裕仁天皇

曾发动七七事变、三次担任内阁总理大臣的近卫文唐也参加了庆贺会。他不相信日本最终能取得太平洋战争的胜利。祝贺会结束后，原内阁书记官长富田健治说："太不愉快了！这样下去能挺到最后吗？我倒想着明年这个时候会出现什么情况？"

日本许多有识之士也都在担心，认为这是继"九一八事变"后，日本又吞下了一颗特大炸弹。

2月21日，正在沉溺于欢庆攻占新加坡的东京都警视厅接到一封匿名信，信上写道："战争是野蛮的行为，打倒日本。天皇是什么？杀掉东条！消灭骄傲自大的日本人，拆掉或烧掉靖国神社，取消天皇的名义，那都是无用的东西！不要像皇军那样混蛋！"

2月22日，东京新闻社校对记者接到一封请转交给警视总监留冈幸男的信，信中写道："我觉得这次攻占新加坡不是日本的大胜，而是大败的开始。看一看今天日本的国情，没有米，没有食品，国民在涂炭中喘息……天皇陛下住那么多那么好的住宅，还要到外地去避暑避寒……把那些食品拿出来优待国民吧！"

2月23日，东京市谷的墓地里，有一个公共厕所的墙上写着："赶快停止战争！最后一定大败，国民太受苦了。"

类似这样的匿名信、公开信、大字报、小字报、厕所文学，警视厅出版的《思想月报》《特高月报》中登载了许多。日本人民中反战反军反对天皇的意识越来越明显，裕仁天皇再次陷入担忧与不安之中。

所罗门海海战

贪得无厌的日本占领了新不列颠东端的拉包尔以后，还希望控制所罗门海这片海域，尤其是对巴布亚半岛南端的莫尔兹比港，日军早已垂涎三尺。

莫尔兹比港是澳大利亚北方海域的唯一战略要地，是空海交通要冲。日本占领莫尔兹比港的目的是切断美国和澳大利亚之间的联系，进而占领斐济、新喀里多尼亚、萨摩亚，这样拉包尔可以不受威胁，在战略上处于主动地位。

对美澳方面来说，所罗门海也是战略防御重要地区，只有以此作为反攻日本的起点，牢牢控制所罗门海，才能通过丹比尔海峡北上，向东京进攻。因此，所罗门海域成为两军必争之地。

从1942年4月到1943年4月之间，所罗门海域发生了大小共一百来次海空争夺战，盟军在激战后取得胜利，从而扭转了战局，奠定了反攻取得决定性胜利的基础。

▲美B-17轰炸机在所罗门岛上空执行作战任务

所罗门海海战开始前，

第五章　蔓延：血染太平洋

3月8日，日军占领了新几内亚岛东部北岸的莱城和萨拉莫阿地区，以后，又占领了肖特兰德岛和布纳。4月初，日本海军军令部决定深入所罗门群岛，夺取图拉吉岛，最终目标是夺取新几内亚东南的莫尔兹比港。

▲在所罗门海战中，一艘美军战舰被日军鱼雷击中，爆炸起火。

4月下旬，由第4舰队司令官井上成美海军中将指挥率领日军进攻舰队集结在特鲁克军港待命出发。

盟军的防卫力量共有两支特混舰队，一支由奥布里·菲奇海军少将率领，是以"列克星敦号"航空母舰为中心的特混舰队；另一支由弗莱彻海军少将率领，以"约克城号"航空母舰为中心的混合舰队。

盟国海军为了防止日军进一步向南太平洋扩张，在4月初就采取了准备。计划是收回图拉吉岛，在美国和澳大利亚的航线上增加一个堡垒以后，沿所罗门群岛进攻拉包尔。

5月3日，日本志摩部队占领了图拉吉岛。5月4日晨，40架美舰载机从"约克城号"上起飞，两次轰炸图拉吉岛近海，击沉日驱逐舰"菊月号"和3艘登陆船舶，击伤5架飞机和2艘舰船。

这一天，日军梶冈少将率领4000名官兵分乘14艘运输舰驶往莫尔兹比港。轻航空母舰"祥凤号"、4艘重巡洋舰、4艘驱逐舰掩护这次作战行动。

5月5日，从新喀里多尼亚海军基地和澳大利亚火速赶来支援的英国"芝加哥号""澳大利亚号""霍巴特号"巡洋舰，与盟军两支特混舰队合编为美第17特混舰队，由弗莱彻海军少将指挥，进入决战状态。

在日军进攻莫尔兹比港前，盟军从被击沉的日本潜水舰中捞到日军电报密码本，破译后获得一份重要情报。这是一份日军预定在5月动用大部分兵力去攻占莫尔兹比港的作战命令。

5月6日，美侦察机果然发现了日本进攻部队，美机大编队开始向日军猛烈空袭。美航空母舰"列克星敦号"上起飞的战斗机和轰炸机轮番进攻，集中轰炸日军的航空母舰"祥凤"号。

5月7日上午11时，"祥凤号"沉入海底，舰上900名官兵中近四分之三死在舰内。美军赢得第一轮所罗门海海战的胜利。

5月7日下午，日本舰队在袭击美国航空母舰时被击落10架飞机，另有11架在返航时坠入海中，只有6架安全回到母舰上。

5月8日上午9时，日本侦察机发现美机动舰队，立即出动战斗机18架、轰炸机18架、鱼雷轰炸机32架强袭美军的2艘航空母舰。"列克星敦号"命中2发鱼雷和2颗炸弹，被击破；12时47分，各处泄漏燃料，气化后引火发生大爆炸，又延及弹药库，爆炸强烈。

美军这两艘航空母舰遭受日机空袭以前，"列克星敦号"上起飞的43架飞机和"约克城号"上起飞的39架飞机也正在强袭日本航空母舰，"翔鹤号"命中3发炸弹，受到严重破坏，被迫退出战场。"瑞鹤号"急忙逃遁，幸免被炸。井上中将发出"停止攻击北上"的命令，日军撤离战场。

海战的结果，表面上看，双方互有损失，日本海军损失较小，但美国的造船和抢修速度较日本快很多，这样美军就占了优势。而且在战略上，盟军挫败了日军从海上进攻莫尔兹比港的企图，并且把原定于5月进攻的日期推迟到8月。日本在战略上失败了。

所罗门海海战是日本海军自发动战争以来第一次受挫。太平洋战争从此进入日本和美国及其盟国的战略相持阶段。美国战史学家认为这次战役在太平洋战争史上谱写了新的篇章。

珍珠港、马来海战以后连续败北的盟军，通过这次海战，极大地提高了士气，对击败日军舰队充满了自信。

这次海战后，对日本来说，不仅没敲起警钟，他们反而更加骄傲轻敌，把"击沉"两艘美航空母舰的消息向东京报告，国内顿时欢声一片。实际上，被"击沉"的航空母舰，只用

▲日本"加贺号"航空母舰

3天就修复完毕，并立即参加到以后的中途岛反击战中去了。

日军的麻痹大意，自我陶醉，又不能掌握真实情况，给美军帮了大忙，这是以后日军在中途岛海战中战败的原因之一。

航母大决战

1942年6月4日10时24分，日本"赤城号"下令立即起飞，正在这时，瞭望哨呼叫："美军俯冲轰炸机！"日舰的机关炮立即开炮，但已经来不及了。3架美机向"赤城号"俯冲下来，美机大肆攻击，日战斗机来不及拦截，因为刚刚拦截美军的鱼雷机，正在舰上补给。空中没有一架担任警戒的战斗机！

"赤城号"航空母舰被击中两枚450千克的炸弹，两枚炸弹对巨大的航空母舰无法造成重伤，然而却使甲板上的飞机全部爆炸，火势快速蔓延，航空母舰失去了作战能力，通讯联系中断。

南云的指挥失控后，他知道无法在"赤城号"上指挥了，只好跟青木舰长辞别，爬到舰桥的窗口，拽着绳子爬到甲板上，然后离开。

与此同时，小麦克拉斯的机群还攻击了"加贺号"航空母舰。9架美机朝"加贺号"俯冲，各投掷了1枚炸弹。

接下来的6颗炸弹中有4颗命中"加贺号"飞行甲板，使舰桥和四周的甲板燃起大火，很多舰员伤亡。舰长冈田次作和其他军官当场死亡，幸免于难的飞行长天谷孝久立即接过指挥权。

舰上燃起了熊熊大火，舰员们努力制止火势，可是整个军舰都被大火包围，很难找到躲藏的地方。天谷等大部分舰员被迫撤到小艇甲板上躲藏。天谷命令弃舰。

"加贺号"航空母舰的大火越来越大。"苍龙号"上的机械兵们看到"加贺号"燃起熊熊大火时，知道"加贺号"在劫难逃，不约而同地观望天空，13架美军俯冲轰炸机正向他们俯冲下来，几分钟内，"苍龙号"连中3弹。

第1颗炸弹击中舰身前面的飞行甲板，后2颗炸弹命中中部升降机。烈火引爆了油库和弹药库。

10时30分，"苍龙号"变成了火场，爆炸声不断响起。舰上的炸弹和鱼雷全都爆炸了。

10时40分，"苍龙号"丧失了行动能力，轮舵和消防系统彻底炸毁。

因为火势太猛，舰员被迫逃到甲板上，连续不断的大爆炸把很多舰员炸到了海面上。

10时45分，柳本柳作舰长下令弃舰。一时间，很多士兵为了躲避大火纷纷跳海。"滨风号"驱逐舰和"矶风号"驱逐舰赶来营救，但效果甚微。

当"赤城号""加贺号"和"苍龙号"传来巨大的爆炸声时，"飞龙号"航空母舰的山口舰长正在向飞行员们训话："你们已经是南云舰队的最后一批飞行员了……"

上午10时40分，日军18架俯冲轰炸机，在6架战斗机的掩护下，从"飞龙号"航空母舰上启程，前去寻找美军的航空母舰。他们紧紧跟在莱斯利率领的返航机群后面。美军轰炸机把日军飞机带到了弗莱彻将军的"约克城号"航空母舰上空。

在高空警戒的12架美军战斗机，冲进日本机群进行拦截，击落了6架日机。日本轰炸机立即向下俯冲，但有更多的日机被密集的防空炮击碎。有3颗炸弹击中"约克城号"。

炸弹在"约克城号"舰舱内引爆，炸死许多美军舰员。

返航的日军机群马上向山口多闻报告：击中了"约克城号"。"约克城号"航空母舰上的舰员们拼命抢救，使舰上的大火被扑灭了。"约克城号"继续航行，飞行甲板上的飞机仍能起飞。

不久，日军10架鱼雷攻击机在6架战斗机的掩护下再次从"飞龙号"航空母舰上起飞，对"约克城号"再次发动攻击。鱼雷机发射的鱼雷命中了"约克城号"，摧毁了舰上的动力、照明和通讯设备。

"约克城号"向左侧倾斜浮在海面上。后来，舰长伊利奥特·巴克马斯特下令弃舰。

6月6日早晨，日军潜艇发现了浮在海面上的"约克城号"，朝它发射了两枚鱼雷。7日早晨"约克城号"突然倾覆，沉入海底。这样，美舰队只剩斯普鲁恩斯少将的两艘航空母舰了。

6月4日下午2时，一架美国侦察机发现一支日舰队正朝西面航行。"企业号"航空母舰上的斯普鲁恩斯将军，立即出动所有还能参战的24架美军俯冲轰炸机向"飞龙号"飞去。

下午5时，"飞龙号"航空母舰上的水兵们发现在西南方飞来一长串飞

第五章 蔓延：血染太平洋

机，6架"零"式战斗机飞过去进行拦截，击毁2架美机。其他的美机俯冲下来了。

美机从耀眼的太阳方向钻出，冲向"飞龙号"航空母舰。随后落下的4枚重磅炸弹，穿透了飞行甲板，相继爆炸。

▲"约克城号"航空母舰。该航母在中途岛海战中被日机击沉。

"飞龙号"上的日军舰员拼命救火时，从中途岛飞来的轰炸机群也赶来了，它们扔下了很多炸弹，无一命中。

又有更多的轰炸机，从夏威夷赶来。结果，"飞龙号"难逃沉没厄运。中途岛西北的海面，变成了火场。

6月4日21时23分，海水大量涌进，"飞龙号"开始倾斜，很快丧失了行动能力。6月5日凌晨"飞龙"号沉没。

当南云舰队遭受灭顶之灾时，山本五十六正指挥着主力舰队，在南云舰队后边450海里的洋面上航行。

6月4日上午10时30分，"'赤城号'着火"的电报突然打破了山本五十六的计划。

6月5日零时15分，山本五十六命令近藤和南云停止进攻美舰队和炮击中途岛的军事行动，与主力舰队会师。

对于山本五十六的决定，心急如焚的参谋们无法接受，他们要求攻下中途岛。首席参谋黑岛叫道："长官，'赤城号'还没有沉没。若被美国拖去当成了战利品，那真是奇耻大辱呀！我们不能用陛下的鱼雷来击沉陛下的战舰呀！"

6月5日晚上11时55分，山本正式下达撤退命令。

这时，栗田的第7巡洋舰战队的4艘重巡洋舰以及第8驱逐舰分队的2艘驱逐舰正在执行炮击中途岛的任务。

栗田距离中途岛比估算的远很多，参谋们认为炮击任务是无法按时执行的，于是午夜时分命令栗田撤退。

栗田接到命令时，离中途岛只有90海里。日舰"熊野号"发现右舷有艘美军潜艇，栗田下令向左转舵。同时，"熊野号"用信号灯向二号舰"铃谷号"发出紧急转向警报信号，"铃谷号"接到信号后，也向"三隈号"也发出警报信号，并立即转向。结果后面的"最上号"撞上了"三隈号"左舷。

栗田指挥"熊野号""铃谷号"继续向加油地点驶去，与山本五十六率领的主力舰队会师。

▲美军飞机轰炸日"赤诚号"航母编队的绘画

6月5日天亮后，中途岛出动12架俯冲轰炸机前往轰炸，弗雷明驾驶的飞机撞向"三隈号"，使"三隈号"受到重创。下午，12架美军轰炸机再次攻击，投下的80颗炸弹都没有击中。

美军航母舰队的兵力不足，只能选择一个目标攻击。当美军舰载机追到时，"飞龙号"航空母舰早已沉没，只好攻击护航的驱逐舰。

斯普鲁恩斯认为飞行员已经疲惫不堪，况且附近海域又有日军潜艇出没，再加上距离威克岛太近，岛上的日军拥有陆基飞机，于是于6月6日黄昏下令返航。这一决定挽救了美航母舰队。

根据双方航线推算，若美航母舰队继续驶向威克岛，将在夜间与日舰队相遇。结果，斯普鲁恩斯下令撤退，中途岛海战结束了。

中途岛海战惨败后，日本再也没有力量发动大规模的海空作战。日军掌握的太平洋战区的战略主动权，也被美军夺走了。

四、瓜岛战役——太平洋战争胜败的分水岭

美军攻占瓜岛

为了保住中途岛，1942年7月2日，美参谋长联席会议决定把新几内亚岛和所罗门群岛作为战略焦点，并颁发了一项命令，要求对日发动第一阶段的有限攻势，攻占圣克鲁斯群岛，由尼米兹海军上将全面指挥，为8月1日进攻日本所罗门群岛中部基地做准备。

在中途岛失败后的日军，锋芒严重受挫。可自以为是的日本当权者，看不清自己的现状，认为联合舰队与美国的太平洋舰队相比仍占很大优势，陆军在整个战场上则还没有过重大失败，于是下决心要占领新几内亚岛，其第一步就是通过巴布亚新几内亚。

▲日军使用的战地望远镜，这种望远镜优点就是侦察兵可以不用探出身子就能侦察敌情。

与此同时，进攻新几内亚岛的美军，由麦克阿瑟指挥，为执行第三任务做准备；第三任务是进攻新不列颠，夺取拉包尔。

从陆路攻占新几内亚东南端的莫尔兹比港，要首先占领图拉吉岛和瓜达尔卡纳尔岛。

1942年5月，所罗门海战以后，日军占领了图拉吉岛。其主要意图是想建水上飞机基地。日军在图拉吉岛上，发现在其南方对面有一个面积较大的瓜达尔卡纳尔岛，它的北岸适合修建飞机场。

于是在6月16日，日军派门前大佐率工兵先遣队250人登陆，7月6日，又派第11工兵队2500人登陆，同时运去建设器材，开始在瓜达尔卡纳尔岛上修建一个空军前进基地。

瓜达尔卡纳尔岛是所罗门群岛中一个较大的岛屿。这是个鲜有人至的岛屿，岛上酷热难耐，还经常下倾盆大雨。海拔达2440米的深绿色火山，

▲美军登陆瓜岛

像脊梁骨似的横贯全岛。沿南岸全是连绵山脉，北岸山麓下丘陵起伏，沿海地带有些平原。岛上绝大多数地方是奇峰秀岭和稠密的丛林，生长香蕉、酸橙和木瓜等野生植物。到处是鳄鱼、大蜥蜴、毒蜘蛛、蚂蝗和蝎子。遍布昆虫、疟蚊，白蚁甚多。日本军队对这个岛更是一点都不了解，连一张岛上的地图都没有。

这个时候，美国太平洋舰队作战情报处破译了日本海军的第 25 号密码电报，得知了这个岛上的消息。同时，也有从图拉吉岛上逃来的政府工作人员和当地人向美澳军秘密报告了这些情况。

美中部太平洋舰队司令官尼米兹海军上将和东南太平洋战区司令官戈姆利中将获得这些情报以后非常震惊。因为日军一旦把这个飞机场建成，从瓜岛起飞的日机就能够轰炸圣克鲁斯群岛埃法特岛和新喀里多尼亚北部的库马克飞机场，美澳军现有的防线将受到严重威胁。不但危及澳大利亚，而且更重要的是美参谋长联席会议制定的"瞭望塔行动计划"就要被打乱，因而不能坐视不管。

戈姆利司令官命美第 1 海军陆战师师长范德格里夫特少将为瓜达尔卡纳尔岛登陆作战部队的指挥官，命令他在 5 个星期内必须拿下瓜达尔卡纳尔岛和图拉吉岛。

第五章　蔓延：血染太平洋

1942年8月6日傍晚，由特纳海军少将指挥的23艘运输船队逼近所罗门群岛，由英国海军少将克拉奇利指挥的8艘巡洋舰和1个驱逐舰群为登陆护航。空中和海上支援有"黄蜂号""企业号""萨拉托加号"3艘航空母舰，以及由所罗门海海战指挥官弗莱彻海军中将指挥的共有82艘舰船的攻击舰队。

8月7日上午5时20分，庞大的美海军舰队猛烈炮击两岛，到夜里，已有1万名以上海军士兵登陆成功，大批物资上陆。不久，重炮、山炮、坦克等已源源进入阵地，气势雄伟，锐不可当。

瓜岛上的日军只有海军守备队250名，修建飞机场的工兵2500余名；图拉吉岛上只有航空兵约400名，海军陆战队约200名。激战后，两岛上的日军战死600余人，30名被俘，70余名逃到附近小岛上。美军宣布滩头登陆成功。

8月8日下午，美军占领了日军修建的飞机场，后来命名为亨德森机场。这是美国海军从1898年以来在太平洋上第一次成功的两栖登陆作战。

消息传到东京的日本大本营，据说有一位参谋本部的参谋连忙问："瓜达尔卡纳尔岛在什么地方？"

在这一时期，在辽阔的太平洋洋面上，美国已占据海上运输的绝对优势。日美两国在生产力的竞赛方面也发生根本性的变化。美国飞机的生产量是日本的6倍，运输用商船是日本的30倍。

登岛日军全军覆没

日本统帅部看到美军在瓜岛登陆后，决心夺回瓜岛，第17集团军司令百武接受命令指挥登陆战。

为了登陆作战的胜利，百武决心选派一木大佐肩负指挥官的重任。一木大佐虽然身材低矮，但具有十足的武士道精神，并且具备热带丛林地作战的丰富经验。

1942年8月18日夜，一木大佐率领日军登陆部队，成功地在美军防线东面的太午岬附近秘密登陆。然后，一木大佐命令侦察小分队向西面摸进。

碰巧，瓜岛上的范德格里夫特将军也派出一支侦察小分队向东面摸进。8月19日午后，两支侦察小分队遭遇了。

▲ 瓜岛战役中被击毙的日军士兵。

日军侦察小分队遭到了美军侦察小分队的突然袭击，被当场打死31人，只有3人逃生。

美军侦察小分队发现，被打死的日军和岛上残留的日军并不一样，这些日军的胡子刮得非常干净，军装很新，衣袋和文件包中还有地图、电报密码以及日记。

范德格里夫特听到美军侦察小分队报告的这一情况，立即召开紧急会议。与会军官们一致认为，一批日军登陆部队已经秘密登陆了。

范德格里夫特立即下令，由第1团团长波罗克率领陆战队连夜搜寻日军主力部队。装甲部队做好战斗准备，作为机动部队支援各战线。

借着月光，一木大佐率日军穿过密密的丛林，来到特纳鲁河西岸的一座沙堤边。他想通过沙堤，偷袭对岸阵地上的美军。

21日凌晨，一木大佐下令进攻。日军立即从丛林中冲出来，顺着沙堤朝对岸的美军阵地扑去。冲在最前边的是各小队队长。军官们光着上身，挥舞着指挥刀，越过特纳鲁河口。美陆战第1团团长波罗克下令：等日军靠近些再射击，没有命令不准射击。

300名日军官兵冲过了沙堤，军官发现没有遇到任何抵抗，命令士兵们加快速度。第二股日军跳出丛林，冲向沙堤。就在这时，波罗克一枪击毙了挥舞指挥刀的日本军官，并大喊一声："射击！"

美军阵地上，轻重机枪一阵齐射，几十个日军官兵倒下了。面对美军的密集火力，日军军官越过倒下的日军伤员和尸体，挥舞着军刀，冲在最前边。

冲在最前面的日军冲过了沙堤，离美军阵地只有十几米了。波罗克下令："扔手榴弹！"陆战队员们扔出的手榴弹不断地落在向前冲的日军身边，把许多日军官兵炸飞，哀号声此起彼伏。

当第二股日军冲到沙堤中央时，美军阵地的火炮发起了猛烈地炮击。冲在最前面的日军被迫停了下来，后边的日军挤了上去，聚在一起的日军挤成了一团。

美军趁机集中火力，扫射阵地前的日军，机枪手随意射倒成群日军。许多日本伤兵拉响了手榴弹，纷纷在阵前自尽。

一些冲进美军阵地的日军顽强抵抗，用手榴弹炸毁了美军的火力点，继续射击阵地上的美军。这些人数不多的日军大大牵制了美军的火力。第二股日军连忙冲过沙堤，发动更猛烈的进攻。

一木大佐发现从沙堤上进攻受阻，命令神源中队从侧翼进攻美军。美军发现神源中队绕过特纳鲁河向上游迂回后，立即出动一支部队前去阻击日军。

由于美军的火力太猛，日军士兵无法抬头，只得趴下来躲避，逐渐退回原出发地点。

这时，第二股日军已经冲过了沙堤，占领了部分美军战壕。美军的火炮又开始了炮击，沙堤被炮火炸断，日军后续部队被炮火拦在了对岸。

阵地上的美军官兵打得非常艰难，他们与日军激烈地争夺着每一寸阵地。

双方展开肉搏战，用刺刀、枪托、匕首展开了厮杀。危急时刻，波罗克把预备队都投入战场，向日军发动反攻。

激战至21日拂晓，美海军陆战队第1团终于夺回了前沿阵地。范德格里夫特将军命令21架俯冲轰炸机，天刚亮全部起飞。他们到达日军阵地上空后，高爆炸弹铺天盖地地落在沙堤上，炸得日军无处躲避。

波罗克趁机组织美军发起全线反攻。美军士兵冲向沙堤，日军无法抵抗，纷纷撤退，许多日军士兵跳下特纳鲁河，河面上漂满了顺流而下的日军……

一木大佐发动的进攻失败，被迫收集残部，退入密林躲避美轰炸机的轰炸。

范德格里夫特决定彻底肃清特纳鲁河东岸的日军。8月27日下午，美军发动了全线反攻。

美军12架俯冲轰炸机向日军阵地发动了空袭。美机贴着丛林向日军投掷炸弹。与此同时，美军的坦克炮和火炮一齐开火。炮弹接连不断地落在日军阵地上，日军士兵的残肢断臂不断地翻飞。

波罗克命令美军由正面发动进攻冲向了日军阵地，一木大佐连忙组织

▲美军在瓜岛搜寻残敌。

日军抵抗，十几个日军士兵被炸得无处可躲，连忙跳出战壕冲向丛林。

一木大佐发现有些士兵竟敢逃跑，连忙击毙了几个逃兵。

这时，克雷斯韦尔率领部队已经绕到日军的身后，从日军的背后展开进攻。

美军两面夹击，杀声震天，气势汹汹。

被包围的日军拒不投降，一些日军官兵开始剖腹自杀。

美军士兵追击背着一木的神源等日军，追到了海滩。日军躲到海滩的树林后面射击，作最后的抵抗。

由于美军人多势众，多次围攻后，剩下的十几个日军四散而逃，多数战死。就这样，一木支队全军覆灭于瓜岛上。

击毙山本五十六

1943年4月14日8时，美国太平洋舰队司令部的情报参谋埃德温·莱顿海军中校拿着一份文件快步走进美国太平洋战区总司令兼太平洋舰队司令切斯特·尼米兹海军上将的办公室，莱顿手上的文件是一份截获并破译的日军联合舰队司令山本的日程安排。

当尼米兹看完情报内容，眉头一皱，计上心来。从日程安排上完全可

第五章　蔓延：血染太平洋

以趁机干掉山本。

当尼米兹的请示电报到达时，罗斯福正与海军部长诺克斯和海军作战部长金海军上将一起共进午餐，罗斯福听了汇报，并没有立即表态，因为在西方世界有一条不成文的惯例，战争中不得暗杀对方的国王和统帅。

看到总统的犹豫，金上将说，山本要去的地方是前线，在作战区域内，一名海军大将和一名普通的士兵一样，都是合法的射击目标！

▲美国P-38"闪电"式战机是美国"二战"时期的经典战机，其作用在太平洋战场上体现得淋漓尽致。图中一架P-38"闪电"式战机击落一架日军的"零式"战机。

罗斯福这才下了决心，干掉山本！并为此次行动取了最恰当的名字——"复仇行动"！报珍珠港的一箭之仇！

尼米兹接到总统指示，立即开始制定行动计划。

4月17日，美国海军部长弗兰·诺克斯通过太平洋舰队司令官尼米兹将军向哈尔西将军发出击落山本座机的命令。哈尔西把这个命令通知给马克·米切尔海军少将，由瓜达尔卡纳尔岛上的P-38战斗机执行这个任务。

4月18日上午9时20分，天空万里无云，十分晴朗。约翰·米歇尔少校指挥18架P-38式战斗机从瓜岛亨德森机场起飞，在椰树茂密的岛屿上空低空盘旋一会儿，向布干维尔岛上空飞去，到达布因北部。

山本五十六的座机和宇垣缠参谋长及随员乘坐的飞机，在6架战斗机的护卫下，从拉包尔出发飞经布因，预定在4月18日上午9时40分在巴拉尔飞机场着陆。

9时34分，美军P-38机群经过两个多小时飞行后，已经到达了布干维尔岛莫依拉角，米歇尔率飞机一面以小角度爬升向岛西飞去，一面开始进行机炮和机枪试射，此时天高云淡，视野良好，根据计划11分钟后就将遇到山本了！

9时44分，美军发现绘有日本国旗的两架日机在战斗机的护卫下正在飞行中。日本零式战斗机的高度为2000米，发现美国机群后，加快速度驶往山本座机的前方。山本座机接到战斗机的通知后，急速下降向布因机场飞去。

一瞬间，美机群一齐向两架日机射击，一时间，枪弹声，机关炮声响彻晴空。山本和宇垣乘坐的两架飞机立即喷出火焰，一架拖着黑烟，栽进丛林中去。另一架飞机机翼被击毁，平滑着落进海里。

米切尔待机群回到基地后，立即向哈尔西报告：米歇尔率领的P-38机群于9时30分到达卡希利上空，击落有零式严密掩护的2架攻击机及3架零式，1架P-38没有返航。

▲山本五十六的葬礼

当天，美军太平洋舰队作战纪要中写道：日军联合舰队总司令，可能于今天在布因地区上空被P-38战斗机击毙。由于日本对山本的死讯一直保密，所以美军一直无法确定山本是否已被击毙。

山本座机被击落后，驻在布因岛上的第6师团在密林中查找了一天，傍晚终于发现了坠机残骸。山本五十六的左颚骨中弹贯穿，左肩中一弹，在机内身亡。当夜日军将山本五十六的遗体送往布因机场。日本当局严密封锁消息，"不许外界知道"。

5月23日，日本才正式向全体国民公告山本遇难的消息。

6月5日，日本在东京为山本五十六举行了国葬。

日军将山本之死列为"甲级事件"，并开始进行调查，日军也曾怀疑过密码被破译，就故意拍发草鹿任一中将前往前线视察的电文，作为试探，美军识破了日军的伎俩，在电文提及的时间和航线上，没有出现一架美机。因此日军认为密码绝对可靠，山本之死纯属偶然。就这样，日本依然没有发现密码被破译！

第六章

转折：决战斯大林格勒战役

一、厉兵秣马

残雪，希特勒心中的痛

1942年2月，位于柏林东北方向约650千米，是被称为"狼穴"的腊斯登堡，这里是阿道夫·希特勒的住处，同时也是第三帝国的战时大本营。

希特勒习惯于蝙蝠式的日常作息，他经常凌晨三四点钟睡下，早上10点多钟才起床，战争开始的最初几年，前线捷报频传，希特勒的心情很好，作息也很有规律，每天午后和深夜二点，他都邀请身边人员饮茶闲聊，一边欣赏里理查德·施特劳斯的曲子，一边放松一下疲惫的身体。

自从1941年冬，东线形势逆转，"狼穴"已很少举行这类茶会。希特勒很少再轻松地与人谈笑风生了。他的日常作息全打乱了，健康也受到很大损害。随从人员突然发现他们的元首面色苍白、脸变长了，走路也不像过去那样机敏有力。

希特勒的私人医生莫勒尔开始给他服各种药物，每天要注射不同的针剂。他入睡前还要吞下一大把安眠药，但这些天连安眠药都不起作用了，还常常突然头晕。

这一天凌晨4点，"狼穴"的主人仍然毫无睡意，他走出暗堡，带着他的法国阿尔萨斯种名狗贝尔到户外溜达。

希特勒来到户外，四周寒风凛冽，惨淡凄凉。他微驼的身躯不禁打个寒噤。暗堡的夜像墓地一样寂静，它的周围是一片森林，月光下越发显得幽暗恐怖。黑暗中希特勒不敢再独自行走，生怕绊倒，他的狗贝尔则活蹦乱跳着。

户外的清新空气使希特勒精神一振。此时他发现前面一棵树的底部残存的一堆尚未融化的积雪。这堆积雪在夜幕衬托下，闪着幽幽的白光，显得惨白刺目。

眼下，希特勒最见不得积雪，见到雪就会引起生理不适。面对这堆残雪，希特勒突然感到一阵头晕目眩，身体无力地倚靠在大树上。他的思绪也不由自主地回到了前一年冬季德军在莫斯科经历的悲惨一幕。

1941年6月22日，德意志帝国对苏维埃社会主义共和国联盟不宣而战，发动了军事史上最大规模的闪电袭击。

在德军的突然打击下，苏军节节败退，三个月内竟被击溃数百万，丧失了大量国土，面积可超过整个法国。9月，德军坦克已进逼莫斯科城下，希特勒欣喜若狂，在柏林的集会上得意地宣告："敌人已经被打倒，再也站不起来了。"

进攻莫斯科的台风战役打响后，德军乘胜追击，坦克兵团把苏西方面军和预备队方面军切割成两半。钳形攻势获得意外成功，德军又俘虏了苏军67万之多。德军指挥官的望远镜里已看到了克里姆林宫顶上的红星。

然而，战场风云瞬息多变。11月7日斯大林在纳粹军队大炮的威胁下，在红场检阅苏军，进行了一场激励演讲，并命朱可夫将军整顿莫斯科的防御阵地。从此，苏军士气高涨，抵抗变得更加顽强起来。

1941年11月，严冬开始降临。当德军向莫斯科发动第二次凶残进攻时，莫斯科发生了140多年未遇的寒流。此时，战局发生了戏剧性的变化。

因为这时德军士兵还穿着单薄的夏装。成千上万的德国人在凛冽的寒风中被冻死冻伤，更可怕的是连坦克也发动不起来，大炮无法瞄准，机枪和其他自动武器几乎全部失灵，德军士气降到了最低点。

当苏军顶住了德军进攻后，立刻从远东调来精锐部队，苏联红军的坦克冲垮了德军阵地，屡战屡胜的德国人首次尝到失败的滋味。俄国战场传来的不祥消息，总是听到前沿指挥官的抱怨和要求撤退的请求，希特勒本能地意识到，在冰天雪地中撤退会一败涂地。

一天，希特勒得知有一个师正在溃退，他立刻接通了这个师指挥所的

第六章　转折：决战斯大林格勒战役

电话。"我的元首，我们再也守不住了，苏联人密密麻麻地向我们进攻。我们的机枪不停地扫射，前边的人倒下了，后边一群群的敌人又冲上来了。我们再也守不住了，士兵的神经受不了了，该撤退了。"几百千米以外的冰天雪地里传来了沮丧和绝望的乞求。

希特勒气恼地问："先生，你想往哪里撤退啊？撤多远啊？""啊，我也不知道。"对方惊慌失措地回答。

希特勒勃然大怒："再后退几十千米也是一样冷。撤退能带走重型武器吗？不能带将来怎么打仗？什么？你没有选择余地？那么好吧，你一个人回到德国，把军队给我留下，我来指挥。""啪"的一声，希特勒愤怒地扔掉了话筒。

不久，希特勒对在冰天雪地中的德军士兵下了"不准后撤"的死命令，凡是稍有异议的将军都被他撤了职，最后陆军总司令勃劳希契也被从岗位上赶走了。一不做二不休，希特勒索性自己当了陆军总司令。

1942年1月底，苏军的攻势减退了，德军的阵地稳定了下来。

狗的吠叫声把希特勒从回忆中惊醒。他知道再过个把月冬雪就融化了，道路也变干了，该对苏联人发动新的攻势了。"1942年一定要在东线结束战事"，他喃喃自语道，眼睛露出了残忍的凶光。

敌我双方大备战

苏德战争初期，苏联的航空兵在技术上处于劣势，被德国空军所压制，使得德军装甲部队快速推进了苏联境内。但因苏联的公路网很原始，道路条件太差，德军部队严重受阻。德军部队的机动主要依靠轮式车辆，并非履带式车辆。在泥泞的公路上，坦克能够前进，但轮式车辆很快就陷进去了。

1941年时，德军的坦克比不上苏军的T-34坦克。T-34坦克装甲厚50毫米，装备76毫米高速火炮，越野能力很强。德军接近莫斯科时，苏军大量使用了T-34坦克。这些坦克在莫斯科保卫战中起到了很大的作用。

在莫斯科保卫战结束时，德军损失很惨，用闪击战征服苏联的计划完全破产了。德国损失了大批最有素质的军官和士兵，特别是坦克兵和飞行员。

尽管德军被苏军击退了100~250千米，但莫斯科的局势仍然紧张。城

第二次世界大战全史

▲德国运输队正在利用畜力渡过一条俄罗斯的河流。面对即将到来的冬季,部队后方的补给显得尤为重要。

市上空飘浮着很多防空气球,高射炮林立,城里到处是弹坑。

1942年春,苏德两军都急需休息,同时也都在积极备战,准备发动更大规模的战役,以夺取战争主动权。

苏军尽管获得莫斯科保卫战和冬季反攻的胜利,但苏军兵员、坦克和飞机的损失比德军更大,短期内组建和训练新的部队困难很大。在美英等国的援助下,苏联军工生产恢复到了战前水平,苏联有1.6亿人口,使组建庞大的战略预备队成为可能。

1942年春季,身兼德军陆军总司令的希特勒正在忙着制定德军的夏季攻势。他明白,仅凭一次战役就摧毁苏军是不太现实的。因为他估计苏军至少拥有265个步兵师。而事实上,苏军的实力远远不止这个数字。希特勒还预计英军很可能会在1943年登陆欧洲大陆,因此,他认为德军必须在1942年征服苏联。

于是,希特勒要求德军在南线发动进攻,必须夺下高加索的油田,而苏联定会不惜一切代价保卫油田的。德军如果拿下了这些地方,就能够使苏联失去作战急需的石油、粮食和工业,同时使德国得到这些物资。

斯大林也说过类似的话,为了把战争继续下去,苏联必须保卫高加索的油田。斯大林格勒一下子变得重要起来,其原因就是石油。

如果德国占领斯大林格勒,就能够封锁通过黑海和伏尔加河向苏联中部运送石油的主要路线。德国急需石油发动飞机、坦克、卡车,急需新兵来补充部队。

冬季作战结束时,德军伤亡116万人,预备部队难以弥补如此大的损失。

希特勒深感兵力不足,他向轴心国征召部队。凯特尔奉命到布达佩斯

第六章　转折：决战斯大林格勒战役

和布加勒斯特，为夏季攻势征召匈牙利和罗马尼亚军队，整师整师地征募。

1942年1月底，戈林来到罗马，要求意大利为德国提供部队。他向墨索里尼保证说，德国在1942年就能征服苏联，在1943年就能征服英国。墨索里尼答复说，只要德国出大炮，意大利就派两个师去苏联作战，并说需要跟希特勒直接谈一谈。

4月29日到30日，德、意两国首脑在萨尔斯堡举行会谈。墨索里尼、齐亚诺和随从人员住在巴罗克式的克莱斯汉姆宫殿，宫殿内布置了从法国运来的帷帘、家具和地毯，足见希特勒对这次会谈的重视。

会谈时，希特勒让里宾特洛甫请两位客人放心，在苏联、北非、西线和公海上，德军的攻势很顺利。希特勒透露，东线就要发动大的攻势，矛头直指高加索油田。里宾特洛甫说："只要苏联石油来源切断，苏联就会投降了，然后英国也将投降，以求保全支离破碎的英国殖民地……最后再收拾美国佬。"

希特勒话说得也很多，他没完没了地吹着牛。墨索里尼一向习惯自己发言，但这一次却不得不忍着。墨索里尼总是看着手表，尽量耐着性子。约德尔在沙发上睡着了，凯特尔离希特勒很近，他直打瞌睡却不敢睡着。

希特勒的演说总算得到了回报，墨索里尼承诺向苏联战场提供足够的部队。其他的轴心国也和意大利一样，对希特勒做出了承诺。

这样一来，轴心国将有52个师进入苏联战场，其中，罗马尼亚27个师，匈牙利13个师，意大利9个师，斯洛伐克2个师，西班牙1个师。这52个师占东线轴心国兵力的四分之一。

哈尔德等大多数军官反对把希望寄托在"外国"师上。他们说，那些外国部队的素质是靠不住的。但德国兵力不足，只能被迫接受外国援兵，这一决定很快就给即将到来的战争带来副作用。

罗马尼亚人与匈牙利人有仇，两国士兵互相敌

▲意大利菲亚特G.55人马座战斗机。作为轴心国集团的主要成员之一，意大利在德国兵力不足的时候"慷慨解囊"，甚至出人出力出装备。

视。希特勒感到很头疼，下令禁止罗马尼亚军队与匈牙利军队接触。意大利和匈牙利士兵则感到自尊心受到了伤害，他们对本国部队接受德国人指挥十分不满，更反感德军派人充实他们的部队。

在东线作战的德国官兵发现，轴心国部队的战斗力极低，依靠他们的结果是可怕的，同时也给德军的后勤工作带来巨大的压力。但希特勒却认为部队越多越好，在这之后，东线作战地图上标明的轴心国部队的数字大增。

希特勒的战争密令

在战争年代，希特勒虽然是德国的政府总理，但他几乎不过问军事之外的事务，而是把国内大部分事务分别交给了戈林、希姆莱和里宾特洛甫等人，他有意识地让自己担任一个新角色——元首，即国家的军事领袖。

这就是为什么他总是对人说："只要我们还在打仗，我就不能脱下这套军装。"为此，他还经常穿着一身单调的灰色制服、黑裤子、鸭舌帽，并且佩带着铁十字奖章，甚至取消了一切娱乐活动。

据说有一次，希特勒的情妇爱娃·勃劳恩邀请他去看一场电影，也被他拒绝了。他说："我必须节省眼力，好用它来看地图和公文。"希特勒的住处挂满地图，他的身前身后总跟着一批将军，每天听取汇报，随时有年轻干练的副官听候调遣，他们常常被元首指使得团团转。

中央集团军群和北方集团军群作牵制性攻击，迷惑敌人，使希特勒更加自命不凡，他相信自己是一个军事天才。实际上希特勒的军事信条很简单，他信奉两点：第一是克劳塞维茨的名言，"进攻是最好的防御"；第二，拒绝任何形式的军事撤退。所以在

▲希特勒视察德国海军，此时的希特勒仍坚定地相信，他的大军能最终战胜一切敌人。

德军战线后方很难找到一条预备性的防线。靠这两条，希特勒竟然一次次躲过了灾难。

1942年，当苏军的攻势停止时，希特勒相信一场大规模的进攻将决定战争的最终结局。

1942年3月28日，在与墨索里尼会谈一个月前，希特勒在"狼穴"召开一次秘密军事会议，出席会议的有总参谋长哈尔德将军及各大军团的指挥官。

作战令中有明确规定，目的是消灭苏联人。下午二时，希特勒走进挂有大幅作战地图的会议室，长桌周围的元帅、将军们都恭敬地起立致意。副官小心翼翼地为他挪开椅子。希特勒坐下，环视一下目光专注于自己的部属，开口说："各位，去年冬天的麻烦已经过去。战争主动权还在我们手中。这一次我们不能让苏联人靠严冬的积雪苟延残喘，在今年夏秋两季给斯大林致命的打击，这次作战我们要集中在南方，进攻高加索，夺取那里的油田为我所用。另外，我们还要占领顿涅茨盆地工业区、库班小麦产区和斯大林格勒。"

简要介绍了今年的作战目标后，希特勒站了起来，握了握拳头，提高了嗓门："先生们，我们占领了高加索和伏尔加河流域，把斯大林格勒从地球上抹掉，战争也就结束了。"

希特勒讲完后，室内反应并不热烈。希特勒不满地皱着眉头，这时陆军上将哈尔德走向地图："诸位，今年夏秋攻势在41号作战令中有明确规定，目的是消灭苏联残余势力，切断他们的战争资源。我们要以假象迷惑敌人，达到出其不意的效果。"

接着哈尔德又向将领们详细介绍了这次作战的计划与军事力量，担任主攻的南方集团军群的兵力增至100个师，下编5个集团军，1500架飞机配合作战。

整个战役分两个阶段进行。第一个阶段：首先实施克里木战役和哈尔科夫战役，由曼施坦因上将指挥的第18军团在4~6月攻占刻赤半岛和塞瓦斯托波尔要塞。

同时，由保卢斯率领的第6军团和克莱施特带领的集团军在哈尔科夫展开强大攻势，为进攻高加索和斯大林格勒做准备。

7月份正式开始第二个阶段：北路由曼施坦因攻打列宁格勒；重点是

中路和南路，进攻高加索，夺占油田；进攻斯大林格勒，围歼顿河以西的俄军。目的是将斯大林格勒置于我军重武器杀伤范围之内，使敌人无法再把它作为工业中心和交通枢纽。

哈尔德刚说完这席话，将军们就开始窃窃私语议论起来。马上有人提出夺取高加索油田付出的代价太高，还有人怀疑是否有足够的人力和弹药执行长距离的进攻计划，甚至连戈林对夏天能否打败苏联都表示没有把握。

将军们的担忧正是因为莫斯科战役惨败后留下的阴影。从那以后，他们对战争狂热的信心开始减退。希特勒不满地扫视了四周一眼，大战在即他不便发作，便振作精神说道："先生们，我们已经征服了连拿破仑都没有征服的恐怖的冬天。它再一次证明我们帝国的士兵是世界上最勇敢的士兵，它足以摧毁布尔什维克，使敌人丧胆。"

讲到这里，希特勒想起莫斯科会战后从内部看到的一部录像片，成群结队的德军俘虏，头上缠着头巾，身上挂着取暖的破布，鼻尖下还挂着一串串冰碴。

想到这，他停顿了一下，沉重地对在座的将军们说："这次我们要吸取教训。各军团在攻打顿河、伏尔加河流域时，要沿河挖地掘坑建造冬季营房。到了10月，让士兵都住进冬季营房里。"

这时，众将领眼中都流露出赞许的神色，希特勒心中生出一种激动，他有一种预感，这次会战一定会顺利展开。于是，他满意地说："这次作战，对第三帝国生死攸关，要特别注意保密，让对方造成错觉，保证会战胜利。"

二、大战拉开序幕

战斗在一座不知名的村子打响

1942年7月，苏德战火燃烧到了伏尔加河畔。成千上万的德军坦克一股旋风从哈尔科夫向顿河弯南部刮来。坦克所到之处皆是熊熊烈火，横尸遍野，瘟疫肆行，到处布满了鲜血、死亡、痛苦和仇恨。

大量的德军坦克轰鸣着冲垮了苏西南战区的层层防线，如同决堤的江河，在草原上肆意横行。这一带没有高山峻岭，铁木辛哥的部队已无法阻

第六章 转折：决战斯大林格勒战役

挡。德军向斯大林格勒扑来。环城河伏尔加似乎在叹息、呻吟，在为斯大林格勒担忧，为苏联的命运担忧。

同一时刻，在莫斯科克里姆林宫。新任总参谋长华西列夫斯基上将正焦虑地向斯大林汇报战局，他困乏的双眼因睡眠不足黯无光泽。斯大林听着汇报，手里拿着烟斗在屋内缓缓踱步，前方的战报让人压抑、沮丧，甚至惊愕。三个月前，斯大林对战局充满乐观、自信，岂料战场形势逆转，冬季期间节节败退的德军突然如潮水般涌来，从克里木到哈尔科夫，苏军全线溃退。

斯大林后悔莫及，陷入沉思中。他居然没有判断出希特勒夏季攻势的主要方向。现在斯大林格勒危在旦夕。"斯大林同志"，华西列夫斯基打断了他的沉思，向他介绍起斯大林格勒的防御状况。

斯大林不敢再想下去。他斩钉截铁地说："斯大林格勒无论如何要守住，要不惜一切代价阻止德军前进。"斯大林作出了命运攸关的决定：组建斯大林格勒方面军，将驻守莫斯科的预备队调往斯城。

一道道命令从克里姆林宫发往各地：7月4日，第5预备集团军司令员接到命令："集团军任务是固守顿河东岸，无论如何也不能让敌军渡过顿河。"

7月9日，第64集团军代司令员瓦西西·崔可夫中将奉命率部前往斯大林格勒加强防御。

7月11日零时20分，第62集团军B.R.科尔帕克奇接到命令，要求该集团军火速进抵该市接近地，在克列茨卡亚至苏诺维基诺设置防线。

7月12日，大本营命令组建斯大林格勒方面军，铁木辛哥元帅担任司令员。方面军的任务是固守顿河沿岸，从巴甫洛夫斯克至上库尔莫

▲1942年7月，为了阻止德军进攻斯大林格勒，罗科索夫斯基将军下令在顿河东岸建立防线，有效抵挡了德军的攻势。

亚斯卡亚 500 千米长的防线。

在组建斯大林格勒方面军之前，这里只有两个集团军，约 16 万人，2000 门大炮，400 辆坦克，454 架飞机。而参与进攻的德军拥有 6 个主力军、2 个坦克军、27 万余人，3000 门大炮，500 辆坦克，还有德第 4 航空队 1200 架飞机的空中支援。

7 月 14 日，苏联最高苏维埃主席团通过决议，宣布斯大林格勒进入战争状态。

危如累卵的时刻来临了。铁木辛哥元帅随着溃退的苏军向伏尔加河畔撤去时，心里是多么不情愿，心中充满了悔恨和内疚。当接到最高统帅任命他担任新组建方面军司令时，铁木辛哥非常感动，暗下决心，拼死也要顶住德军的进攻。

新组建的方面军在各级指挥员的努力下，开始向指定地域开拔。他们昼夜向伏尔加河奔去、向顿河草原奔去。每当天空出现德军飞机，他们就地待命、养精蓄锐，一走进伏尔加河畔，他们就按照命令，消失在茫茫的顿河草原里。

最先进入阵地的是科尔帕克奇少将指挥的第 62 集团军，该集团军防守着从顿河大弯曲部的克列茨卡亚至苏诺维基诺约 90 千米的防线。部队一到，科尔帕克奇马上对阵地实施观察。他站在一座小山岗上，通过望远镜观察着周围的地形。他发现苏军大部分阵地设置在光秃秃的草原上，没有利用周围河流沟谷等天然屏障。这一地形对防守极为不利，却有利于德军发挥空中和坦克优势。

科尔帕克奇不由地深深担忧起来。他不知道其他部队准备状况更糟。第 64 集团军还在由图拉向斯大林格勒进军的途中。

战争爆发以来，斯大林格勒由于地处后方，一直远离战场。直到 1942 年 4 月 22 日夜晚，敌机第一次大规模空袭了这座城市。随着夏季来临，前线不时传来令人不安的消息，斯大林格勒开始动员起来。当局发现该城防御状况极糟。原先没有系统修筑过城防工事，已修筑的防坦克战壕和火力点也被雨水淹没冲垮。

为了提高战争的防御能力，1942 年 6 月，斯大林格勒开始沿城修筑环形野战工事。市民们积极响应，成千上万的工人刚下班就跑到城外挖战壕。到 7 月中旬，挖掘了简易战壕 2750 千米，防坦克壕 1860 千米。7 月 15

第六章　转折：决战斯大林格勒战役

日，斯大林格勒政府决定在城郊构筑第四道防御战壕。然而，没等工人们把简陋的壕沟挖完，战斗就打响了。

7月17日拂晓，苏第62集团军第192师第676团在顿河草原与德军第6军团的先遣部队在一个不知名的村子相遇了。双方的战斗就在这里打响了。德国的坦克军首先围了上来。苏军战士依仗地形进行顽强抵抗，德军看战局不利，又投入了增援部队，甚至连飞机都赶来助威。眼看被包围，苏军开始向后撤退，潮水般的德军向顿河大弯南部涌来。

这场规模不大的遭遇战揭开了斯大林格勒大会战的序幕，后来，演变成影响第二次世界大战进程的一次转折性战役。斯

▲德军动用迫击炮打击苏联红军。迫击炮作为一种高效的武器，具有超轻便、火力强、射程远等优点。

大林和希特勒就是从这一天起把各自越来越多的部队投入到这场旷日持久的血战之中，可以说是这个不知名的村子决定了苏德双方的命运。

"苏军全线崩溃了"

在夏季攻势中，希特勒当作决战来打，进展颇为顺利。为了彻底击溃斯大林，希特勒决定将他的大本营"狼穴"迁往靠近前线的苏联境内乌克兰行营。

1942年7月16日上午8时15分，希特勒带着随从兴致勃勃地登上飞机。飞机飞行了3个小时后在乌克兰维尼察降落。"克庞伯"轿车把希特勒一行送到一座代号"狼人"的暗堡。

希特勒很不适应环境潮湿的新营地，白天酷热，夜里气温骤降。他抱怨这里蚊虫太多。1942年7月17日，保卢斯集团军向斯大林格勒发起进攻，军队进攻颇为顺利。前线不断传来的好消息缓解了希特勒休息不好导致的情绪沮丧。因此，他高兴地对秘书说："用不了多久，我们就可以离开这个鬼地方。"

德军进展的确十分顺利。陆军总参谋长哈尔德的工作日记，记录了德

▲德军第6集团军总司令保卢斯正在研讨作战方案。战争开始的一连串胜利让一贯沉着冷静的保卢斯也开始头脑发热，准备与苏军在斯大林格勒一战定乾坤了。

军向前推进的辉煌战绩：

"7月13日：南方战役的发展势不可当。"

"7月16日：会议讨论了即将开始的斯大林格勒会战的设想。"

"7月18日：元首在今天的报告里发布最高命令，要求全线强渡顿河，开始夺取斯大林格勒的战役。"

"7月20日：第6集团军胜利地向东南方向推进……"

"苏军全线崩溃了……"当时驻柏林的瑞典记者佛雷多尔格对局势作出了这样的评价，同样在德军最高统帅部中也充满了这种情绪。

这时，希特勒认为苏军已无力抵抗，斯大林格勒可以垂手可得，不必在此使用重兵了。

7月23日，希特勒不顾军事将领们的反对，决定让霍特指挥的第4装甲集团军帮助A集团军群进攻高加索。因为他认为苏联人快要完了，攻打斯大林格勒只需保卢斯集团军就行了。

本来，在希特勒的计划中，高加索的战略地位优于斯大林格勒。高加索油田是苏联战时经济的基础。占领高加索等于切除了苏军的战争资源，德军坦克则会得到一直迫切需要的燃料。更重要的是德军越过高加索，德意两军就会携手共同占领英国统治下的中东，并迫使摇摆不定的土耳其对苏作战。高加索的目标关系到轴心国的全球战略。

此刻希特勒认为德军能同时实现这两个目标，便兵分两路展开进攻。高加索和斯大林格勒由最初的主次、先后变为同样重要了。

希特勒发布了第45号训令，这个训令要求A集团军群加速向高加索方向进攻，要求B集团军群从北面急速夺取斯大林格勒、阿斯特拉罕，并在伏尔加河地区巩固下来，切断高加索与苏联中部地区的联系。

这样，在斯大林格勒方面，德军只剩下保卢斯率领的第6集团军了。

保卢斯，黑森人。他为人谦逊，办事认真，但过于谨慎，优柔寡断。他不贪图功名，但缺乏那种紧要关头作为杰出指挥官所必需的坚定性格，

第六章　转折：决战斯大林格勒战役

且没有多少指挥经验。

1940年被选至参谋总部任重要职务，后任副参谋总长。1942年1月，保卢斯晋升为上将，并出任德军第6集团军司令。

保卢斯较寒微的出身与谦恭的言表，受到纳粹党的青睐。他对哈尔德一贯敬重并有浓厚的友情。哈尔德曾说保卢斯沉着冷静，其实不如说是消极被动。他与哈尔德一样生来就是唯命是从的人。希特勒准确地估计到他一贯服从的特点，因而选择他作为自己在行政与军事方面的重要心腹。

保卢斯是个勤勉有才干的军官。他所做的大部分工作都是希特勒亲眼看着完成的。希特勒显然很器重他，因为仅在11个月中，他就由中将迅速晋升为上将。

希特勒在即将发动夏季攻势时，对保卢斯说："如果我拿不到迈科普和格罗兹尼的石油，那么我就不得不结束这场战争。"哈尔科夫战役后，第6集团军士气旺盛，攻城拔寨，不到一个月就打到伏尔加河畔。

17日德军与苏军交火后，苏军立刻溃退了，作战行动按计划顺利进行。一周内，第6集团军已将顿河弯曲部的苏第62集团军包围，进抵到卡拉奇地区，距斯大林格勒市区只剩150千米了，也许不出几天就可以结束战斗。

7月22日晚上8时，德国第6集团各军司令官已准时到达司令部作战室。保卢斯微笑着走了进来，清了清嗓子，高声地说："先生们！刚刚收到元首签署的第45号作战命令。元首命令我们B集团军群的任务是，在向斯大林格勒推进的过程中建立起顿河防线；击溃正在组建的敌兵力集团，占领该城；封锁顿河和伏尔加河之间的桥梁以及河流。下面由施密特布置具体任务。"

▲德军列队经过卡拉奇地区的一所教堂，一场激烈的攻坚战正在积极准备中。

施密特少将开始布置具体任务："为了抢在苏军后备军赶来之前夺占该城，我集团军分成两个突击集群。北部集群由坦克14军、步兵第8军（后来还有17军）组成，位于佩烈拉佐夫斯基；南部集群由步兵51军、坦克第24军编成，位于奥勃利夫斯卡亚地区。7月23日，两集团军在顿河大弯曲部内沿顿河河岸向卡拉奇推进，在该地区会师，强渡顿河，夺占斯大林格勒。"

待施密特布置完任务后，保卢斯站了起来，鼓动说："先生们，攻打斯大林格勒是我集团军历史上最大的一次攻坚作战。我们必须明白，苏联人已危在旦夕，只要再来一次果断的冲击，他们就垮了。快去准备吧，你们动作要快、要猛！"

7月23日拂晓，顿河右岸的上布律诺夫卡、马诺伊林和卡缅斯基一带响起激烈的枪炮声。德军北部集群以优势兵力向苏第62集团军右翼阵地扑来，苏军奋起迎战。

在第62集团军近卫军第33师第84团的防御地域内，防坦克枪手博洛托、萨莫伊洛夫、别利科夫和阿列伊尼科夫所在的排，守卫在克列茨卡亚以南的一个山冈，经过残酷的战斗，只有他们4人幸存。

又一次战斗结束了。他们4人整修好工事，隐蔽在阵地前。突然又一阵坦克的轰鸣声响起来了。只见一群坦克黑压压地开了过来。"一共30辆"，别利科夫迅速数完坦克数量，给大家分配了任务。他们不动声色，将反坦克炮瞄准了远处的坦克群。德军坦克开始展开队形，准备向山冈发起冲击。

德国兵见山冈上没有动静，全都打开坦克顶盖，将半截身子暴露在外面。坦克越来越近，博洛托瞄准行进在最前面的一辆，扣动了反坦克炮的扳机。随着"轰"的一声巨响，坦克颤抖了一下，冒起一股黑烟。

紧接着，别利科夫瞄准第二辆坦克扣动了扳机！另外两位英雄也是首发命中，各击毁一辆坦克。稍后，博洛托和别利科夫又各瞄准一辆坦克，连开数枪，将两辆坦克打得趴在那里燃烧起来。

德国人发怒了。轰炸机开始轮番轰炸，把小土冈炸得树黑土焦。德军坦克向山冈凶猛地扑来。4位英勇的战士沉着应战，机动灵活，打一枪换一个地方，又连续击毁了数辆坦克。

敌人终于退走了。山冈附近留下15辆燃烧的坦克。

第六章　转折：决战斯大林格勒战役

次日，德军一个营出现在第 192 师司令部。苏军师长扎哈尔琴科上校立即组织参谋人员反击。扎哈尔琴科率领 20 余位师部参谋边打边退。这时，一架德国飞机从低空飞来了。扎哈尔琴科端起机枪对空就是一阵猛射，德机被击中油箱凌空爆炸。扎哈尔琴科却被落下的炮弹当场炸死。这一天苏第 192 师伤亡过半。

▲德国虎式坦克，"二战"中火力最强、装甲最厚的坦克之一。

7 月 24 日夜，德军北部集团军群突入第 62 集团军的防御纵深，双方发生激战。德军最后突破了第 62 集团军右翼，并包围了布置在右翼的苏步兵第 184 师、192 师、近卫步兵 33 师、坦克第 40 旅和 3 个炮兵团。

苏军战士冒着飞机和炮火的轰炸，向德军发起了英勇的反击。德军凭借飞机和坦克的优势，突破了第 62 集团军的防御正面，渡过顿河，从北面深入纵深包围第 62 集团军的左翼。第 62 集团军的处境越来越困难。此刻，苏军第 64 集团军同样在困境中抗击着进攻的敌人。

8 月 23 日：最危急的一天

8 月 23 日上午 9 时，叶廖缅科上将正在与指挥部的参谋人员研究战场情况，突然接到空军第 8 集团军参谋长谢列兹涅夫的电话。"据歼击机飞行员侦察，小罗索什卡地域正在激战。敌人两路坦克纵队及载满步兵的汽车纵队，正向斯大林格勒开来，先头纵队已到达小罗索什卡防线。敌航空兵分成数批轰炸我军部队，为其坦克和汽车纵队清理道路。"谢列兹涅夫报告说。

"命令你集团军的全部飞机立即起飞，向敌坦克纵队和摩托化步兵实施强有力的突击！"叶廖缅科大声命令。

此时，叶廖缅科找来方面军汽车装甲坦克兵主任什捷夫涅夫和方面军作战部长鲁赫列少将，向他们介绍了新情况，并命令立即将预定进行整编的两个坦克军的余部组成一个集群，交由什捷夫涅夫指挥，担负阻止敌坦克和摩托化步兵从西北方向突向斯大林格勒，并准备实行反冲击。

但是，这两个坦克军只有25辆坦克。他们正在商议着坦克集群突击的具体方案，电话铃声又响了，方面军通信主任科尔舒夫少将报告："在科特卢班车站附近，敌人坦克击毁我军用列车，正向斯大林格勒前进。"

▲苏军在斯大林格勒外围展开阻击，与德军进行殊死搏斗。

话音刚落，卫戍司令兼第10师师长萨拉耶夫上校走进指挥部。"敌人的坦克距斯大林格勒只有14~15千米，正向城市北部全速推进。"斯大林问道："你采取了什么措施？"

"我已向两个团发出做好战斗准备的号令，要求他们务必和驻守在该地区发射阵地上的防空部队各炮兵营营长取得联系，并命令将预备团从米宁郊区调往街垒工厂地域。"

不一会儿，叶廖缅科又接到东南方面军司令员戈尔多夫中将的电话，"敌人已占领了京古塔车站和第74千米会让站，我们正在采取措施准备向京古塔实施反冲击。"

指挥部电话铃声不断，一个又一个不妙的消息接踵而来："敌坦克和摩托化步兵已经突进到奥尔洛夫卡以东，第10师第282团正与敌展开激战。"

"敌人的坦克已经接近拖拉机厂。有几发炮弹落在了厂区，工厂十分危险，我们准备把一些重要设施炸毁。"……

苏联最高统帅部发来了训令："现在没有援兵，你们只能用现有的兵力消灭突入的德军集团，最重要的是不要惊慌失措，不要惧怕无耻的敌人，要相信我们一定会胜利。"

到了下午，形势进一步恶化。一阵阵凄厉的防空警报在斯大林格勒上空响起。德军出动2000架次飞机，对斯大林格勒进行毁灭性轰炸。无数炸弹、燃烧弹从斯大林格勒上空落下。

8月的斯大林格勒酷热异常，当德军轰炸时正刮大风，风助火势，一条条火龙吞噬着一座座房屋、一条条街道。成千上万座建筑倒塌。斯大林

第六章　转折：决战斯大林格勒战役

格勒成了一片火海。

在伏尔加河岸上，被炸毁的储油池烟熏火燎，黑压压地连成一片。燃烧着的石油四处流淌，石油不断注入伏尔加河，码头也起了火，港口停泊的轮船被烧毁。濒死的人在呻吟，妇女和儿童悲惨地哭泣和呼救。灾难和死亡的阴影笼罩着斯大林格勒的每一个家庭。

空袭半小时后，斯大林格勒与莫斯科的通信联络中断，机要秘书头戴耳机不停地呼喊，但无论如何也听不到最高统帅的声音。指挥部的空气凝固了，人人都感到了巨大的压力！

叶廖缅科站在电话机旁，通讯联络依然不通，无法得到最高统帅部与部队的声音。怎么办？如果不能尽快遏制德军的攻势，斯大林格勒沦陷就不可避免。他迅速拿出了应急方案，派专人将命令送到各部队。

根据指挥部的命令，苏军的歼击机几乎全部起飞，与德军飞机在空中展开了激烈的搏斗。大约500门高射炮对德军飞机发出怒吼。一架架德军飞机冒着缕缕黑烟，栽落到地面上，响起刺耳的爆炸声。

23日，德军一共有120架飞机从斯大林格勒上空坠落。坦克第23军在斯大林格勒西北郊展开了英勇的防御战。195辆T-34坦克全部展开，与进攻的德军坦克和摩托化步兵厮杀起来。它们有力地阻止了德军坦克的前进。

拖拉机厂区的战斗警报拉响了，由工人组成的歼击营迅速集合起来。他们中的绝大多数人是从车间和工作岗位上直接赶来的，不少人手上沾满了机油，连工作服都没来得及换。拖拉机厂是苏联生产坦克的重要军工厂，如果工厂被毁或落入德军之手，后果将极为

▲一个德军炮兵小组在刚刚攻下的城镇中推进。对德军来说，攻陷一座城池，战斗远未结束，最令他们头疼的是永无休止的巷战。

严重。工人们扛起步枪和机枪，驾驶着刚刚从车间传送带上下来的坦克，英勇地驶向战场：他们与坚守在这里的苏军坦克第99旅一起，组成了坚强的防线。

在紧急关头，斯大林格勒的人民，首先是工人，纷纷拿起武器，和军队一起，奋起保卫自己的城市。面对训练有素的德军士兵，工人民兵毫无惧色，他们用生命坚守着自己的岗位。

小罗索什卡战斗异常激烈。苏62集团军87师179团的33名战士，驻守在无名高地顽强地抗击德军的进攻。

德军离阵地越来越近。叶夫季费耶夫一声令下，反坦克兵器一齐射向冲在前面的坦克。数辆坦克一下就被击毁了，但其余的德军坦克很快冲到阵地前，卡利塔上士将一个燃烧瓶抛了出去。德军一辆坦克冒着浓烟，不一会儿就瘫痪了。

卡利塔用这种方法又摧毁了两辆坦克。守在阵地上的苏军信心大增，纷纷拿起了燃烧瓶。这一天，33名勇士竟打死了150多名德军，击毁27辆坦克。苏军只有一人负轻伤。

当晚，叶夫季费耶夫接到命令，向冲进苏军阵地的德军实施反击。斯大林格勒方面军副司令科瓦连科少将指挥组织了这次反击。反击部队共3个步兵师、1个坦克旅、1个坦克军，任务是针对德坦克14军形成的长60千米、宽8千米的走廊。这条走廊的出现，切断了苏军两个方面军的联系，对苏军极为不利。

当天晚上，苏军坦克集群悄悄逼近德军阵地。随着炮声轰鸣，战斗打响了。科瓦连科指挥的突击集群兵分两路，一路受挫，另一路进展顺利，于24日凌晨2时冲进了大罗索什卡地域，切断了德14军后勤供应车队。结果双方损失都很惨重，但苏军达到了自己的目的。

8月23日24时，斯大林格勒与莫斯科恢复了联系，华西列夫斯基汇报说："……城南德军占领了京古塔车站、会让站。城北德军已进抵斯大林格勒北郊，在那里被阻后，向斯大林格勒拖拉机厂进攻……敌军航空兵猛烈空袭斯大林格勒，城市处在火海之中。伏尔加河水上航道和供应我军给养的铁路线均遭严重破坏。"汇报结束时，华西列夫斯基强调一句："形势万分危急，但斯大林格勒仍然在我手中。"

8月23日这一天对于斯大林格勒人来说，总算结束了。

8月23日，是斯大林格勒极为困难的一天。

但这一天也表明：苏联人民的顽强精神和英雄气概、沉着坚定和无比勇敢的战斗意志和必胜的信心，是任何力量也战胜不了的。

三、浴血苦战

朱可夫来到斯大林格勒

由于德军已经前出到伏尔加河，斯大林格勒的形势极为严重，而且日益恶化。经过几日激战，德军突破了顿河防御，主力渡过顿河，正向市区推进。在敌军逼迫下，苏军从斯大林格勒外围撤了下来，斯大林格勒已成为一片废墟。形势在不断恶化！

8月24日24时整，斯大林格勒进入戒严状态。

8月26日，城防委员会向全体市民发出修筑街垒的号召，斯大林格勒进入临战状态。

8月27日，格奥尔吉·朱可夫元帅奉命离开西方面军飞赴莫斯科。

晚9时，在克里姆林宫的斯大林办公室，脸色忧郁的斯大林对匆匆赶来的朱可夫说："碰上难关了。德寇可能占领斯大林格勒，高加索战局也不妙。"

斯大林接着说："国防委员会刚作出决定，任命你为最高副统帅，负责斯大林格勒防卫。"然后用期待的目光看着朱可夫，决然地说："我们不能丢掉这座城市。"然后郑重其事告诉朱可夫，他已被授予全权，可以调动城内两个方面军、空军及其他部队，还有机动集

▲朱可夫元帅正在研究作战方案。作为"二战"期间最著名的军事将领，他总能及时出现在形势最危急的战场，并扭转战局。

结兵力的大权。

8月29日,一架飞机从莫斯科中央机场起飞。朱可夫透过舷窗,望着一簇簇白云,陷入沉思。

战争时期,一个驾驭千军万马的统帅,他的荣辱与战场上的胜败休戚相关。每当战局危急,斯大林总是想到他,先是到列宁格勒接替伏罗希洛夫元帅,后又到处于危难中的莫斯科组织防御,现在斯大林格勒又岌岌可危。

难以预料的战局又使胜与败只隔一层纸,关键是能否捕捉住转瞬即逝的战机。他感到肩上责任实在太重,如果不能扭转战局,他真有点不寒而栗。

斯大林明确告诉他,非他莫属,大本营和总参谋部也这么认为。这对驰骋疆场的将帅来说是多大的荣耀。在旁人眼里,这已经是军人最高的荣誉了,他当然也免不了有一种虚荣心,但眼下不能想自己太多。

朱可夫具有刚强的性格,从不怨天尤人,患得患失。很快他就从疑虑不安中解脱出来。早年他就矢志报效祖国,先在沙皇军队里当士官,后来在红军中当排长、连长、团长、师长、军长,青云直上。

朱可夫暗下决心:宁可死在两军对垒的战场,也不平庸地度过一生。4小时后,飞机降落在斯大林格勒。朱可夫充满自信地走下飞机,登上来接他的"艾姆"牌越野车。

朱可夫在斯大林格勒方面军司令部小伊万诺夫卡一下车,华西列夫斯基第一句话就问:"什么时候进攻?"

朱可夫诧异地问:"哪儿来的消息?"他直接走向布满作战地图的长桌:"看来,战士们士气很高噢。"

华西列夫斯基笑着说:"前沿流传一句格言:朱可夫大将一到,进攻就开始了!"

真正的恶战开始了

斯大林格勒原名察里津,它是一座极其繁荣的城市。当时,它不仅是伏尔加河畔重要的贸易中心,而且是连接罗曼诺夫王朝最北端与最南端的交通枢纽。此外,它还是1917年俄国十月革命,红军决定性地战胜邓尼金的白军的战场之一。

第六章　转折：决战斯大林格勒战役

1924 年，革命导师列宁逝世，斯大林格勒被苏联当局指定为苏联革命历史的重要标志和样板城市。斯大林格勒拥有 60 万人口，在斯大林 20 世纪 30 年代推行的工业化进程中发挥了重要作用。

1925 年，斯大林掌权之后，苏联革命战争的历史以及他本人在历史中的地位被重新谱写。斯大林用自己的名字为察里津重新命名，注定了斯大林格勒这座城市将在苏联历史中占据一席之地，并且在未来抵抗纳粹德军的战争中承担起中流砥柱的伟大历史作用。

▲瓦西里·崔可夫将军，在斯大林格勒保卫战中是第 62 军的一名强硬派司令官。

斯大林格勒是一个易守难攻的阵地，市中心是一处古代人坟墓形成的小山，即马马耶夫岗，所有的军事地图都将此处标为第 1 号高地，这里也是双方展开长达数周的惨烈遭遇战的战场。

察里察河将斯大林格勒南北分开，自西向东注入伏尔加河，直抵斯大林格勒 1 号火车站。舒米洛夫指挥的第 64 集团军就是部署负责保护第 62 集团军的左翼。1 号火车站的东部是一座栈桥，连接西岸苏军与克拉斯纳亚斯罗伯达的东岸后备部队，同时提供物资供应。

对于斯大林格勒的苏联守军而言，伏尔加河虽然有可能使他们葬身鱼腹，但却是他们赖以生存的生命线。事实上，由于德军无法切断伏尔加河上的人员与物资供应线，最终无法阻止苏联取得最后的胜利。

1942 年 9 月初，尽管斯大林格勒的任何地方都可以作为防御阵地，但许多苏军指挥官对于未来的战争结局万分沮丧，在内心深处充满了恐惧，其中就包括第 62 集团军司令洛帕京将军。尽管洛帕京将军作战非常勇敢，但对于未来充满了悲观情绪，战斗意志消沉。9 月 12 日，崔可夫中将取代了洛帕京。

崔可夫时年 42 岁，身材矮小但极其健壮，个性率直但极其邋遢，坚强乐观但又冷酷无情，他天生就是一名拳击手和一名斗士。

崔可夫曾经参加过俄国国内革命战争。自从 1941 年 6 月东线战争爆发后，他一直担任苏联驻中国的陆军武官。1942 年 6 月，崔可夫指挥第 64 集团军和一支突击队作战，猛烈打击了德军第 4 装甲集团军。

由于当时苏军接连遭遇惨败，许多司令官纷纷被解职。但崔可夫并没有受到这种绝望气氛的影响，经过在斯大林格勒的背水一战，他证明了苏联最高统帅部重用自己是绝对正确的选择。

通过研究德军的战术方法，崔可夫发现了德军在进攻斯大林格勒过程中的弱点。据观察，在空中力量加入战斗之前，德国装甲兵力往往不会发动进攻，步兵则紧随装甲部队之后作战。而在顿河平原这样一个开阔的战场上，德军势必战无不胜、攻无不克。

崔可夫同时认识到，德军这些技战术在城市内部的近距离作战环境下很难实施。苏军只有破坏德军这种作战模式，才能阻止德国空军活动，防止其对斯大林格勒继续造成毁灭性的破坏。

针对这种状况，崔可夫决定让苏军尽可能靠近德军阵地，最好能够在手榴弹的投掷距离内。这样一来，德国空军在复杂的城市环境下，其轰炸精确度受到严重的影响和困扰。同时，由于担心误伤德军地面部队，德国空军实施近距空中支援的能力被大大削弱，而这正是德军作战中惯用的一种战术。

与德军相比，斯大林格勒市区遍布废墟瓦砾的地形为苏联守备部队提供了更大的便利。在这种恶劣地形中，德军装甲部队与步兵进行机动作战相当困难，只能通过近距离格斗向前艰难推进，而这却是他们极不习惯、极不擅长的战斗方法。

于是，在战斗过程中，占据着地利优势的第 62 集团军拥有了一定程度的取胜机会。然而，此时距离崔可夫真正认为胜券在握的日子还很遥远。9 月 14 日，德军对斯大林格勒发动猛烈进攻，斯大林格勒战役正式爆发，真正的恶战才正式开始了。

第三轮进攻

1942 年 10 月 14 日，保卢斯调集了 5 个步兵师和两个装甲师向城北工厂区只有 5 千米深的狭长防线猛扑过来。因为希特勒已向德军下达命令，要求转入战略防御，并且在斯大林格勒方向发起更猛烈的进攻。

第六章 转折：决战斯大林格勒战役

经过 5 个多小时的猛烈轰炸之后，德军突破了拖拉机厂防线，冲向伏尔加河边。这使苏军遭到重大伤亡，仅在崔可夫设在地下坑道的指挥所就有 61 人牺牲。崔可夫后来写道："10 月 14 日将作为整个斯大林格勒战役中最为血腥、最为残酷的一天而被载入史册。"

这天清晨，德国轰炸机在空中隆隆作响，炸弹雨点般地纷纷落下，高射炮弹的曳光划破长空。62 集团军指挥所四周，爆炸声一片轰鸣，火光和烟雾笼罩着整个城市。那一天，崔可夫走出掩蔽部，没有发现一丝阳光。

清晨 8 时，德军以优势兵力向拖拉机厂、兵工厂发起进攻。守卫该地域的近卫 37 师 109 团把德军的三次进攻都击退了，德军丢下了 300 多具尸体，阵地前有 20 余辆坦克被击毁。但德国人在进攻被击退后，又不顾一切地冲了上来。10 时整，109 团阵地被德国人夺走了。

当德国人以为敌人已被消灭、大摇大摆地行进在座座倒塌的建筑物时，立刻遭到藏在地下室的苏军的当头痛击。手榴弹、燃烧瓶从废弃的瓦砾堆里飞了出来，德军只得使用喷火器烧一段攻一段，苏军一边还击、一边撤退。经过 4 个小时激战，37 师防线被突破。

这一天，崔可夫指挥所一片忙乱。电话员们向各通信线路拼命呼叫着，通信参谋在向集团军参谋长不断报告收到的战况，屋顶上的尘土不停洒落下来。崔可夫打电话给空军集团军司令员赫留金将军，请求他设法让德国人的飞机安分点。赫留金回复说，德军已封锁了苏军的各个机场。

不幸的消息接踵而来：

11 时，德军突破近卫 37 师和步兵 112 师左翼阵地。

11 时 50 分，德军占领拖拉机厂的体育场。37 师报告：被敌包围的 114 团固守在楼房和废墟里。阿纳尼耶沃营 6 连官兵全部阵亡。

12 时 30 分，近卫 37 师指挥部被炸。师长若卢杰夫将军从废墟中爬出，跑到集团军指挥所，向崔可夫报告："近卫 37

▲巷战使德国的机械化优势化为乌有，他们只能采用几人一组，在废墟中搜寻那些不知所踪却又无处不在的苏联红军。

师仍在战斗，我们决不后退，但全师大部分官兵已经阵亡。"

14时，指挥所掩蔽部被炸，与部队的联系中断了。

对于被围困的步兵95师某团第3炮兵连来说，那一天是漫长而又可怕的。在数小时天昏地暗的轰炸过后，德军发起了猛烈进攻。第3炮兵连战士把一发发炮弹填入炮膛，一声令下，炮弹呼啸着扑向德军阵中。德国人像镰刀前的草一样成排地倒下。

整整一天，在连长雅西科的指挥下，战士们打退了德军的一次次进攻。许多人被埋在尘土里，仍不停地射击、射击。最后全连弹药打完了，剩下的20余人把心爱的大炮砸了，端起刺刀和手榴弹冲向敌阵，除3人突围外，全部阵亡。

当德军将苏军阵地围得水泄不通、弹尽粮绝时，苏军士兵要么与敌展开白刃搏斗、要么要求指挥所向阵地开炮。在意志顽强的守军面前，德军的进攻势头逐渐减弱了。

从15日到18日，德军将战斗转向了"街垒"厂和"红十月"厂，继续向苏军猛攻。守卫的苏军殊死抵抗，德军的元气也渐渐丧尽。到了10月底，德军的进攻已停顿下来。

崔可夫向方面军司令员叶廖缅科将军汇报战况，说"危机过去了"，并且分析敌人在11月初不可能有力组织像14日那样的重大进攻。

许多年之后，德国人才醒悟到他们输掉了这场会战是由于背靠伏尔加河的苏军无路可退，才十分勇猛顽强，也是由于德军没有集中力量轰炸伏尔加河渡口，使岌岌可危的斯大林格勒守军不断得到补充，终于转危为安，反败为胜。

四、苏军赢得胜利

天王星计划

1942年11月18日午夜12时，苏第62集团军司令部接到方面军司令员叶廖缅科上将传达的最高统帅部命令：

"天王星计划：1942年11月19日，西南方面军和顿河方面军；1942年11月20日，斯大林格勒方面军——向斯大林格勒地区的德国军队发动

第六章　转折：决战斯大林格勒战役

全面大反攻！"

崔可夫等人意识到斯大林格勒的血战终于要结束了，想到7小时之后的进攻，顿时兴奋不已。11月18日午夜时分，在斯大林格勒城北，从顿河左岸巴甫洛夫斯克至那尔佐夫卡宽约400千米的地带上，苏西南和顿河两个方面军在森林和夜幕的掩护下已全部进入最后的攻击阵地。

▲苏联红军从坦克上跳下来，杀向敌军。

阵地对面的意大利人、罗马尼亚人和德国人对苏军即将发动的大规模进攻都不了解。近几个月来，大规模苏军在斯大林格勒附近秘密集结曾引起德军的察觉，但德国人太自信了，他们没料到被打得筋疲力尽的苏联人还能发起进攻。他们更意识不到，这场进攻将扭转整个战局。

11月19日7时30分，沿西南方面军和顿河方面军一线，3000多门苏军大炮开始轰鸣，炮击持续了80分钟，数百吨炸弹倾泻在罗马尼亚第3集团军阵地上。

8时50分，步兵和坦克兵团投入战斗。罗马尼亚军队拼死抵抗。但到了下午，苏军波浪式的进攻，终于将罗军击溃。与此同时，顿河方面军突破了德军的防线。

经过一昼夜激战，两个方面军重创了敌军，一切都与计划相合。20日，集结于斯大林格勒南部卡尔梅克草原的部队也转入进攻。

此时，在莫斯科的克里姆林宫，斯大林正等待着斯大林格勒方面军司令员的报告。一小时前，他已得知顿河和西南方面军进展顺利，先头部队已进抵奇尔河上游。电话接通了，叶廖缅科告诉他由于大雾进攻被推迟两小时。

20日清晨，在卡尔梅克草原上，苏军坦克和炮兵部队埋伏在芦苇和水草丛生的湖间地带。因能见度太低，原定8时开始的炮火到10时才开始打响。火炮射击了75分钟，第51、57和64集团军从3个地段突破敌军防御，罗马尼亚第4集团军被切割、包围。

21日下午，苏军部队挺进至苏罗维吉诺以北，威胁到保卢斯集团军交通线。21日，从克列茨卡娅和谢拉菲莫维支出发的苏军转弯90度，两军会合后向北部的顿河进发，直插德军在斯大林格勒正面防线的后方，苏军占领了顿河大桥，切割了保卢斯集团的退路，进入卡拉奇地区，按原定计划完成了对德军第6集团军和第4坦克集团军的包围。

斯大林格勒方面军在击溃德军第29机械化师和罗马尼亚第6步兵军之后，从契尔符林河与顿河皇后河之间向卡拉奇至斯大林格勒的铁路挺进。11月22日上午，苏军进至布齐诺夫卡，成南北夹击之势的苏军3个方面军在距斯大林格勒以西仅60千米的卡拉奇会师。11月23日，苏军在顿河河曲和卡拉奇对德军第6集团军和第4坦克集团军形成钳形包围之势，将其与德军的B集团军群隔开。

总之，经过19日至23日的进攻，苏军完成了预定的战术突破，德军第6集团军已成苏军囊中之物。

11月19日苏军的大反攻，是整个会战的转折和高潮。它是苏军在卫国战争中实施的第一次大规模的战略反击，11月19日这一天也成为第二次世界大战中的重要日子而被载入史册。

保卢斯投降

从苏军总攻的那一刻起，保卢斯就明白他的部队已成强弩之末，无力在伏尔加河上继续战斗了。但他还心存一丝侥幸，他希望手下的士兵能坚持到2月，等元首派的援兵来了就可以转危为安了。

然而，几天下来，苏军进攻越来越猛，包围圈也越收越紧。保卢斯渐渐放弃了希望。七天里，德军袋形阵地已缩小一半，每个人都有大难临头的感觉。第6集团军司令部被迫从古姆拉克撤往斯大林格勒城内，再一次烧毁公文，然后分乘几辆幸存的汽车出发了。在转移的路上，保卢斯看到一群群饿得面黄肌瘦的德军士兵和伤员，他知道苏军坦克正在逼近，这群人的命运已经注定，不是倒毙在途中就是被苏军俘虏。

保卢斯意识到抵抗已没有任何意义，为了他自己和其余士兵的生命，他向大本营发出请求："粮食、燃料和弹药发生了灾难性的困难，部队战斗力急速下降，1.6万名伤员得不到任何护理，精神崩溃已在士兵中产生。我再次请求给予行动援助。趁现在还有继续战斗的可能，就继续抵抗下去，如果没有可能，就停止不可能再进行的战斗。"

第六章　转折：决战斯大林格勒战役

可是希特勒并不想成全保卢斯，他的回电是：

"不许投降。部队要执行自己的历史任务，抵抗到最后一刻，以便促进在罗斯托夫及其北面建立起新的战线，以及高加索集团军群撤出。"

1月22日，在劝降再次被保卢斯拒绝之后，苏军发起了最后的进攻。

▲战斗最后阶段，一名苏联红军高举胜利的旗帜，德军已成困兽之斗，战败是迟早之事。

4100门大炮集中在22千米的突击面上，对德军阵地猛烈开火。天地间充溢了轰轰烈烈的巨响，瓦砾、铁丝网被掀到空中，德军阵地被轰塌了，德军们正惊慌失措地弃阵而逃。

4天后，顿河方面军向斯大林报告："苏军进攻顺利，已向前推进10~15千米，占领了古姆拉克、亚历山大罗夫卡、戈罗季谢等。敌人死伤达10万人，现德寇被包围在不足100平方千米的狭小地带，并分割成两部分，南部被钳制在市中心，北部被压缩在'街垒'厂和拖拉机厂地区。预料几天内，'指环'作战顺利结束。"

保卢斯再次向希特勒请求：

"部队弹尽粮绝……继续抵抗毫无意义，请即刻允许我们投降。"

第二天，回电来了：

"不许投降！部队应该固守阵地，要战斗到最后一个人，最后一粒子弹。"

元首是想让第6集团军为第三帝国殉葬。

保卢斯军队已被分割成南、北两块。城北德军有3个坦克师、1个机械化师和8个步兵师的残部；城南德军只剩下6个步兵师、2个机械化师和1个骑兵师的残部。德军士气低沉，开始成批成批地缴械投降。

这个时候，保卢斯收到了大本营发来的一件礼物，帝国最高勋章——带橡叶的骑士十字勋章。希特勒试图用它来换取保卢斯的战斗至死。保卢斯回电称：为了元首和祖国，他将"坚守自己的岗位，打到最后一兵一卒，一枪一弹"。

希特勒对保卢斯和几十万德军的最后一次"援助",是把远程战斗机派到斯大林格勒上空,对濒临死亡的德军一再广播他在国内的演讲:"在这场战斗中,上帝在我们这边。我们不害怕流血,有朝一日,每一块新的土地将为倒下去的人而开满鲜花。我们条顿国家,我们日耳曼民族,一定会胜利。"

保卢斯答复了一份电报,这也是他拍给大本营的最后一份电报:"我们在掩体里聆听元首的公告。我们在国歌声中敬礼,也许这是最后一次了。"紧接着他补充一句:"敌军就在门外,我们在歼灭,请不要联络,我正在毁坏电台。"

电讯中断,千里之外的元首大本营陷入一片悲伤之中。

然而,故事的结尾并不是元帅战亡。当一群苏军出现在地下室门口时,保卢斯命令下属举起了白旗。

1943年2月2日16时,斯大林接到报告:

"顿河方面军执行了您的命令,完成了击溃和消灭斯大林格勒方面被围的敌军集团的任务……斯大林格勒城内和斯大林格勒地区的战斗已告终结。"

▲保卢斯投降,斯大林格勒保卫战以苏联红军的胜利告终。

在"红十月"厂一座毁坏的大楼里,第62集团军司令部,崔可夫喃喃自语:"难道真的结束了。"在外面,一群群战士用各式各样的武器朝天上射击着,叫声、笑声响成一片。到处是"胜利啦,胜利啦"的呼喊声。在莫斯科克里姆林宫,斯大林则正举起酒杯向周围的将军们纷纷祝贺着。

莫斯科的广播向全世界发出胜利的消息:"今天,2月2日,顿河方面军部队彻底肃清了被包围在斯大林格勒北部的敌军的反抗,迫使其放下武器,最后一个抵抗基点被粉碎了。具有历史意义的斯大林格勒大会战以我军的完全胜利而告结束。"

历经180个白天和黑夜的厮杀，战争终于结束了，苏联胜利了。

祝捷电报如雪片般飞来。

美利坚合众国总统富兰克林·罗斯福发来贺信："我谨以美利坚合众国人民的名义向斯大林格勒发去此信，以表达我们对英勇的保卫者的敬意。他们在1942年9月13日至1943年1月31日受围攻期间所表现的坚毅勇敢和自我牺牲精神将永远鼓舞一切自由的人们，他们光辉的胜利制止了侵略的狂澜，成为同盟国反侵略战争的转折点。"

英国首相温斯顿·丘吉尔也给斯大林发去贺信，称这是一次惊人的胜利。英国国王赠与斯大林格勒这座英勇的城市一把宝剑，剑上用俄英两种文字刻着"赠给斯大林格勒坚强如钢的公民们，聊表英国人民深厚的敬意——英国国王乔治六世敬赠"。

斯大林格勒战役是苏德战争的转折点，也是整个第二次世界大战的转折点。从此，苏军由战略防守转入战略进攻，而德国则一步步走向衰亡。

在斯大林格勒战役中，德军共损失兵力150万，坦克3500辆，火炮12000门，飞机3000架。第6集团军残存的9万人，包括总司令保卢斯元帅和23名将军，都当了俘虏。

希特勒听到保卢斯投降的消息，暴跳如雷，痛恨他不能为帝国杀身成仁，表面上却假惺惺向全国发表一项公报：

"斯大林格勒战役已经结束。第6集团军在保卢斯元帅的卓越领导下，忠实地履行了他们打到最后一息的誓言，为优势的敌人和不利我军的条件所压倒。"并下令全国哀悼4天。

五、库尔斯克大会战

大炮与战斗机齐鸣

7月4日夜，在突出部位南部的苏联近卫第6集团军捕获了德军第168步兵师的一个士兵，他供认德军即将在第二天开始进攻，7月5日凌晨，在突出部位北部的苏第13集团军俘虏了一个德军第6步兵师的中士，他也供认德军将在几小时之后发动进攻。苏联方面得知，德军确定于凌晨3时

第二次世界大战全史

▲库尔斯克会战。这是"二战"期间苏德战场的决定性战役之一，也是史上规模最大的坦克会战和单日空战。

发起进攻。

为了打乱德军进攻步骤，朱可夫于5日2时20分下令，向德军阵地实施炮火反准备。苏联中央方面军和沃罗涅什方面军对德军的战斗队所进行的猛烈炮击，使敌人大为惊愕，造成了很大损失。

德军的进攻计划被迫向后推迟3个小时。6时整，在一阵猛烈的炮火急袭之后，德南方集团军群的第4装甲集团军根据预定计划发动进攻，在损失36辆坦克后，德军艰难地越过了苏军的反坦克雷区，猛攻苏第67近卫步兵师的防线。

面对敌人的疯狂进攻，苏联集团军的各部队发扬了集体英雄主义精神。加格卡耶夫上尉指挥的、由共青团员组成的反坦克炮兵连，在交战的最初几天就立下了不朽的功勋。他们一直战斗到最后一人，加格卡耶夫牺牲后，被追赠苏联英雄称号。一辆苏军坦克在激战中两次扑灭了车上的火焰，第3次被击燃时，已经无法灭火了，于是英勇的坦克手们就用燃烧的坦克去撞德军一辆重型坦克。

德军的进攻比预计的要猛烈得多。面对德军3个师的进攻，苏第67近卫步兵师被迫后退，瓦图京把方面军预备队调了过来，以期能把德军挡在第二道防线外。但德军还是撕开了苏军的第二道防线，并强渡了佩纳河。瓦图京被迫取消了原定于7月6日的反攻，而将计划用于反攻的第1坦克集团军的部分坦克布置在防线后方以支援步兵进行防守。

6日傍晚，瓦图京向华西列夫斯基请求增援，后者立即把草原方面军第5近卫集团军的第2和第10坦克军353辆坦克调往沃罗涅什方面军。斯大林亲自给瓦图京打来电话，要求他不惜一切代价，阻止德军在库尔斯克突出部南部的突破。

德军在7日的战斗中只向前推进了数千米，未能突破苏军防线。翌日，德军继续进行顽强的进攻。瓦图京则在计划反攻，为此他请求将草原方面军的第5近卫坦克集团军和第5近卫集团军调给他指挥，最高统帅部很快批准了他的请求，但部队要在几天之后才能到达。

7月9日，瓦图京指挥部队继续在正面抵挡德军向奥博扬推进，同时在两翼连续发动反击，虽然反击每次都遭到失败，但却使德军无法全力攻击他们的主要目标。在奥博扬方向上，苏、德双方共投入1400辆坦克，2000多门火炮，500多架飞机。交战的规模超出了人们的想象。无数的坦克、火炮和飞机堆积成了废铁山。成千上万发炮弹、炸弹同时爆炸，烟尘迷漫，火焰冲天。

德第4装甲集团军司令霍斯将军见正面战场无法突破，决定先从右翼突破，他命令第2党卫装甲军转向东北的普罗霍罗夫卡。接下来的两天里，德军的进攻比较顺利，攻到了普罗霍罗夫卡城下。

7月12日，库尔斯克会战的高潮——普罗霍罗夫卡坦克大战上演了。

战斗在清晨打响，苏德双方几乎同时发动进攻。开始时，由于德军"虎式"坦克的88毫米炮优势明显，而苏军T-34坦克的76毫米炮在同等距离下无法对德军造成威胁，于是苏军坦克开足马力以最高速度冲向德军。在冲锋中，苏军坦克付出了惨重代价。当双方接近后，战斗变得异常惨烈，一辆又一辆坦克被摧毁。在被毁的坦克旁，步兵仍在互相射击，甚至展开肉搏。战斗一直持续到傍晚，因双方都精疲力竭才停了下来。

当时任苏联近卫坦克第5集团军司令员的罗特米斯特罗夫回忆道："战场上，各种摩托不停地隆隆作响，履带声嘎嘎刺耳，炮弹飞鸣，直到深夜。数百辆坦克和自行火炮在燃烧。

尘土弥漫，烟雾蔽天……的确，1943年7月12日是个历史性的日子。这一天苏联军人表现出空前的英雄主义，建立了不朽的功勋。在残酷的坦克战中，他们重创德国法西斯侵略军的突击集群，迫使其

▲宣传苏德库尔斯克大会战的海报

转入防御。"

在这天的坦克大战中，德军虽然以相对较小的损失，摧毁了更多的苏军坦克。但结果却是他们失败了，因为德军未能攻占普罗霍罗夫卡，随后源源赶到的苏军援兵建立起更加坚固的防线。7月12日大战使德军损失了大量兵员和400辆坦克，这一战的失败意味着德军从南面攻入库尔斯克的企图已不可能。

解放奥廖尔

在北线，7月5日凌晨，苏军的炮击同样使德军的进攻比计划向后推迟了，两个半小时后，德第9集团军开始了进攻。

战斗从5日进行到8日，德军虽给苏军造成很大损失，但苏军依靠数量上的优势，坚守住了阵地。德军企图夺取交通枢纽波内里，战斗异常激烈，德军数次攻入市区，但都被顽强的苏军赶了出来，最后才以惨重的代价占领了大半个波内里，但苏军仍控制着市内一些重要据点，使德军无法继续推进。

7月9日，300辆德军坦克向苏军阵地发动了最后一次进攻，结果依旧是一无所获，此时德第9集团军的攻击能量已耗尽，被迫在10日转入防御。

7月13日，希特勒把中央集团军群司令克鲁格和南方集团军群司令曼施坦因召到设在东普鲁士的大本营。会上，中央集团军群司令克鲁格认为，由于遭受的损失和苏联人已经开始的反攻，他的军队已不能继续前进。

但曼施坦因坚持认为，现在若停止作战，那也许就意味着放弃胜利。他说："最近几天，敌人几乎把所有的战役预备队都投入了战斗，在顺利地打退敌人的进攻以后，胜利已经在望了。"

最后曼施坦因的观点占了上风。会议决定，南方集团军群的突击集群继续向库尔斯克进攻，中央集团军群转入防御，并在现已

▲曼施坦因在研究作战部署。

第六章　转折：决战斯大林格勒战役

占有的阵地上挡住苏军的进攻。然而几天之后，曼施坦因继续进攻的计划没有顺利实现，他的军队被迫回到原来发动进攻的阵地上。

此时库尔斯克北部的局势日益恶化，这促使希特勒最终取消了进攻，德军于7月17日开始后撤，到23日，双方基本恢复了交战前的态势。

当德军的攻势被阻止后，苏军决定于12日发动进攻，并以打败拿破仑入侵的俄国元帅"库图佐夫"的名字作为战役的代号。苏军的进攻首先在库尔斯克北部发起。

在库尔斯克北面的奥廖尔方向上，德军转入防御的部队约有37个师，其中有8个坦克师和2个摩托化师，总共约近60万人，7000多门火炮和迫击炮，1200辆坦克和强击火炮，1100架飞机。

而发起反攻的苏联部队，有西方方面军左翼、布良斯克方面军和中央方面军，共128万多人，2.1万多门火炮和迫击炮，2400辆坦克和自行火炮，3000多架飞机。苏军在兵员和兵器方面全部占有优势。

12日凌晨，苏军向奥廖尔突出部的德军阵地实施了长达两个多小时的炮击，随后苏联西方方面军左翼部队和布良斯克方面军各部队在奥廖尔方向上发起进攻。德军则进行着顽强的抵抗，给苏军造成重大伤亡。

▲库尔斯克会战是德军最后一次对苏联发动的战略性大规模进攻，双方共投入总兵力超过268万，另有6000辆坦克和2000架飞机，战斗空前激烈。

德军在奥廖尔地域广泛构筑了野战工事，并以工程障碍物和地雷场加以掩护。堑壕和交通壕四通八达，构成坚固的防御地带。为了守住奥廖尔地域，德军不惜一切代价不断调去新的增援部队。从7月12日至18日的7天内，共调去7个坦克师、1个摩托化师和4个步兵师。

苏军最高统帅部根据发展攻势，决定将战略预备队投入作战，调遣第3、4两个坦克集团军和第11集团军增援前线，战场从此发生了有利于苏军的变化。

在大战的最后阶段，苏联空军完全控制了制空权，法国"诺曼底"航空大队也在库尔斯克上空与苏联空军并肩作战。面对兵力和坦克都占优势的苏军，德国第9集团军司令莫德尔意识到失去奥廖尔只是时间问题。7月16日，莫德尔向希特勒请求放弃奥廖尔，将德军后撤至"哈根"防线，但被希特勒拒绝了。

1943年7月10日，美、英军队在西西里岛登陆。到了7月25日，墨索里尼下台，意大利退出战争的迹象已经十分明显。希特勒开始面临东西线作战，他需要从东线抽调兵力去意大利，而奥廖尔突出部位的德军也面临被苏军合围的危险。希特勒最终同意弃守奥廖尔，把第2党卫装甲军调去稳定意大利的局势。

7月31日德军向布良斯克方向的"哈根"防线撤退，德军在撤退途中实行残酷的焦土政策，要把奥廖尔地区变成废墟，掳走居民，毁掉庄稼，运走所有的物资。

苏联航空兵不断猛烈袭击撤退的敌军纵队。8月1日至5日，苏联空军第15、第16集团军出动飞机9800架次，轰炸希特勒军队撤退路线上的铁路列车、道路交叉点、桥梁、渡口和运货的汽车队。苏联飞机空袭过后，路上布满了敌军官兵的尸体以及炸毁的汽车、坦克和各种技术兵器。

8月5日苏军攻克了奥廖尔。城内居民兴高采烈地欢迎解放者。同一天，南部的别尔哥罗德也获得解放。当天午夜12时，在苏联首都莫斯科，由最高统帅斯大林倡议，120门火炮齐鸣12响，庆祝苏军这一伟大的胜利。鸣放礼炮庆祝胜利从此成为一个传统。

苏军在奥廖尔方向上乘胜前进，至16日苏军的进攻基本结束，18日进抵敌人预先准备好的防御地区，即所谓"哈根"防线，战线逐步稳定了下来。

第六章　转折：决战斯大林格勒战役

从7月12日到8月18日，苏军对奥廖尔的反攻持续了37天，向西推进了150千米，击溃敌军15个师，歼敌20万人，坦克1044辆，火炮2402门，拉平了库尔斯克防线，但却未能完成战前制定的合围并歼灭德中央集团军群的计划，同时苏军的损失也是巨大的，伤亡429890人，损失坦克2586辆，火炮892门，飞机1104架。

进军哈尔科夫

在南线，苏军的反攻确定在8月3日，以七年战争中俄国名将鲁缅采夫的名字为作战代号。进攻的苏军总计有90万人和2800多辆坦克和自行火炮。而这个方向上的德军只有18个师，其中有4个坦克师，总兵力约30万人。苏军拥有绝对优势。

8月3日，沃罗涅什方面军和草原方面军，在西南方面军的协同下，对别尔哥罗德—哈尔科夫方向上的德军发起反攻。

凌晨5点，苏军近万门大炮齐鸣，炮弹如雨点般倾泻到德军阵地上，炮击持续了两个多小时，最后以一阵喀秋莎火箭炮的齐射作为结束。随后坦克和步兵开始发起攻击，在炮击中幸存的德国士兵无力阻挡苏军的坦克，第一道防线很快被突破。经过一天的战斗苏军各突击集团平均向德军纵深推进了10~15千米。

在随后几天里，德军的防守异常地顽强，苏军的坦克虽然继续向前突破，但步兵却被德军缠住，进展缓慢。至8月5日苏第1坦克集团军攻占鲍里索夫卡，切断了德第255、第332步兵师和第19装甲师的退路。德军已面临被包围的危险，但仍然拼死抵抗，他们的顽强抵抗为曼斯坦因将德军主力从别尔哥罗德撤往哈尔科夫争取了时间。

8月5日傍晚，苏军解放了别尔哥罗德。苏军继续进攻，目标是乌克兰第二大城市哈尔科夫。

▲德军在哈尔科夫实施反突击行动。

▲库尔斯克大会战最终以苏联胜利而结束。德军从此失去了战略主动权。

在6、7两日，苏军坦克队大踏步前进，跟随在后面的步兵忙于清除被包围的德军，两者逐渐脱节。曼施坦因希望抓住苏军这个弱点，开始在撤退中有计划地集结兵力，等苏军攻势结束时，实施反击。苏军方面对形势判断过于乐观，瓦图京认为德军已接近崩溃，命令前线坦克部队继续进攻，切断哈尔科夫至波尔塔瓦的铁路线，阻止德军逃脱。

8月11日，德军的集结工作准备完毕，并补充了充足的弹药和燃料，开始反攻。由于苏军各部队之间分散很广，步兵和炮兵被落在后方，且弹药和燃料都已严重不足，苏军遭到近乎致命的打击。11日晚苏第1坦克集团军的第49坦克旅和第17坦克团被德军围歼，只因第5近卫坦克集团军的及时赶到才避免了第1坦克集团军的全军覆灭。14日，苏第6近卫集团军的第6坦克军被德军包围遭到惨败。在德军的进攻下，苏军被迫后退。

苏军在数量和规模上的优势起到了关键性的作用，他们虽然遭到重创，但很快又恢复了进攻。19日苏军攻抵哈尔科夫西面的乌德河北岸，并于20日强渡乌德河，在南岸建立了桥头堡。

德军统帅部特别重视哈尔科夫工业区和城市本身的防御。希特勒要求"南方"集团军群在任何情况下都要守住哈尔科夫。德军利用"虎式"坦克和"费迪南式"强击火炮，不断实施反突击。苏军突破敌人的猛烈抵抗，紧逼哈尔科夫外围环形防线，并从东面和东南面进抵哈尔科夫近郊。攻打哈尔科夫的战斗异常激烈，强大的苏第5近卫坦克集团军最后只剩下了50辆坦克。

第六章　转折：决战斯大林格勒战役

8月22日下午，苏军地面和空中侦察发现哈尔科夫的敌军有撤退迹象。于是草原方面军司令员、苏联元帅科涅夫发出夜间强攻哈尔科夫的命令，不给敌人逃脱打击的机会。

22日晚，苏第53集团军率先攻入城内。第53、第69集团军、近卫第7集团军、第57集团军和第5近卫坦克集团军的指战员，勇猛顽强，巧妙地绕过敌军支援点，深入敌军防御，从后方攻击敌军守备部队。当夜，市内展开巷战，大火弥漫，巨大的爆炸声不绝于耳。

德军开始全面撤出哈尔科夫，退向第聂伯河的防线。8月23日，城里枪炮声逐渐平息下来，苏军收复了哈尔科夫。别尔哥罗德—哈尔科夫战役中，苏军歼敌约20万人，自身损失也很惨重，士兵伤亡255566人，损失坦克1864辆，火炮423门，飞机153架。

苏军在别尔哥罗德—哈尔科夫方向上的胜利，标志着库尔斯克会战的结束。库尔斯克会战是第二次世界大战中规模最大的坦克战。无论就其规模、激烈程度还是战果而言，它都是第二次世界大战中最大的会战之一。斯大林说："如果说斯大林格勒附近的会战，预告了德国法西斯军队的覆灭，那么，库尔斯克附近的会战就使得他们已经处于覆灭的边缘。"

第七章

拉锯：逐鹿北非

一、希特勒点将

英军出乎意料的胜利

在非洲大陆迎击意军的，是英军著名统帅阿奇博尔德·韦维尔将军。此时，他的部下只有英印部队 5 万人、苏丹国防军 4500 人。他仅有的几辆坦克还都是用土办法制造的装甲车辆，火炮更是只有 2 门陈旧的榴弹炮。

9 月 13 日，8 万意军先头部队越过埃及边界。英军一边抵抗，一边有计划地向境内撤退。9 月 15 日，意军在损失了 500 人和 150 辆车辆之后，占领了埃及的西迪巴拉尼。之后，格拉齐亚尼决定在西迪巴拉尼巩固阵地，并集结起一支占压倒优势的军队，以完成此次入侵。意军开始构筑一连串横贯沙漠的向南延伸的密集堡垒阵地，等待英军的反攻。

格拉齐亚尼犯了一个致命的错误，他的短暂停战给了英军一个喘息的机会。在这期间，英军中东司令部总司令韦维尔将军等来了约 1 万人的援兵，这与意军相比虽然微不足道，但却使英军士气大振。有了这 1 万人的支援，韦维尔在埃及就可以建立起一支 3 万人的队伍，而到达的 1 个坦克旅，更增强了英军的攻击能力。

此后，韦维尔依据侦察兵的报告制定了一个秘密计划。原来，据英国的侦察兵拍回的照片显示：在意军建起的 7 座防御兵营中，每两个兵营之间有 25 千米的空地，在这里意军既未设防，也无人巡逻。并且这些兵营都

第七章　拉锯：逐鹿北非

只是在朝向英军的一面设防，如果英军能够神不知鬼不觉地穿过尼倍瓦和拉比亚之间的空隙，就可以从意军未设防的后部对意军实行毁灭性的打击。

韦维尔考虑到自己的实力，并不打算发动一场大规模的进攻。在他的计划中，袭击的时间最多不超过5天，袭击的范围最

▲英国士兵与意大利士兵正在猛烈交火中。

远只能推进到西迪巴拉尼以西40千米的布格布格。他的目标有三，首先是试探一下意军在正规战斗——而不仅仅是小规模的遭遇战中的士气；其次确保几千名战俘的安全；最重要的是在德军进入利比亚之前给意军以沉重的一击。

12月6日上午7时，印度第4师和英国第7师全数出动，坦克、炮车和卡车保持200码的间隔迤逦前行。岩石和骆驼刺使他们的行军速度很慢，但是对沙漠了如指掌的奥康纳已提前对此作了相应的安排。他的3万部队将在梅塞马特鲁和意大利兵营的中间地带停下来休息整整一天一夜。由于他们时刻处于意大利侦察机的监视之下，所以奥康纳甚至命令将卡车的挡风玻璃除去，以免太阳反光让敌军的飞行员发觉。12月8日夜，部队继续前进，用来照明的是经过巡逻队特殊布置的指路灯，这种指路灯能很好地隐藏他们的行踪。凌晨1点，在离尼倍瓦的意军兵营后方几千米处，英军停止前进。

12月9日早晨5点，英军在黑暗中醒来，他们默默地吃着早餐，等待进攻时机的到来。在他们的东边，尼倍瓦的意军兵营有了一些动静。7时15分，第一辆英军坦克冲了出去。紧接着，一排排的坦克隆隆驶来，坦克两侧是履带式小型装甲车，车上的布朗式轻机枪高高翘起，向防卫墙上惊呆了的意大利哨兵进行扫射。接着响起了一阵英军作为冲锋号的苏格兰风笛声，与此同时，苏格兰高地联军士兵冲进了兵营，他们的刺刀在初升太阳的照耀下闪着寒光。混乱中，意大利骑兵的马匹受了惊吓，引颈长

鸣，四蹄乱蹬，搅起了一片烟尘。

意大利士兵几乎没有还手之力。他们的20辆坦克全都停在兵营的环形防卫线以外，现在已被英军的"玛蒂尔德"坦克打成了一堆浓烟滚滚的废铁。意军只能用机枪和手榴弹还击，许多人惨死于英军坦克的履带之下。坦克在兵营中横冲直撞，所到之处只看到血肉模糊，惨不忍睹。

▲1940年12月，双方在经过激烈的战斗后，英国在利比亚地区俘掳了几万名意大利士兵。

战斗一直持续到上午9时，意军的第一座兵营在3个小时内便陷落了。出乎所有人的预料，这次进攻英军共俘虏了2000名意军士兵。这一成果鼓舞了英军的士气，使得英军士兵个个热情高涨。

在这次进攻中，还发生了许多有趣的事。奥斯泰斯·阿尔登中校率领他的部队抵达玛克提拉的意军兵营，正准备发起进攻，他手下的一个军官就喊道："有白旗，先生！""胡说！"阿尔登吼道。但是在防御工事后面，确实有一位旅长和他手下的500人正以标准的立正姿势站在那儿。"先生，"旅长用标准的外交法语对阿尔登说："我们的子弹已经打完了。"然而，在他说这话的时候，阿尔登中校却看到他的身边还有一大堆尚未动用的弹药。

英军只用了两天时间就推进到西迪巴拉尼，这座小镇也很快就被占领了。和以前一样，英军又一次取得了令人惊讶的完全的胜利。当第一辆"玛蒂尔德"坦克进入被英国海军的炮弹炸得疮痍满目的街道时，人们发现一个已经划开了肚皮的阑尾炎患者被丢弃在手术台上，意军溃退时的仓皇由此可见一斑。

12月12日，即进攻三天之后，已有3.9万名意军投降或被俘，这一数量大大超过了英军的预期，结果反而使得他们不知所措。一位坦克指挥官向上司报怨道："我被迫在200名——不，500名——举起双手的士兵中间停下来。看在上帝的分上，把这些浑身血污的步兵送进战俘营吧。"一队又一队身穿布满灰尘的绿颜色制服的意大利士兵挤满了通往梅塞马特鲁的道路。在梅塞马特鲁的主管军官面对如此之多的俘虏只好发给他们木头和带刺的铁丝,让他们自己建造临时战俘营。

"5 天的袭击"发展成大战役

在开罗,韦维尔很快意识到,他原来计划的"5 天的袭击"已不适应于目前的局势,发动一场大规模的战争已成为必然的趋势。12 月 11 日,英国军队已抵达原先的目的地布格布格,但奥康纳的部队仍然没有停下来的意思。

12 月 16 日,即战斗打响一周后,奥康纳的部队就攻占了苏卢姆和哈勒法耶山口,并进入利比亚境内,先后攻占了意军在拜尔迪那据点附近的卡普措和西迪欧玛等战术据点。韦维尔的参谋人员刚刚研究出下一阶段的作战计划,表面羞怯内心却无比坚韧的奥康纳很快就会促使他们重新制订计划,因为他很快便完成了制定的作战计划。连韦维尔自己也坦言,他做梦也想不到战事发展得如此顺利。

丘吉尔同样兴高采烈。不久以前他还对韦维尔的能力产生过怀疑,现在则完全放心了。1 月 2 日,朗莫里上将的"威灵顿"式轰炸机袭击了拜尔迪那,炸弹雨点般落在意军的碉堡和机枪掩体上。意军的坦克和物资仓库在烈焰中化为灰烬,轰炸整整持续了一夜。与此同时,拜尔迪那还遭到由英军坎宁安上将的旗舰以及其他 2 艘战列舰的猛烈炮击。炮击一结束,"瓢虫"号和"蚜虫"号炮艇,以及主要用于海岸作战的"恐怖"号低舷铁甲舰便悄悄地向岸边驶去,以便对位于悬崖之上的拜尔迪那的防御工事进行近距离炮击。

1 月 4 日,经过连续几天的猛烈炮击,拜尔迪那上空已是黑烟蔽日。有一大段悬崖突然塌方,呼啸着滑向大海,意军的许多炮兵阵地因此被彻底毁掉。由于炮击,驻守在拜尔迪那的意军面临着缺水和缺粮的困境。至此,贝肯索对于坚守阵地已不抱希望,于是他化装成一个二等兵,带着少

▲"二战"中的意大利 P40 坦克

量部队溜出拜尔迪那，连夜逃往托布鲁克。1月4日日落时分，拜尔迪那政府大楼上的意大利旗帜飘然落地，意大利军队终于投降了。

1月20日，奥康纳已做好了攻占托布鲁克的准备。他的部队已消灭了意军的8个师；原先驻扎在北非的25万意军已只剩下一半，且大多装备较差。但是如果奥康纳不能在一个月内彻底击败驻扎在利比亚的意军，把整个东部昔兰尼加省置于英军的控制之下，德军很可能对意军进行援助，那时候后果将不堪设想。

澳大利亚军队只用了一天半的时间就突破了托布鲁克50多千米长的外围防线，这主要得益于一次沙暴。在沙暴的掩护下，澳大利亚士兵——其中一些不得不戴上防毒面具以抵挡风沙——在铁丝网下面埋上炸药，将敌人炸得粉碎。1月21日日落时，先头部队距托布鲁克只有十几千米。

8天后，位于托布鲁克以西160千米的德尔纳陷落。随着意军的溃败，奥康纳也逐步面临着这样一个严峻的问题：他能在意军撤出昔兰尼加之前截住他们吗？此时，意军正沿滨海大道迅速向的黎波里撤退。如果他动作足够迅速，他就有可能在他们逃走之前截断他们的退路。由于此前英军已在要塞梅基利让一支精锐的意大利坦克部队逃脱，这使得奥康纳非常生气。于是，他向士兵们下达了以"飞奔"的速度向班加西挺进的命令。

2月4日黎明，第7装甲师的50辆巡逻车和80辆轻型坦克从梅基利出发，穿过昔兰尼加的内陆草原，企图截断驻扎在班加西的意军的退路。但一路上沙石遍地，剧烈的颠簸加上劳累，使得士兵们普遍出现呕吐，大大减缓了行军的速度。跟在他们后面的是奥康纳和韦维尔派往西部沙漠的代表埃里克·多尔曼·史密斯准将，他不得不开始怀疑他们能否完成阻截意军的任务。

但是2月5日中午，从班加西以南达福姆村庄附近的一辆装甲车上传来了他们期待已久的消息：意军的退路已被截断。奥康纳为自己赢得了半小时的时间来布置陷阱。战斗持续了一天半。绝望的意军坦克一次又一次地发起集团冲锋，试图冲破英军的封锁线，但是他们每30辆坦克才配备有一台无线电发报装置，几乎不可能进行有效的协同作战。

到2月6日，英军每个旅只剩下15辆巡逻坦克。这时候伪装也变成了一个作战的武器，双方进入残酷的消耗战。2月7日凌晨，奥康纳得到消息称，鲁道夫·格拉齐亚尼元帅已经逃往的黎波里，他手下的军队开始投

第七章　拉锯：逐鹿北非

降，他们已无力再战了。于是，奥康纳和多尔曼·史密斯驱车穿越方圆 25 平方千米的战场，所到之处让人触目惊心。

2 月 12 日，多尔曼·史密斯准将回到开罗。同时，他还肩负着一项重要使命，那就是劝说韦维尔批准奥康纳继续向利比亚首都的黎波里进军。但是他一走进韦维尔的作战指挥室，就已经知道答案了。沙漠地图已从韦维尔的墙上消失，取而代之的是一幅希腊地图。韦维尔向他挥了挥手，并对他说道："你瞧，埃里克，我正忙着为我的春季战役作准备呢。"希腊的首相迈塔克萨斯突然去世，他的继任者亚历山大·科里洛斯最终决定接受丘吉尔提供的援助。

此时的韦维尔依然沉浸在战斗胜利的喜悦中，断然想不到，他此次的军事冒险已给他种下了麻烦的种子。如果他的胜利能够再晚一些的话，希特勒将没有力量对非洲进行援助。然而英军在非洲的胜利，使得希特勒感受到了威胁，于是立马派出一个德国装甲师和一个轻机械化师前往的黎波里，以阻止英军的推进。面对这种局面，最开心的莫过于墨索里尼，这和他企盼中的一样，只不过稍微作出了一些牺牲而已。

希特勒出手

希特勒此时正忙于苏联战争，根本无暇顾及意大利在北非的战事，所以一开始并不打算向非洲派兵。但是随着意大利军队的溃败，希特勒意识到，如果让英军控制了利比亚，就等于让英军把枪口对准了意大利的胸口，丘吉尔很可能迫使墨索里尼谈和。这个结局将是希特勒最不愿看到的。

1941 年 1 月 11 日，希特勒发出命令，派遣第 5 轻机械化师火速前往北非，在 2 月中旬到达，全力阻止英国人的挺进。1 月 22 日，在德军乘船到达非洲以前，托布鲁克的意大利军队投降了，这给意大利带来了巨大的挫败感。

对于意大利的失败，墨索里尼从未对自己的指挥产生过怀疑，而是毫不留情地指责陆军

▲隆美尔

元帅格拉齐亚尼，为了遮丑，墨索里尼撤销了他的职务。这时墨索里尼已把全部的希望都寄托在了希特勒身上。

希特勒此时也意识到，必须赶快派一个德国装甲师去非洲。希望在英军人力和物资都已经匮乏的情况下，来个渔翁得利之举。于是，希特勒指示总参谋部，在原有的阻击部队第5轻机械化师动身以后，马上又派一支完整的装甲师去北非支援。

1941年1月22日，由于托布鲁克陷落，德军增援北非的计划被迫提前。这时候，希特勒想起了一位年轻的将军，此人是"一战"的传奇人物，在"二战"的法国战场也出尽了风头。这个人就是隆美尔。隆美尔曾以伤亡2000余人的代价，俘虏了英法联军近10万人，缴获坦克和装甲车485辆，卡车4000辆，火炮数万门。为此，隆美尔第7装甲师获得了"魔鬼之师"的称号。

此时，隆美尔正在德国休息。接到命令后，隆美尔立刻动身前往柏林。2月6日，隆美尔被召唤到总理府。希特勒给他看了一些英国和美国杂志的插图，上面刊登着英国的理查德·奥康纳将军率军胜利进攻利比亚的照片。

希特勒对隆美尔的辉煌战绩大加赞扬了一番，然后直奔主题，他问隆美尔对非洲战局有何看法？隆美尔此时已猜到了希特勒的意图，于是说："意军在北非快要撑不住了，失去北非，就意味着失去了地中海，这对我们无疑是一个重大损失。北非很重要，但我们的意大利盟友把事情弄得一团糟。我们不能再袖手旁观了。"

希特勒对隆美尔的回答很满意，于是说："好的。我准备让你担任非洲远征军的司令官。第5轻机械化师归你指挥，有必要的话，我会再给你派一个装甲师。此外，那里还有很多意大利师，也可以归于你的麾下。"隆美尔对于这样的指派激动不已，他回答说："多谢元首的信任，我一定竭尽全力保住非洲，决不辜负元首的期望。我会尽快出发的。"

此后，德国的勃劳希契元帅向隆美尔具体布置了任务，隆美尔被任命为德国"非洲军团"军长，并以最快的速度奔赴利比亚去调查当地的真实情况。隆美尔出发时，口袋里装着的是统帅部主管凯特尔为他拟定的行动计划。在这个行动计划中，凯特尔指示他在罗马和利比亚应该如何与意大利友军相处。同时，这份文件还强调了希特勒的态度："不准丢德国人

第七章　拉锯：逐鹿北非

的脸。"

　　隆美尔怀着期待的兴奋心情离开了柏林。德军驻利比亚总司令这个响亮的头衔激起了他的雄心壮志，在军事术语中，总司令比军指挥官还高一级。

　　按照原定计划，德军第5轻机械化师的先头部队于2月中旬到达非洲，第5轻机械化师主要人员和装备将于4月中旬到达非洲，而增派的一个完整的装甲师是第15装甲师，最快也要在5月底到达非洲。保证这些德军到达非洲的前提是，意大利军队必须守住苏尔特湾地区的防线。而这样做与意大利军队的计划完全背道而驰，因为意大利军队只想守住苏尔特湾地区的的黎波里。

　　由于的黎波里地区较小，难以保卫空军基地。隆美尔表示，如果意大利方面不同意在的黎波里以东建立新的防线以守住苏尔特湾地区，那么他就只能向意大利人表示歉意，因为他没有必要把德军派往的黎波里送死。

　　经过一番交涉，双方互相妥协，最终达成一致。意大利军队在北非的一切摩托化兵力都交给隆美尔指挥，而隆美尔的"非洲军团"又必须接受格拉齐亚尼的管制。

　　隆美尔到非洲后的首要任务是调查利比亚局势，然而野心勃勃的隆美尔心里想的却是在德军到达利比亚后，就开始进行真正的战斗。隆美尔多次向德国元首驻罗马的代表林特伦暗示，对英军发动进攻才是他的真正意图。林特伦极力劝说隆美尔改变这种念头，并且指出，如果贸然发动战争，只会使隆美尔失去声望和荣誉。但隆美尔并没有把林特伦的劝告听进去，进而作出了震惊世界的举动。

　　此后，隆美尔在北非的军事行动不仅使希特勒大跌眼镜，也使英国、美国等参战国大吃一惊。隆美尔以他那杰出的军事才华纵横北非，使得北非由一个容易让人忽视的小战场转变成为影响第二次世界大战进程的重要战场。

隆美尔唱起"空城计"

　　1941年3月12日，隆美尔抵达北非战场已将近4个星期，在这一天隆美尔在的黎波里的街头上演了一出精彩的空城计。在的黎波里的主要广场上，一队看上去似乎永无尽头的坦克纵队正隆隆地驶过。

这些可怕的重达25吨的"潘萨Ⅲ"型和"潘萨Ⅳ"型坦克全都涂上了当时流行的沙漠伪装色——沙黄色。穿着同样颜色制服的坦克指挥官笔直地站立在坦克炮塔上，脸上的表情像他们的翻领上装饰的死神头徽章一样冷漠。站在检阅台上举手行礼的是一个矮小而结实的德国中将：埃尔温·隆美尔，他拥有一双蓝色的眼睛，给人一种深不可测的感觉，他就是新组建的非洲军的司令官。

▲德军士兵正用望远镜侦察前线情况。

站在隆美尔旁边的是副官汉斯·韦纳·施密特中尉，他看着一辆接一辆的坦克，接连不断地从旁边的一条大街上开出来，又隆隆地驶过广场，不禁越来越感到惊奇。大约15分钟之后，他注意到一辆履带有明显缺陷的"潘萨Ⅳ"型坦克，并且认出这是他先前在坦克队列中曾经见过的一辆，他此时终于明白了其中的缘由，忍不住报着嘴偷偷地笑了。

现在他才明白，前一天晚上隆美尔对手下军官所讲的话的真正意图。当时，隆美尔强调了欺骗敌人以隐瞒非洲军虚弱的重要性，因为这支部队的大部分此时还远在欧洲。施密特逐渐明白，隆美尔其实只是让坦克绕着几个街区来回行驶，从而以一个坦克团造出一个装甲军团的声势。

隆美尔的这一出空城计足以令他赢得意大利人的敬畏，也足以令在场的英国间谍在后来后悔不已。在这一天，隆美尔向人们显示他的冒险精神和欺诈技巧，这些才能在下一阶段的沙漠战中将发挥和真正的装甲部队一样重要的作用。对英国人来说，这些才能是他们有待掌握和必须学会如何应付的，他们甚至在几天前才得知隆美尔的身份。在3月8日之前，韦维尔上将的参谋人员只能称新的德军司令为"X将军"。现在他们从情报部门得知这位"X将军"就是隆美尔。这一消息在开罗引起了不安。

隆美尔一向以好斗著称。他对敌人的弱点有着天生的直觉，对速度和出其不意格外钟情，他的格言是：进攻、动力、力量。1940年5月，时任德国第7坦克师——"魔鬼之师"——指挥官的隆美尔，曾多次智胜从法

第七章　拉锯：逐鹿北非

国败退的英军。他的部队总是出其不意出现在英军最意想不到的地方。

隆美尔出生于一个无钱无势的家庭，他完全是靠个人的奋斗取得成功的。他对此感到非常自豪，有时甚至并不掩饰他对一些最高级的德国将领的鄙视。他认为德军总司令瓦尔特·冯·勃劳希契元帅只不过是一个过分敏感和孤僻的贵族。

而为人尖酸刻薄而又雄心勃勃的德军总参谋长弗朗茨·哈尔德上将，在隆美尔眼里也是一个只懂得纸上谈兵毫无实践经验的家伙。隆美尔作为一个野战军司令，除了战斗之外，他几乎没有什么嗜好。他既不吸烟，也很少喝酒。他每天必做的事情只有一样，那就是给他的妻子露茜写信。在他的生命中，除了家庭就是战斗，战斗是唯一能使他产生乐趣的事情，战斗并取得胜利是他一生的追求。胜利时，他会像小学生一样兴高采烈，而失败时他便会垂头丧气。

然而，此次希特勒派隆美尔到北非来的主要任务并不是进攻，所以隆美尔的进攻欲望愈发强烈。意军现在蜷缩在的黎波里，时刻担心着英军会沿着海岸线进军，前来攻占这座港口城市。

他们中的许多人已经把行李打好包，随时准备着撤离这里，前往意大利。虽然希特勒没有把北非战场放在优先考虑的位置，但他还是感到德国不应该让他的轴心国伙伴被赶出这一地区。尽管他答应向墨索里尼提供援助，但是勃劳希契在给隆美尔的指示中说得很清楚，他的任务只是防御：目前德国还没有能力运来足够多的兵力将英军赶出利比亚东部的省份昔兰尼加。

希特勒答应拨给隆美尔的两个师之一，第5轻机械化师已经在2月中旬开始向北非出发，计划到4月中旬运完。第5轻机械化师包括配备有80辆中型坦克（"潘萨Ⅲ"型和"潘萨Ⅳ"型）和70辆轻型坦克的第5坦克团，实际上比它听上去的要可怕得多。

▲隆美尔在的黎波里进行战略部署

5月底，隆美尔被告知：另一支训练有素的坦克师，第15师也将很快抵达北非。北非尚存的意大利摩托化部队——主要是拥有60辆老式坦克的"阿雷特"装甲师——也将归于隆美尔的指挥之下。不过出于外交上的考虑，北非德军部队将接受北非意军新的总司令伊塔洛·加里博尔迪上将的指挥。

2月12日，隆美尔在刚刚抵达的黎波里的时候，就预料到英军很快就会重新向西挺进。他心里清楚，如果英军在他的增援部队到达之前立即展开进攻，他将很难阻止他们。在缺乏人员和装备组建强有力的防线的情况下，隆美尔把希望全都寄托在了极力显示他"强大"的防御力量上。

"我相信，如果英国人感觉不到威胁，他们很可能会继续向前推进，"他后来写道，"但是如果他们看出他们将要进行的是一场恶战，那么他们会推迟进攻，将所需的物资筹备好。这样我们就可以为自己赢得时间来加强力量，直到我们强大到足以抵抗敌人的进攻。"

隆美尔飞抵的黎波里仅几个小时后，就又登上飞机，对的黎波里以东的沙漠进行了空中侦察。通过仔细的观测，他决定在位于滨海大道上的苏尔特地区建立防御阵地。苏尔特是处在的黎波里和英军驻地欧盖莱中途的一个村庄。加里博尔迪上将不愿冒险让自己的部队向着敌人的方向前进400千米，因为他的部队本来就所剩无几了。但是隆美尔坚持这样做，他认为这样做可以尽快将前线指挥权掌握在自己手中。

第二天，两个意大利步兵师和"阿雷特"装甲师开始向苏尔特进发。2月14日，第一批德国军队——个侦察营和一个反坦克营——抵达的黎波里，并于次日早晨开往苏尔特。与此同时，隆美尔再次施展了他的伪装术，他之所以这么做是为了威慑敌人。到2月17日，隆美尔已经对这支匆匆集结起来的半真半假的军队十分满意，此时他已经做好迎击敌人的充分准备。

二、北非闪击

英军全线溃退

隆美尔把他的军队分成三路，一路沿滨海大道向北去进攻班加西，一路向东进攻摩顿格拉那和本加尼亚，第三路则从中路出发，进攻安提拉特

第七章　拉锯：逐鹿北非

▲英军炮兵的反击。在隆美尔灵活多变的战术面前，英军的战术显得既单一又保守。

和摩苏斯。在进军过程中，他采取的是以不变应万变的灵活作战计划。德军只需要到处发起进攻，一旦英军开始撤退，便紧随其后伺机行动。很快尼姆的军队便全线撤退。

隆美尔并不是那种只会在作战室里指手画脚的军官。在战争中，他喜欢乘坐飞机或乘车视察他的部队，并依据战争的情况向他们下达命令。在这次战斗中，隆美尔需要的是德军在速度上的优势。于是，他把作战参谋乔治·艾雷特少校留在指挥部，自己则乘坐飞机到各个战线上去督促战士们加速前进。

4月3日这一天，由于隆美尔盲目追求速度，使德军冒了一次很大的风险。这对于本来就反对进攻的加里博尔迪来说，无异于火上浇油。于是他强烈要求隆美尔停止所有的战斗，未经他的允许，军队不能再前进一步。隆美尔此时也大为愤怒，因为他不能让这大好的机会白白溜走。于是，双方的谈话变得相当激烈。当晚，德军占领了英军主动撤离的班加西。

现在，隆美尔的快速进军产生了他预期中的效果：尼姆的部队出现了混乱和恐慌。轴心国军队突破梅塞布列，使得英军开始了持续一周的800千米大撤退。这次仓皇撤退后来被一些英国人幽默地称为"托布鲁克大赛马"。英军传统的冷静和刚毅的品质在这次撤退中突然间消失得无影无踪。

尼姆也曾试图恢复秩序，但形势的发展已使英军士兵失去控制。4月2日，韦维尔亲自到巴斯评估形势。他到达巴斯后，立刻意识到尼姆已经失去了对部下的控制。于是，他立刻派人去请奥康纳重新出来接掌指挥权。4月3日奥康纳到达后，向韦维尔建议，让尼姆继续指挥，他自己则担任尼姆的顾问。这么做的理由是"中途换马不会真的有好处"。

奥康纳的到来也没能扭转乾坤。隆美尔看到自己那种伪装的强大已经起作用了，于是决定继续保持。因为就目前的形势来看，这已成为德军赢得胜利的一大法宝。英军第2装甲师正向梅基利败退，一路之上，在各种小冲突和停顿中，又损失了大量坦克。隆美尔不失时机地让那座沙漠小城堡成为了他多头并进的中心。三支强大的德军纵队卷着滚滚黄沙，以向心突击的方式向梅基利直扑而去：第5轻机械化师的主力和"阿雷特"师沿着本加尼亚和腾杰得尔一线；德军第5坦克团及作为支援力量的40辆意军坦克沿梅苏斯一线；第3侦察营则经由班加西穿过查鲁伯一线。

第4支轴心国纵队则沿着滨海公路扑向德尔纳，澳大利亚第9师早先曾撤到此地，预计在一处干涸河床上对德军进行强有力的抗击。然而，4月6日情况发生变化，澳大利亚第9师几乎处于德军和轴心国大军的包围之中。于是，澳军不得不从德尔纳慌忙逃窜。此后，E.O.马丁中校的"诺森柏兰明火枪团"也迅速收拾整理，匆忙地汇入到东撤的狂潮之中。

当天夜里，尼姆和奥康纳也觉察出自己的情况岌岌可危，于是决定从指挥部撤退。这两位将军属于最后一批撤离者。坐着尼姆的指挥车，他们朝着东边大约160千米处的特米疾驶而去。然而不幸的是，那天夜里他们走错了一个岔道口，向北开往了德尔纳。结果他们全都成为了德军的俘虏。

在这片浩瀚得几乎找不到哪怕是一条小路的沙漠角斗场上，迷路是常有的事，无论是对于英国人还是德国人。隆美尔的先头部队也遇到了同样的麻烦。每天，隆美尔都得用上几个小时，乘着那架"斯多奇"飞机，试图找到他们并进行协调指挥。频繁出现的沙漠风暴使得德军纵队不时偏离预定路线，并且使本可以对他们进行引导的隆美尔的飞机或其他飞机只得临时找块空地着陆。从梅苏斯出发的赫尔伯特·奥尔布里奇上校的第5坦克团也在沙漠中迷失方向达一天之久。隆美尔发狂般地到处寻找这支部队，并差一点就使他过早地告别这个令他名声大振的战场了。

虽然德军在沙漠中时常迷失方向而且汽油短缺现象日趋严重，但是，4

月7日，他们和意大利军队还是一起包围了梅基利。陷入包围圈中的是英军第2装甲师的一些残余部队，印度第3机械化旅和其他几支未能逃脱的部队。隆美尔要求被困的英军高级指挥官率军投降，但被拒绝了。4月8日上午，就在轴心国部队开始发起总攻的同时，英军也正试图冲出包围圈。在一片混乱中，一些英军官兵设法逃了出来，但是到中午时分，梅基利还是失陷了。这一役使得"沙漠之狐"隆美尔的神奇故事从此广为流传。

托布鲁克的拉锯战

在梅基利被德军攻下的这一天，韦维尔在托布鲁克的一家滨海旅馆里，向英军的高级军官们宣布了一项事关重大的决定：英军必须死守住托布鲁克。鉴于德军的胜利进军，从德尔纳成功撤退的澳大利亚第9师将前往托布鲁克，与驻扎在当地的英国和英联邦国家部队会合，誓死守住托布鲁克。

出席会议的军官没有一个人对韦维尔的计划提出质疑。

▲托布鲁克的英炮兵守军正向敌军阵地猛轰。托布鲁克对于攻守双方来说都至关重要，一方是志在必得，一方则誓死坚守。

因为大家都明白，只要英军能守住托布鲁克，隆美尔就不可能长驱直入。没有托布鲁克，隆美尔也就不能在昔兰尼加地区找到一个合适的海港来运输部队给养。当然，要守住托布鲁克绝不是一件轻而易举的事情。一方面是志在必得的隆美尔，他会不惜一切代价把防御的军队赶入大海。另一方面，英军的食物、弹药和补充装备都很困难，因为德军已完全掌握了这座城市的制空权。然而，英军已别无选择。现在，在托布鲁克周围，仅存有拜尔迪那、西迪巴拉尼和梅塞马特鲁等几个据点了。

隆美尔对于英军的这个情况也是了如指掌的。现在，隆美尔面临的唯一困难就是如何拿下托布鲁克。因为在今后数天里，他的非洲军将会绕过托布鲁克，沿着海边向东拿下卡普措要塞、塞卢姆和哈尔法亚隘口，但是，只要英军扼守住他们的防御工事，对隆美尔的侧翼和后方构成威胁，轴心国部队的长驱直入就是徒劳无益的。这种情况真是使隆美尔哭笑不得。隆美尔现在一心想征服埃及和苏伊士运河区,但是却发现自己被一小撮厚颜无耻的英国守备部队阻拦在胜利的门槛之外。

更糟糕的是,现在英国人已经加固了托布鲁克的防御工事。这是一块面积为570平方千米的"飞地"。内圈是周长为50千米的"红色防线"。在这一地带内设有相互缠绕在一起的带刺铁丝网,屹立着140座坚固火力点,地下掩体上面还加设了钢筋水泥保护层,它们每个都可容纳20人。在"红色防线"背后3千米处还有一条"蓝色防线"。该防线上密密麻麻布满地雷,穿越其间的是更多的铁丝网,而且每隔500码就有一个坚固火力点。

虽然英军的防御很坚固,但隆美尔相信,只要充分利用装甲部队,这次战役也能轻易取胜。他把攻击时间定在4月14日,即西方的"复活节"那天。德军官兵也指望他们的坦克群一开近,敌军就弃城逃跑。他们对隆美尔"速战速决"的战术深信不疑。清晨5时20分,第5轻机械化师的第一批坦克未遇任何抵抗,轻易就辗过了托布鲁克以南一道被炸开缺口的铁丝网阵地。然而,正当德国步兵潮水般涌过这些坚固火力点时,澳军的弹雨就从他们身后直扫而来。德军坦克并没有注意到它们身后那血淋淋的可怕场景,继续向前开进,殊不知他们已一点一点地钻进了一个精心策划而又危险的圈套里。

忽然间,德国坦克兵发现自己被套进了一条火网之中。就在不远处,英军的野战重炮从两侧向他们猛烈开火。一辆"潘萨IV"型坦克的炮塔被一发炮弹直接命中,强大的爆炸力把它从炮座上完全掀了下去。乘着小汽车傲慢地闯进战场的德军中校古斯塔夫·帕纳森当场毙命,他那辆

▲1941年,在北非围攻战期间,澳大利亚士兵组成了托布鲁克要塞的绝大部分兵力。

第七章 拉锯：逐鹿北非

舒适的小车被一发反坦克炮弹炸了个稀巴烂。阵地上到处弥漫着硝烟和灰尘，德军驾驶员和炮手们眼前模糊一片，什么也看不清，他们只能开着坦克惊慌失措地东闯西钻。最后，撤退命令下达了，他们才狼狈不堪地杀出一条血路，沿着同一道交叉火网，退回到外围阵地上去了。在这场混战中，德军损失坦克17辆，损失惨重。

隆美尔吃了败仗，暴跳如雷。两天后，即4月16日，他亲自挂帅，卷土重来。但这次进攻同样以失败告终，在两天的进攻中，800多名意军官兵被生擒活捉；"阿雷特"师也至少损失了90%的坦克，丧失了作战能力。4月17日，隆美尔只得取消了进攻。但隆美尔仍然相信，只要得到足够的增援，他还是可以攻克托布鲁克的。

这一次，他再次低估了守城英军的意志力。在托布鲁克外围阵地内虽然只有3.5万名官兵，这些官兵还是由澳大利亚人、新西兰人、不列颠人、印度人等组成的一支杂牌军，但他们的统帅却是一名同隆美尔一样富于坚韧不拔毅力的澳大利亚指挥官。这个统帅就是素有"恶棍"之称的勒斯列·詹姆斯·莫谢德少将。莫谢德少将此时已年过半百，作为一个经验丰富的指挥官，他对自己所肩负的重任十分理解，那就是死守到底。每天夜里，他都会派出20人的巡逻队对敌军发动一次偷袭。不久，隆美尔就意识到了他们的威力。

4月30日，得到第15坦克师增援的隆美尔再次发动了新的攻势。这次攻势是德军到那时为止对托布鲁克展开的最为残酷的一次大规模进攻。"斯图卡"俯冲轰炸机和轴心国炮兵部队对城西南一座叫"拉斯伊·梅道尔"的山头进行了狂轰滥炸，德军坦克集群趁机突破了这个制高点以北、以南的防御系统。在三个小时内，德军就把战旗插上了山顶，坦克部队则深入外围阵地达3千米之远。但是，德军未能占据一系列由澳军死守的坚固火力点。次日上午，这些火力点仍旧十分活跃，当英军用炮火进行报复和展开反击时，它们就从后面对德军进行骚扰。

双方冲击和反冲击的拉锯战激烈地进行了三天，遮天蔽日的风沙使得德英指挥官的战术控制都陷入了困境。这场战斗是隆美尔到那时为止损失最为惨重的一次出击。在战场上，他的部下已经伤亡将近1000人。此时必须有一个人出来制止隆美尔的疯狂进攻了。

弗雷德里希·保卢斯中将就是带着这个使命来到北非的。保卢斯中将是一名头脑冷静、做事缜密的将军级参谋。保卢斯被德军在战斗中遭受的伤亡吓得大惊失色，他提醒隆美尔，夺取托布鲁克已经没有希望了。5月4日，当英军发起了最后一次不成功的反击之后，德军仍然设法在外围阵地上占领了一块宽约5千米，纵深3千米的地盘。

与此同时，勃劳希契下达了一道充满怒气的最后通牒，他勒令隆美尔不可再对托布鲁克展开攻势，隆美尔必须坚守现有阵地，保存实力。隆美尔对于由进攻转入防御感到十分痛苦。但是，不久他就开始喜欢上防御了，因为他在这方面同样具有天赋。

一柄鲁钝的"战斧"

丘吉尔在伦敦得知非洲的战况进入僵持阶段之后，下令驻扎在非洲的英国军队在昔兰尼加展开自己的攻势。他还为此设想了一个大胆并且典型的"丘吉尔式"的计划，在4月20日就为战斗奠定了基础性框架。

在此期间，丘吉尔提议让一艘正准备起航绕道"好望角"开赴苏伊士运河的补给船只改变路线，从直布罗陀海峡，穿越地中海德军交叉火力网，直驶亚历山大港。他天真地认为，这样可以缩短40天的航程，是一个很好的建议。殊不知，自1月初，英国船队就不敢穿越地中海向北非运送给养了。因为德国空军已完全掌握了地中海的制空权。

虽然丘吉尔知道隆美尔已得到了一个完整的德国坦克师的增援，但他仍认为有必要冒一些风险。

如果让韦维尔能提前得到295辆坦克，那就有可能阻止德军的行动，目前比较被动的战斗局面可能会很快地扭转过来。

事实上，在代号为"猛虎船队"的运输过程中，英军只损失了一艘货船。5月1日，船队终于把238辆坦克送到了亚历山大港。在到达之日，丘吉尔在给韦维尔的电报里说："看吧，现在已是拯救之时。"但韦维尔却一点也乐观不起来。因为运来的坦克实在是让人摇头，这些坦克的制动箱被压碎、履带无法使用，更重要的是发动机没有安装滤尘器，而滤尘器在沙漠战中是至关重要的。韦维尔不得不遗憾地给丘吉尔回电，在6月中旬之前展开行动是绝对不可能的。

丘吉尔收到电报之后非常失望。但是，5月15日，韦维尔在没有动用新坦克的情况下，仍然发起了代号"简明行动"的作战计划。这是一场旨

第七章　拉锯：逐鹿北非

在为下一次大规模攻势夺取攻击阵地的小战役。在 W.H.E. 高特准将的指挥下，英军越过埃及—利比亚边境，排出了三支攻击纵队，展开了进攻。英军行军神速，很快就攻克了卡普措和哈尔法亚隘口。

哈尔法亚隘口不仅是通向利比亚高原的唯一关口，而且还控制着通往塞卢姆及以西各地的沿海公路。这一据点的取得，对于英军来说是一大喜讯。此后，大军继续向西迪西则兹推进。

隆美尔也不示弱，于5月16日凌晨前几个小时，发起了一场反击战，把英军夺取的关隘再

▲隆美尔与意大利加里波第元帅

次夺了回来。结果韦维尔的"简明行动"一无所获，还使英军损失了许多兵力。

丘吉尔意识到不能再让隆美尔继续巩固他的防御阵地，于是不断督促韦维尔立即采取大规模攻势，这使韦维尔心烦意乱。因为他最近所面临的问题可不止这一个。

4月底，在希腊的英军被赶了出来，这些军队都驻扎在克里特岛，现在正受到德军的威胁。此外，韦维尔还被卷入到叙利亚和伊拉克境内的冲突中去，这些国家亲轴心国的傀儡政府正在积极地策划反英活动。现在的韦维尔真可谓手忙脚乱，无所适从。

6月15日凌晨2时30分，韦维尔在丘吉尔的一再催促下，还是勉强展开了对昔兰尼加的攻势，代号为"战斧行动"。该计划与"简明行动"大同小异，只是规模要宏大一些罢了。

6月15日清晨6时许，驻扎在哈尔法亚隘口的德军炮兵首先听到了英军坦克马达的轰鸣声。这些防御者被英军视为"七日大兵"，因为他们一次只能补充仅供一个星期使用的弹药、食品和淡水，他们必须战斗到最后一

发炮弹和最后一滴水为止。

该营营长是 50 岁的维尔赫姆·巴赫上尉，战前，他是一名福音派新教会牧师，始终过着一种普通市民的生活。在这场战斗中，他那些忠诚不渝的部下尊称他为"哈尔法亚的牧师"。

巴赫上尉通过野战望远镜，密切注视着杀气腾腾的英军坦克，现在它们就在 3 千米之外了。

随着英军坦克的推进，在隘口制高点上已经处布满了坑坑洼洼的弹痕。然而，巴赫仍然镇定地向部下下达了不许开火的命令。

上午 9 时 15 分，靠近冲向隘口英军纵队尾部的瓦尔特·奥卡洛尔中校还得意于英军的顺利进军。然而好景不长，没过不久，无线电里就突然传出了 C.G. 麦乐斯少校最后几句惊恐万状的呼喊。原来德军事先已经把大口径炮掩藏在了地下，这些大炮被设在沿着隘口处的悬崖绝壁上，位置很隐蔽且攻击视线较好。几分钟内，英军充当先头部队的 12 辆坦克已被德军的大炮击中 11 辆。英军连续五次试图强行突破隘口，但都被德军猛烈的炮火逼了回去。从那天起，哈尔法亚在英国陆军中就成了"地狱鬼火隘口"。

在大斜坡之上，从中路进攻的英国坦克集群经过力战，把轴心国部队从卡普措要塞赶了出去，随即，大军锋芒一转，向东直扑塞卢姆而来。但是，从西路进攻的英军部队左翼在哈菲德山脉前被德军死死地阻住了。德军在那里配备了更多的极具杀伤力的 88 毫米口径高射炮，它们全被当作可怕的反坦克炮使用。在这一天晚些时候，隆美尔又从托布鲁克地区征调了大量援军，其中包括第 5 轻机械化师和第 15 坦克师的部分部队。

6 月 16 日上午，隆美尔把这些预备队全都投入到战斗中。第 15 坦克师对据守卡普措的英军展开进攻，但是，午前他们又停止了攻击。同时，在南部的隆美尔的第 5 轻机械化师包围并袭击了临近西迪奥马尔的英军左翼。经过一场激烈而残酷的较量，第 5 轻机械化师突破了英军防线，并开始向东部的西迪苏勒曼方向席卷而去。隆美尔立即意识到，这是自己打垮英军的最好时机。

隆美尔下令第 15 坦克师主力撤离卡普措地域，往西南方向合围过去，与正在向东长驱直入的第 5 轻机械化师合兵一处。6 月 17 日清晨，这些部队抵达西迪苏勒曼，隆美尔命令他们继续向哈尔法亚隘口挺进。这时的隆美尔已开始得意扬扬地盘算着英军即将完蛋的美景。

第七章 拉锯：逐鹿北非

然而，隆美尔的如意算盘落空了。因为在上午 11 时，印度第 4 师师长 F.W. 梅塞维少将自作主张，下令部队撤退，结果使大部分部队逃出了隆美尔的包围圈。梅塞维的这一行动虽然没有请示上级，但却使英军避免了一场灭顶之灾。

"战斧行动"以英军的惨败告终。当收到韦维尔简明扼要的失败陈述时，某些在伦敦的先生们开始坐不住了，他们开始察觉到韦维尔根本不是隆美尔的对手。

三、千里拉锯战

丘吉尔任命的新司令

丘吉尔寄予厚望的"战斧计划"不仅没有将隆美尔击退，还使得英军损失大量兵力，这让丘吉尔很不能接受。在"战斧计划"中，令人害怕的德军 88 毫米高射炮首次被使用。英军的装甲部队对它的杀伤力望而生畏。英军 90 毫米口径防空炮在反坦克时，反而没有发挥其应有的作用。

不断告急的北非形势，使得丘吉尔不得不冷静下来仔细思考战败的原因何在。其实，对于北非战场的失败，丘吉尔首先想到的替罪羊就是北非英军总司令韦维尔。其实，丘吉尔早在 5 月中旬，就提议让驻印度英军总司令克劳德·奥金莱克爵士替代韦维尔，只是后来考虑到一些其他因素，没有将韦维尔召回。现在，形势的发展已使丘吉尔下定决心，派遣一名新的指挥官到非洲去。

其实，丘吉尔撤回韦维尔还有另外一个原因，那就

▲英军上将奥金莱克，在取代韦维尔任英军总司令前，他曾在印度任印度英军总司令。

是他与韦维尔性格上的不合。丘吉尔坦率善辩，而韦维尔孤僻寡言，两种截然不同的性格使两人沟通起来很困难。丘吉尔对韦维尔的评价是"一个表现良好的普通上校"。而韦维尔则更痛恨政府对于军事的干预，作为一名失去了左眼的一战老兵，他不认为在"一战"中只有短暂服役经历的丘吉尔有多少军事方面的才能。韦维尔自己也很清楚，"战斧计划"的失败将为他的军旅生涯画上一个不太圆满的句号。他在给英国最高司令部的报告中，将过失统统归于自己，并主动请辞。

1941年6月21日，丘吉尔任命奥金莱克上将取代韦维尔成为英军总司令。在他眼里，奥金莱克是最为合适的人选。丘吉尔之所以认为奥金莱克是最合适的人选，不是毫无根据的。

此时已经57岁的奥金莱克是个杰出的战略家，绰号"海雀"；1884年6月21日，出生于英国奥尔德肖特市。1902年1月，奥金莱克升入桑赫斯特皇家军事学院，毕业后赴印度服役。1914年，第一次世界大战爆发，奥金莱克参加了英军与土耳其军队在美索不达米亚的激战。

1919年，奥金莱克进入奎达参谋学院深造。奥金莱克在奎达参谋学院学习期间，开始研究机动作战和欺诈在战争中的作用，这使得他能在后来面对隆美尔的欺诈术时，一看就破。毕业后，奥金莱克成为一名参谋。1927年，奥金莱克进入帝国国防学院深造。毕业后，奥金莱克历任团长和奎达参谋学院教官。1935年，奥金莱克晋升少将，此后开始担任英印军的副参谋长。1939年，第二次世界大战爆发后，奥金莱克回到英国，历任军长和英国南方军区司令，晋升中将。1941年1月，奥金莱克调任印度英军总司令。从他的经历可以看出，奥金莱克不仅身经百战，对军事理论也很精通。

奥金莱克意志坚定，对自己的部下也充满信心。他口才极佳，这一点使他即使在与高级官员争辩时也表现得极其从容。到任伊始，他就对将要面临的战略和战术问题作了大致的了解。他发现英军坦克还不适应沙漠作战的需要，军官们的战术思想落伍，英军最主要的工作是改进装备和加强对士兵的训练。奥金莱克决定对沙漠中的英军进行重组，首先保证英军在数量上要超过隆美尔的军队。此外，奥金莱克经过仔细研究向英国首相提出了延缓发动攻势的时间。他认为，英军在夏季就发动进攻为时过早，11月份才是发动进攻的最好时机，因为到那时，奥金莱克就可以得到足够的增援。

然而，在所有这些令人肃然起敬的优点的背后，他有一个致命弱点：不会用人。他用人的原则就是，对于他所信任的人毫不怀疑，并且想当然地认为，他们也会不折不扣地执行自己的命令。如果一时看走了眼，他也会出于固执和盲目自信，不会立即纠正自己的错误。这一缺点在他重组西部沙漠部队时充分暴露出来。一抵达开罗，奥金莱克就开始着手组建新的沙漠兵团。这个新兵团的规模扩大了三倍，并命名为第8集团军。奥金莱克为这个新军团选中的司令是已经54岁的艾伦·戈登·坎宁安。

艾伦·戈登·坎宁安虽然总是面带微笑，但骨子里却是个不折不扣的急性子。1941年，他在东非的战场上，仅用8周的时间，就打败了奥斯塔公爵指挥的意大利军队，一时声名大噪。正是由于坎宁安在这次战斗中杰出的表现，使奥金莱克首先想到了他。然而奥金莱克却没有考虑到坎宁安没有指挥坦克战的经验，并且是个因循守旧的人，让他去和诡诈易变的隆美尔作战，简直是羊入虎口。更为糟糕的是，当时坎宁安本人由于戒烟而情绪低落，这对他的指挥将产生不可估量的影响。

拔掉加扎拉据点

1941年12月，日本对英国的远东领地发起了进攻，这一举措却在无意中影响了北非沙漠的战局。日本的进攻迫使伦敦把原定投入北非战场的人力物力转向远东地区。更糟糕的是，几乎与此同时，德国空军加强了对马耳他的轰炸，德国潜艇开始在地中海活动。意大利也趁火打劫，派遣袖珍潜艇对亚历山大港进行了一次成功的袭击。

轴心国的这几次联合行动使得英军的后勤供应吃紧，这对北非的英军来说无疑是个灾难。与此相反，隆美尔却因此获益，德军的后勤补给逐渐增多了。在新年伊始，隆美尔就获得了54辆新坦克和大量的燃油补给。现在，隆美尔觉得他又有足够的力量再一次发动攻击了，他明白此时的英军是不堪一击的。

1942年1月21日，德军的非洲装甲军团从设在艾尔·阿格黑拉的基地出发，向北挺进。英军果然和隆美尔所预料的那样，不堪一击，德军迅速地夺回艾季达比那和百达。隆美尔看到战争进行得如此顺利，于是命令军队开始了全面的进攻。1月29日，隆美尔夺取了班加西城。在这里，他获得了大量战利品,包括1300辆卡车。到2月6日为止,隆美尔已迫使给养奇缺的英军后退至加扎拉地区,这等于后退了半个昔兰尼加省。在两周之内,里奇损失了40辆坦克,40门野战炮和大约1400名官兵。

英军的大溃败使得将领和士兵的心理防线也开始崩溃。里奇指挥上的无能使他的部下逐渐对他失去信心。戈德温·奥斯腾向奥金莱克抱怨说里奇"总是征求你的意见,但却朝相反的方向去做",更糟糕的是,"里奇居然直接对我的手下下达命令"。结果,2月初,戈德温·奥斯腾就主动请求辞去职务。奥金莱克无奈地批准了他的请求,接任他的是第7装甲旅的W.H.E.格特少将。

远在开罗的奥金莱克觉得情况有点不妙,于是派遣一个自己信赖的人到前线去进行调查,结果得出的结论是奥金莱克必须把里奇撤换下来。原因是"里奇缺乏足够的想象力"。但奥金莱克不久前才换过一次前线指挥,如果再换一次可能会影响士气,于是仍然让里奇继续留任。

在剩下的整个冬季里,双方都暂时停止了战斗。双方都待在加扎拉防线两边,相安无事。这条100千米长的链形防线是英军修筑的。防线从加扎拉起,向东南方向绕了一个60千米长的"V"形,然后拐向东北,延伸大约30千米,防线上密布地雷。每隔一段距离,就筑有一个堡垒,守卫堡垒的战士称之为"盒子"。整条防线上共有6个"盒子"。每个"盒子"的周围都环绕着地雷、带刺铁丝网、狭长的壕沟和碉堡。每个堡垒里都有足够的给养,可以在受到包围的情况下坚持一周。在这些"盒子"之间,英军坦克可以自由往返。它们的任务是拦截试图越过防线的德军坦克,并且在任何一个"盒子"受到攻击时,提供机动支援。

5月底,隆美尔已准备就绪,决定恢复进攻。由于步兵部队和一些坦克已被用于对加扎拉防线北段的进攻,隆美尔计划率领非洲军和一个意大利师向南绕过位于比尔哈希姆的"盒子"——这个"盒子"正处于防线拐弯处。然后他就可以向北猛扑过去,消灭英军的坦克集群,并且可以从背后攻击防线的其余部分。在此之后,他的最终目的是夺取托布鲁克。

5月26日,轴心国部队开始向防线北端发起攻击。隆美尔率领一万辆各式机车,从比尔哈希姆以南迂回到英军侧翼。他留下一些意大利部队围攻"盒子",自己则率领部队向北面和东面成扇形向前突进。在比尔哈希姆东北约8千米处,他首次与英军交火,第3印度摩托化旅很快被击溃。到

第七章　拉锯：逐鹿北非

中午时，英军已经至少有3个装甲旅和摩托化旅被消灭。但是，下午的时候，隆美尔遇到了意想不到的麻烦。英军刚刚得到了一船美制坦克——新型的28吨级"格兰特"式。这种新型坦克装有75毫米口径大炮，可以发射高爆炮弹，足以把德军坦克炸得粉碎。

▲败退的英军士兵正试图将陷入沙中的车辆推出来。

到第二天傍晚时，在英军的顽强抵抗以及新型"格兰特"式坦克的炮轰下，德军的两个装甲师损失了三分之一的坦克，被迫停滞在爵士桥"盒子"的外围。这里位于加扎拉主防线背后16千米，处于比尔哈希姆和海岸线的中间。轴心国部队退进一个大约260平方千米的半圆形小块区域中，其周边环布着英军的"盒子"和地雷。虽然意大利工兵部队及时地通过雷区，但很快就被英军的炮火封死了。轴心国部队此时已成为里奇的囊中之物，开罗的奥金莱克也发现了这一良机，他致电里奇立即发起攻势，他强调说："我们不能坐失良机，必须立即行动。"

但是里奇并没有立刻发动攻击，因为他还没有准备就绪。整整两天时间，里奇都在和他的两个军长制定作战方案并进行仔细筛选。然而就在他忙于制订计划的时候，良机已经与他擦身而过。隆美尔利用这两天的时间已经重新组织好力量。6月1日，他在加扎拉防线上撕开了一个巨大的口子，从而保证了他的后勤供应。同时，他还击毁100多辆英军坦克，俘虏英军3000多人，消灭了第150步兵旅，还摧毁了他们据守的"盒子"堡垒。此时，乐观的里奇在向奥金莱克报告时仍充满自信，他说情况会好起来的。

然而实际情况并没有他说的那么乐观。此时隆美尔已经开始掉头向南去攻击比尔哈希姆，而位于比尔哈希姆的"盒子"堡垒对于英军的整体防御是至关重要的。如果比尔哈希姆被攻陷，其他的防御"盒子"就会很快被拿下的。然而，比尔哈希姆比隆美尔所想象的更为坚固。从5月27日起就开始进攻这里的意大利部队没有取得任何进展。隆美尔本来打算用24小时就把它攻陷，而事实上他却被迫花了一周多的时间，才攻陷这个坚固的堡垒。

占领比尔哈希姆堡之后，隆美尔沿着防线向北继续出击。这次的进攻要顺利得多，剩下的"盒子"接二连三地被端掉了。他运用快速机动战术压制了英军新型坦克的优势。英军坦克大多都被击毁，到6月份的第三周，隆美尔的坦克数量已经是英军的两倍。英军的加扎拉防线已失去作用了，于是，隆美尔开始打算朝着托布鲁克进发。

迈进埃及的第一步

1942年6月21日，当托布鲁克陷落之时，英第8集团军的剩余部队已撤到利埃边境靠近埃及一面。当日，在开罗的奥金莱克以中东防务委员会的名义给首相丘吉尔发了一封很长的电报，在电报中他向丘吉尔叙述了英军可以采取的两种方案。

第一种方案是，凭借国境线上的防御工事死守不退，因没有足够的装甲部队与敌周旋，可能会导致防守的步兵部队悉被敌歼。奥金莱克在电报中强烈建议不要采取这一方案，因为这是下下策。第二种方案是，以高度机动的机械化部队在国境线上拖住敌人，为第8集团军主力向马特鲁港撤退争取时间。等到第8集团军在马特鲁港建好防御阵地之后，英军就可以重新向敌发动反攻。在电报的结尾，奥金莱克强烈要求采取第二种方案。

6月25日，奥金莱克亲自到达马特鲁，并解除了里奇对第8集团军的指挥权，由自己亲任指挥。第8集团军是英国在中东的柱石，如该集团军被歼，英国就会丧失对埃及乃至整个中东地区的统治能力，并使苏联的南翼暴露在德意部队进攻面前。

所以，奥金莱克不能再冒着让自己的主力被歼灭的危险继续留任里奇。6月25日夜间，他得到报告，隆美尔将于第二天早晨进攻马特鲁，于是当机立断，命令第8集团军在战事不顺时便撤往阿拉曼。为此，他作了如下的部署：第10军会同印度第10步兵师和英军第50步兵师扼守马特鲁防线。在其南边，是第13军指挥下的印度第29步兵旅和新西兰师；前者防守布雷区之间一个10千米宽的缺口。第1和第7装甲师防守沙漠侧翼。

第七章 拉锯：逐鹿北非

6月21日，隆美尔率领的德意部队在攻克了托布鲁克之后，就飞速朝着马特鲁地区袭来。4天之后，隆美尔所率的3个德国师就进入马特鲁地区，其先遣队已快要到达马特鲁港的外围阵地，他宣布第二天就对马特鲁港的守军发起进攻。

6月26日下午，3个德国师作为先头部队向英军防线冲去，由于攻击此处的英军防线

▲英军将20毫米加农炮装到贝尔P-39"空中眼镜蛇"战机上

比较薄弱，很快就被突破。德军为第二天的纵深突击打开了一条通路。27日上午，德第21装甲师绕至新西兰师的背后，对该师发起进攻。但由于实力上要大大弱于新西兰师而没有取得任何进展。

入夜时分，第21装甲师的处境已岌岌可危，因为它的东、西两面都处在英军坦克部队的威胁下。但是，隆美尔指挥的德第90轻装师已经在当日傍晚，切断了马特鲁港以东35千米处的滨海公路，堵塞了英军的退路。英第13军军长戈特决心动摇，下令该军撤退。午夜过后，新西兰师对德第21装甲师所组成的包围圈发起突击，毫无防备的第21师被击溃。6月28日夜，英第10军近三分之二的部队也分成小队，突围而去。

6月30日，隆美尔的先头部队已进抵阿拉曼。阿拉曼的阵地起自阿拉曼车站，直到南面55千米处的卡塔腊盆地。这是一道很长的防线，除了阿拉曼周围有永久性的堡垒以外，防线主要由若干互不相连的工事组成。这些工事是近几个星期内由英军工兵和意大利战俘匆忙构筑的。防线的两翼比较可靠，第8集团军退守该防线后进行了紧急整补，第9澳大利亚师也开了上来。阿拉曼往东75千米就是埃及重要港口亚历山大，后勤补给十分便利。英皇家空军为支援第8集团军空前活跃起来，对隆美尔的部队和后勤补给线进行着猛烈的轰炸。

奥金莱克亲自在阿拉曼指挥部队，决心击退隆美尔的任何进攻。他打破步兵师建制，组成"战斗群"。"战斗群"由摩托化步兵和炮兵分队组成，机动灵活又便于发扬火力。不过，为了以防万一，保存第8集团军，他还

拟订了一个阿拉曼失守后的计划：将第8集团军撤往尼罗河三角洲；若开罗和三角洲不保，便继续向南退至尼罗河。

7月1日，经过一天的休整，隆美尔向阿拉曼发起了进攻。消息迅速在亚历山大港传播开来，引起阵阵骚动和不安。英国海军已奉命撤出亚历山大港前往塞得港和海发港。然而，德军发起进攻后才发现迪尔阿卜德没有英军据点，而在5千米以东的迫尔西因却有一个新的据点。正是这个据点阻止了德军的进攻，所以亚历山大的骚动不过是虚惊一场。

虽然进攻受阻，但隆美尔仍然信心十足，下令部队趁月色继续进攻。兵员不足的德第90轻装师，试图迂回阿拉曼防线，但遭到英军步兵和炮兵火力的猛烈射击，"惊慌"逃回。后来隆美尔亲自驱车上阵，重新组织进攻。在进军途中，一颗炮弹在离隆美尔的小汽车仅6米的地方爆炸，这让他的手下大为恐慌，急忙挖坑以便隐藏起来，保住性命要紧。

与德军的慌乱不同，此时的英军总司令奥金莱克却显得比以往镇静。以前他一边遥控指挥前线作战，一边还要对付叙利亚、波斯潜伏的危险。现在，他没有那么多的烦心事，只需全身心投入到阿拉曼的防御上即可，所以指挥起来显得得心应手。7月2日，尽管隆美尔的进攻仍在继续，但奥金莱克抓住隆美尔的破绽，向德军进攻部队缺少屏护的南翼实施猛烈反击，迫使隆美尔抽出德第15装甲师迎战。

7月3日，当隆美尔集中德第90轻装师和意大利塔兰特师向阿拉曼的据点实施向心突击，企图进行中间突破时，奥金莱克派出装甲部队进行阻击。面对奥金莱克的坚决防御，隆美尔不得不向希特勒承认，德军自6月中旬开始的追击已"暂时"结束。隆美尔的部队已筋疲力尽，但他仍然坚信，只要补给能在最近几天跟上来，他就又可以前进了，而且会像拿破仑那样达到金字塔。奥金莱克可不希望隆美尔到达这个目标，于是他发动了一系列反攻，很快打乱了隆美尔继续前进的计划。

四、阿拉曼大捷

"长尾之狐"的无奈

在战争中，军事家们常把后勤比作军队的甩不掉的尾巴。军队的后勤

第七章　拉锯：逐鹿北非

补给线越长，军队的尾巴便越长，产生的阻力就越大。现代战争破坏性大、消耗多，对后勤的依赖非常大。

此时，屯兵在阿拉曼的"沙漠之狐"隆美尔就变成了一只"长尾之狐"，越来越被自己长长的尾巴困扰着。因为要从别的地方给阿拉曼运送补给是非常困难的。运输部队首先得跨过1000多千米的地中海到达主要补给基地班加西港，然后再走1000多千米公路，途中还要穿越沙漠。总的来说，这是一条由海运和陆运联合的超长生命线，在这中间运输人员还经常会遭到英国海军和空军的攻击。

▲盟军战机在执行战斗任务间隙。相对于德军补给的严重不足，盟军的补给则要好得多。

负责海上运输的是意大利海军，然而意大利海军经常面临的一个困难就是燃油不足，而意大利的燃油是由德国人提供的。此时，德军把全部精力都贯注到苏德战场上，所以对北非的燃油供应十分抠门。由于燃油缺乏，意大利不得不限制海军活动。这样依靠海军运来的物资就减少了一大半，这是造成隆美尔物资缺乏的一个重要原因。

意大利海军辛苦运来的这点物资在运往阿拉曼的途中，还要经受很多的损失。因为意海军通过地中海航线只能到达班加西港，所以这些物资要先在班加西港卸载，而班加西港到阿拉曼前线尚有1000多千米之遥。从班加西港到阿拉曼前线的陆上运输主要依靠北非海岸的滨海公路，这条公路时常处于英皇家空军的轰炸封锁之下，特别是越往东英空军的优势越明显。所以，补给品在抵达火线以前的陆上运输中所遭受的困难与所受到的损失，并不比海运少。这些损失还不包括武器装备和人员的输送损失，仅燃油的耗费一项就足以让隆美尔喘不过气来。这一切使得隆美尔的补给状况越来越糟糕。

与轴心国的情况不同，英国正为重新发起进攻调遣尽可能多的物资、增援部队和补给品。在这方面，英国拥有许多明显的有利条件。由于马耳他岛被封锁，英军的地中海航线基本被切断，但他们环绕非洲的补给线仍能正常运作。此外，德意两国没有能够说服日本在印度洋保持强大兵力，以打击从美国经马六甲海峡至中东的补给线和从英国绕道好望角至中东的补给线。这样一来，来自美国和英国本土的补给船队就可以顺利地通过印度洋进入苏伊士运河。此外，英军的许多生活补给品可以就地取于埃及、伊拉克等地。在运输线上的竞赛中，德意明显是不如英军的。

隆美尔屯兵阿拉曼后，深深感受到补给问题的严重性。他把补给品不足归咎于意大利人，他对意大利人在补给方面过于偏袒意军十分恼火。为此，他曾多次向意大利方面提出抗议，一再建议任命一个权威人物，使其有权控制一切后勤机构，保护地中海上的一切航运，以及指挥在北非地中海战区作战的轴心国海空军，但未被采纳。隆美尔与意大利海军方面，对糟糕的补给状况互相推卸责任。

阿拉曼局势陷入僵持阶段之后，隆美尔的态度发生了极大的转变，他开始向德军高层建议退回到利比亚与埃及边境的阵地上去。然而，他的这个意见在德国遭到一致的反对，意大利人的反应尤为激烈。他们仍然确信，一旦必要的增援部队运到，他们就能在新的攻势中掌握主动权，攻进开罗城。意军最高统帅部与德军最高统帅部于7月中旬达成了一项协议，动用那些集结起来准备进攻马耳他岛的部队，并把他们尽快调往埃及。

德意当局看到隆美尔已经有往后撤的迹象，为了稳住他，以让隆美尔继续发动对亚历山大港的进攻，于是抓紧时间向阿拉曼前线调运兵力。

▲阿拉曼战役进入相持阶段后，英军纵队正将战备物资运往前线。

第七章　拉锯：逐鹿北非

7月间，隆美尔得到5400名补充兵员和新组建的第164步兵师的两个先头团。1.3万名新兵已经空运到北非，更多的部队正以平均每天1000人的数额到达。8月初，一支德空军精锐部队以及一支第一流的意大利部队——弗尔格尔伞兵师也先后抵达阿拉曼。

8月中旬，意军最高统帅部及德国南线总司令凯塞林空军元帅，在正确估计了英军不断增长的实力之后，敦促隆美尔迅速发动进攻。8月17日意方的指令中所规定的作战目标是：先打败尼罗河三角洲以西的英军，然后攻占亚历山大港，并以该港为基地向开罗及苏伊士运河推进。

隆美尔也明白，阿拉曼僵局若持续下去，英军人力物力的优势会越来越大。既然德意最高统帅部都不同意撤退，那只有通过进攻才能打破僵局。隆美尔自己也一直在思考进攻的计划，最后他决定从阿拉曼防线的南端突破英军的防线，并在那里与英第8集团军交战，同时把部队推向开罗和亚历山大，横跨尼罗河的重要桥梁，发动闪电式进攻。由于隆美尔决定在夜间发起进攻，这就要求选定月圆之夜，也就意味着发动战争的时间必须拖到8月末了。

做好了战略部署之后，隆美尔最担心的还是后勤补给问题。对此，意大利总参谋长卡瓦利诺信誓旦旦地保证：意海军将全力以赴将物资运过海来。凯塞林则保证，德国空军将空运燃油给隆美尔。隆美尔在得到这些允诺后终于下定了决心。

然而，在万事俱备的时候，隆美尔自己却病倒了。依据医生的建议，隆美尔要想完全康复必须回德国待一段时间，接受适当的医药和护理。在非洲的土地上暂时治疗还是可行的，但不能根除。

8月21日，隆美尔把诊断结果电告柏林，并推荐德国坦克战专家海因兹·古德里安将军接替他的职务。但德国最高统帅部给隆美尔的回电是，古德里安不能接替这一职务，因为他的健康情况不能适应热带沙漠气候。迫不得已，隆美尔只有拖着病体指挥即将发起的进攻。

喋血阿拉姆哈勒法岭

1942年8月下旬，英军和德意方面在阿拉曼战场上的兵力基本相当，只是英军在空军战斗力和补给方面稍微占有一些优势，总的来说，在兵力方面双方实力相当。然而，另外一个方面，英军则占有完全的优势，那就

是情报来源。在第二次世界大战前夕，英国情报机关通过波兰搞到一台德国"恩尼格马"，即高级密码机。整个战争期间，德国人都非常自信地认为他们的"恩尼格马"密码无人可破。但英国人通过计算机这个高科技产物，逐渐破译了"恩尼格马"

▲阿拉姆哈勒法岭战斗中被德军击毁的英军坦克

密码。于是，英军几乎与隆美尔的高级军官同时得知他们对于战役计划的细节。

蒙哥马利在防御方案中采取了不少新的举措。他向第30军军长霍罗克斯下达了严格的命令，不允许该军的坦克从事近战，对炮兵集中使用。在兵力部署上，蒙哥马利给隆美尔的进攻设计了一个陷阱，使隆美尔搬起石头砸自己的脚。他以新西兰师箱形阵地封闭的南翼为基础，在箱形阵地与阿拉姆哈勒法岭之间的缺口内部署了第22装甲旅，该旅坦克都在隐蔽阵地上掘壕固守。他把新到达的第44师的两个旅配置在阿拉姆哈勒法岭的山脊线上。第23装甲旅作为预备队配置在第22装甲旅后面。因此，这个陷阱的北侧是坚固的。第8装甲旅被调派到阿拉姆哈勒法岭山脊以南一个靠后的阵地上，而第7装甲师的机动分队则担负小规模战斗任务，以保卫地雷场和向南开放的翼侧。总之，不管隆美尔朝哪个方向机动都将被困住。

美国的一位军事理论家说过这样一句名言："缺乏情报等于在拳击场上被蒙上了眼睛。"这时的隆美尔就变成了被蒙上双眼的拳击手，他几乎得不到一点儿关于英军部署的消息。在没有确切情报的情况下，隆美尔对英军的防御部署作了一个错误的判断。基于这个错误的判断，隆美尔制定了自己的作战计划：由德第164步兵师和意大利步兵师防守由海岸至鲁瓦伊萨特岭以南20千米处的地段；由德第90轻装师、德非洲军（辖第15和第21装甲师）和意装甲部队组成的突击群迂回英军防线的南端，攻打阿拉姆哈勒法岭。夺占该岭即可截断英第8集团军的退路。这个计划如果不被英军截获的话，将是一个很不错的作战计划。但是蒙哥马利截获了这个作战计划，于是早早地做好了防备。

第七章 拉锯：逐鹿北非

8月29日夜，隆美尔的主力在夜间沿沙漠小道向内陆运动，直接向阿拉曼防线南端推进。8月30日，主攻部队向沙漠推进了大约35千米，并在那里设了前进指挥所。这一天隆美尔陷入了深深的矛盾之中，一方面这是他期盼已久的进攻，如果成功那将是伟大的一刻；另一方面，他对战争能否取得胜利不是十分有把握，总觉得自己还没有充分做好发动进攻的准备。

与隆美尔的不确定相反，此时的英军军营内充满着一种主意已定、镇静自若的感觉，这种镇定当然来自于新的集团司令部。蒙哥马利在战前已经把整个作战计划做得完美无缺。这是一个典型的蒙哥马利式战役，一切准备活动都是在不慌不忙、时间充裕的情况下完成的。当德军进攻时，一切都已经准备就绪。

1942年8月30日晚10点钟，隆美尔的装甲部队开始朝东向着英军的布雷区推进。尼林指挥的非洲军左翼是意大利的装甲部队，右翼是德第90轻装师。对于德军的行动，英军立刻做出反应。英国沙漠空军在8月30日黄昏就出动了，用"惠灵顿"式飞机轰炸了隆美尔的装甲车停车场。当德意部队在地雷场奋力开辟通道时，他们发现地雷场比预计的要宽得多、复杂得多。掩护地雷场的英军部队进行了顽强的抵抗。

8月31日凌晨2点40分，整个阵地被英军伞兵的照明弹照得透亮，无休止的空袭同时开始了。紧随排雷分队行进的德装甲部队拥挤到布雷区里，成为英军飞机的轰炸目标。德军伤亡惨重，第21装甲师师长被一颗迫击炮弹击中毙命。几分钟后，一架英军战斗轰炸机袭击了非洲军军长尼林将军的指挥车，摧毁了指挥车的电台，纷飞的弹片打死了许多军官，尼林本人也被炸得遍体鳞伤，血肉模糊，被送往后方。拜尔莱因爬进另一辆坦克，临时担任非洲军的指挥。严阵以待的蒙哥马利使隆美尔的进攻一开始便陷入了困境。

8月31日上午8点，隆美尔驱车前往战场，才得知这些不幸的消息。出师不利使隆美尔深为震惊和伤心，他驱车前往非洲军驻地。当他和拜尔莱因会面时，拜尔莱因告诉了他一个好消息，第15和第21装甲师已经在地雷场上成功开辟了一条通道。此时的隆美尔已有停止战斗的想法，但拜尔莱因争辩说，眼下放弃进攻，对那些以身躯打通通道的工兵来说是受不了的。隆美尔最终同意了拜尔莱因的建议，但对作战计划作了修改：不是按原计划向东推进35千米到达左侧令人望而生畏的阿拉姆哈勒法山脊，再迂回过山脊从后方进攻英军主力，而是让全部兵力尽快横跨山脊。

隆美尔以为自己重新制定的计划应该不会有太大的损失了，殊不知这正是蒙哥马利求之不得的。在阿拉姆哈勒法山脊，蒙哥马利已经在此地布下了众多的装甲部队和炮兵部队，在沙漠空军配合下，这里将成为隆美尔的死亡地带。

从8月31日下午6时至9月1日，英军与德意军在阿拉姆哈勒法山脊进行了一场空前未有的厮杀，德军和英军都遭受了极大的损失。9月1日拂晓，隆美尔驱车前往战场时看到，这片狭窄的地段上，铺满了他的坦克残骸；许多坦克还在燃着熊熊的大火。迫于燃料短缺，隆美尔不得不放弃使用坦克。上午8点25分，隆美尔下令装甲集团军撤回8月30日出发时的阵地。

阿拉姆哈勒法岭之战，德军损失2900人和49辆坦克，英军损失1700余人和67辆坦克。在这次战斗中，敌对双方虽然都没有拼全力，但却成为北非战场上一次有重大影响的战役。蒙哥马利在这次战役中对隆美尔的打击，足以让他铭记至死。

"不战斗，毋宁死"

1942年11月3日早晨，希特勒收到了北非战场上的德军已开始撤退的消息，这对希特勒来说无疑是雪上加霜。在苏德战场上，他企图迅速攻占斯大林格勒的计划和整个1942年夏秋战局计划进展得很不顺利。在斯大林格勒战场上，德军正与苏军进行着一系列巷战。到当时为止，德军已在苏联战场上死伤70万人，损失火炮2000门、装甲车1000余辆、飞机1000余架。

这些已经使希特勒心痛、心碎，他眼看要支持不下去了。北非战场的突变又给了他更为沉重的一击。此时，他一肚子的怒气无处发泄，而那个把这个至关重要的消息给延误了的参谋就成了他发泄的对象。

11月3日9时许，希特勒大肆发泄了一通后，立即向隆美尔发出了一封电报。在电报中，希特勒命令隆美尔必须坚守住阵地绝不后退一步，"把每一支步枪和每一名士兵都投入战斗"。此外，他还向隆美尔许诺，大批空援在未来几天就会到达南线总司令凯塞林那里，此后物资还会继续跟上，

第七章　拉锯：逐鹿北非

只要他坚持战斗。最后，希特勒以"不战斗，毋宁死，别无其他选择"结束了他的电报。

3日上午，隆美尔驱车视察了在阿拉曼防线北部继续抗击英军进攻的装甲部队和正在向西撤退的步兵。正午过后，他收到了希特勒的电报。电报结尾处的那几个字像一颗颗钉子，深深地刺痛着隆美尔的心。就在90分钟前，他还向部队发出了进一步撤退的命令，并已经准备好打一场机动的防御战。然而此时此刻，他从来不敢违抗的元首下令不准撤退，他该怎么办才好？在此后的1个小时里，隆美尔陷入了两难的境地，他是应该忠于元首的命令拼死抵抗，还是正视现实继续撤退？

3日下午2时28分，隆美尔作出了最后的选择，他选择遵守元首的命令，抵抗到底。他在电话中向非洲军军长托马宣读了希特勒的来电，并强调："把这项命令贯彻到士兵中去。部队必须战斗到最后的一兵一卒。"当托马指出这将导致灭顶之灾，并建议撤下坦克重新编组时，隆美尔对着话筒吼道："不能撤！元首命令我们竭尽全力坚守！不能撤退！"下午6时40分，隆美尔拒绝了非洲军建议的新防线，并大声疾呼："我要你们守住现在的阵地！这是生死攸关的大事！"接到希特勒的电报后，隆美尔觉得部队将全军覆灭，自己也在劫难逃。

11月3日上午11时30分，希特勒的那封电报很快被英国破译出来，丘吉尔也很快知道了这个消息。蒙哥马利得知隆美尔已经决定撤退，但又在希特勒的命令下坚守的情报后，向全体士兵发布一个文告。文告内容是：目前的战役已持续12天，在此期间全体官兵英勇作战，使敌人遭到很大损耗。现在敌人已达到了崩溃点，还在企图撤退。皇家空军正在袭击沿主要海滨公路向西移动的敌军部队，使之遭到重大伤亡。敌人已在我们的控制之下，

▲一幅关于英国轰炸机猛轰德军阵地的绘画

崩溃在即。我号召全体官兵继续对敌施加压力，不得有片刻松懈。我们有可能擒获敌人整个装甲集团军，我们一定要做到。我为已经取得的一切成就向全体官兵祝贺。彻底胜利已经在望。我已代表你们向皇家空军发去一份贺电，感谢他们对我们的巨大支持。

11 月 3 日至 4 日夜间，英军向德意军队发起了最后的攻击。但是，蒙哥马利对阿拉曼战役的后果缺乏远见，他对突破成功后如何追歼敌军的措施考虑不周并且动作缓慢，他制定的追击行动显得苍白无力。蒙哥马利下令新西兰师和第 10 军进行追击，给他们规定的任务是：以第 4 轻装甲旅和第 9 装甲旅为先导，引导第 5 和第 6 机动步兵旅向西横过沙漠，然后向北转直奔富卡；第 1 装甲师应向泰勒阿卡基尔西北面的埃尔哈拉什挺进；第 7 装甲师的前进目标是加扎勒。

这是一个大规模的向北包抄运动，其关键是富卡以西的一个据点，海岸公路从此登上了陡坡。如果能够及时封锁这个隘路，退却的德国装甲集团军就可能遭到两支英军夹击而陷于危境。但是新西兰师疲战之后需 24 小时才能做好追击准备，没有道路交通管制，一片混乱。

从 11 月 4 日拂晓至黄昏这段时间，新西兰师所属各部队前进速度最远的也只有 65 千米，至于第 10 军的装甲师前进速度更慢，仅前进了 15 千米。等走在前面的新西兰师于 5 日到达富卡时，隆美尔的部队已向西撤去。

造成这种结果的原因，一方面是由于第 8 集团军经过 12 天的血战后伤亡较大，一些部队已疲惫不堪；另一方面是蒙哥马利过于谨慎，不敢实施大胆的追歼。结果，蒙哥马利把最好的全歼敌人的时机错过了。

其实，11 月 4 日的白天和夜晚是追击的最关键时刻。因为在这一天，隆美尔的装甲部队虽然还在抵抗，但步兵已在撤往富卡的途中。隆美尔正处于撤退和坚守的矛盾中踌躇不定。4 日早晨 7 时 25 分，德军南线总司令凯塞林赶到隆美尔的司令部，他本来是督促隆美尔严格执行希特勒的命令的，可当他得知隆美尔现在只剩下 22 辆坦克时，立即改变了自己的看法。凯塞林建议隆美尔立即电告希特勒，告诉希特勒现在已经必须撤退，这是德军以后得以在非洲立足的唯一机会。隆美尔于是给希特勒发了一封电报，同时仍旧命令部队坚守。下午 3 时 30 分，隆美尔终于下令全线撤退。11 月 4 日晚上 8 时 50 分，希特勒终于同意撤退。第二天隆美尔收到了希特勒的新命令，此时他不得不庆幸自己作出了正确的选择。这样，他得以保存

第七章　拉锯：逐鹿北非

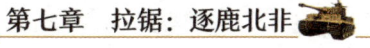

仅剩的 7 万多部队，撤往富卡新防线。

暂缓鸣钟

　　阿拉曼战役之前，丘吉尔首相曾与中东总司令亚历山大约定：如果英军夺取阿拉曼之战的胜利，就在全国鸣钟以示庆祝。

　　11 月 6 日，亚历山大给丘吉尔发去电报，他在电报中得意地说："鸣钟吧！据估计俘虏人数目前已有 2 万，俘获坦克 350 辆，大炮 400 门，军用物资数千吨。我军先头机动部队已抵马特鲁港以南的地方。第 8 集团军正在乘胜前进。"丘吉尔三思之下，觉得现在鸣钟还有点早，他觉得应该等到"火炬"作战计划开始得胜时再鸣钟。他给亚历山大将军回电，告诉了他自己的看法。

　　从 10 月 23 日进攻开始至 11 月 4 日突破成功，阿拉曼战役经过了对于双方来说都是漫长且艰难的 12 天。在这次战斗中，英军损失 1.35 万人，德意军损失 3 万余人。通过这次战役，隆美尔被击退了，埃及的危机解除了。阿拉曼成为盟军的"命运的关键"。丘吉尔甚至夸张地说："在阿拉曼战役以前我们是战无不败；在阿拉曼战役以后，我们是战无不胜。"

　　在这次战役中，英军得胜的关键在于充足的资源补给。在兵力兵器和后勤补给方面，英军占有绝对的优势，其中以坦克、大炮、飞机等补给方

▲阿拉曼大捷的胜利大大鼓舞了英军的士气，重树了英军的威信，抬高了英国的国际地位。

面的优势最为明显。在 12 天的血战中，英沙漠空军共出动 2500 架次，破坏了敌军的部队机动、作战指挥和后勤补给，而德意空军仅出动飞机 260 架次。

英军胜利的另一个重要因素来自蒙哥马利的出色作战指挥。阿拉曼战役与以往在沙漠中所发生的历次战役均不同。因为战线狭窄、工事坚固、地雷密布，且有重兵固守，无法实施侧翼包抄。蒙哥马利根据这一实际情况，充分利用短近而优良的交通线，集中使用炮兵，用猛烈的炮火组成火网，然后用大批坦克蜂拥向前推进，终于突破了隆美尔精心设计的防线。蒙哥马利总是把数百门大炮集中使用，而不是用分散的炮兵中队进行小规模的炮轰。

丘吉尔曾这样称赞他，"蒙哥马利是一位伟大的炮兵专家，他相信大炮可以杀人"。然而，蒙哥马利是个过于谨慎的人，不太善于进行机动作战。他指挥的原则就是摆好了阵势再打。他缺乏隆美尔那种当机立断，适应变化的指挥技术。如果他再大胆果断一些的话，完全可以在富卡截住隆美尔的部队加以歼灭。

在这次战役中，英军的一个优势是我们不能忽视的，那就是利用"超级机密"对德军密电的破译。"超级机密"在英军夺取阿拉曼战役的胜利中发挥了不可低估的作用。在战争中，蒙哥马利正是充分地运用了破译的情报，才能从容不迫地安排部署自己的作战计划。此外，及时的敌军情报也曾多次帮助蒙哥马利作出正确的决策。如在"增压"作战开始前，蒙哥马利原计划在北边近海处进行突破。但通过截获的敌军情报显示，德国的第 21 装甲师正向北调动，敌军防线中央主要是战斗力较弱的意军，于是蒙哥马利把突破点做了一个稍微的变动，英军就顺利突破了敌军的防线。

隆美尔在阿拉曼的失败主要应归因于兵力的不足，兵器的陈旧以及后勤补给线太长。隆美尔一向擅长的就是机动战，但在阿拉曼战役中，他却不能发挥自己的机动优势来弥补德军在兵力和后勤上的劣势，只能一味和英军进行正规的攻防战。在战争的后期，他既没有能力攻破英军的防线，又不得不遵照希特勒的指令守住已经占领的据点。所有这些因素都促成了隆美尔的最终失败。但我们如果从更深的层次来考虑的话，隆美尔在非洲战争的失败，其实是德国野心太大而实力不足的必然结果。

1942 年 10 月至 11 月，德国的庞大野心与实力不足的矛盾已经充分地暴露出来了。由于法西斯集团在苏德战场上、太平洋战场上、大西洋战场上和北非地中海先后发动战争，这对于国土资源不太丰富的诸法西斯国家来说，无疑是一个沉重的负担。而以苏美英中为首的反法西斯同盟各国却拥有丰富的资源来支持这种大规模的战争，随着战争的扩大，法西斯国家必定会越来越力不从心，而此时，同盟国的巨大资源潜力就会充分发挥作用。

与苏德战场比起来，希特勒一直是把北非地中海视为次要战场的，所以在这里必定不会投入太多的兵员和资源。虽然墨索里尼很重视这里，并把这里视为自己的主要战场，也投入了自己的主力。但是，墨索里尼只是口头上很强大，其实是很虚弱的，所以最终的结局只能是失败。

阿拉曼战役是英国战争史上光彩的一页，是英国对第二次世界大战做出贡献的象征。正由于此，第二次世界大战结束以来，英国以各种各样的方式纪念阿拉曼战役的胜利。蒙哥马利辞世后，英国为他建立了一座雕像，伊丽莎白女王亲自为雕像揭幕。

对于英国在阿拉曼所取得的胜利，英国军事史学界一直存在着很大的疑义。学者们之所以对英国的胜利持怀疑态度，主要是因为它没有摧毁或捕捉住隆美尔的装甲集团军，而这本来是丘吉尔给亚历山大和蒙哥马利的主要的和首要的任务。有学者称，阿拉曼之战只是一场"政治上的胜仗"，这次战争的胜利重新树立了英军的威信，抬高了英国的国际地位。无论如何，阿拉曼战役确实起到了一定的作用，它沉重打击了意大利，也给了德国一个教训，成为第二次世界大战的重要转折点。

五、北非战场落幕

火炬行动

1942年11月8日凌晨1点，蒙哥马利在阿拉曼地区击败隆美尔的第4天，英美联军开始了他们的"火炬行动"。"火炬行动"是在第二次世界大战中，美英首次展开的联合军事行动。此时，美国军队占多数的10.7万余名官兵，即将开始他们在非洲大陆的登陆计划。首先，他们要在分布于1500千米的9个沿海地点寻求一个立足之地。其次，他们将接管法属北非最大港口城市中的3个：摩洛哥的卡萨布兰卡、阿尔及利亚的奥兰和阿尔及尔城。最后，他们将全速挥师东进，争取抢在轴心国部队以前，攻入突尼斯，占领突尼斯城和比塞大港，这个港口是与德军在南欧的军事基地距离最近的港口，所以占领它对盟军是特别重要的。

由于盟军所要接管的3个城市卡萨布兰卡、奥兰和阿尔及尔城相距太远，盟军的大部队不得不分散成3支特遣分队：西部、中部和东部船队。西部分队的目标地是卡萨布兰卡。在西部分队驶过直布罗陀海峡的时候，潜伏在直布罗陀地区西班牙一侧的德国间谍把这一消息告诉了希特勒，但在希特勒看来，这只不过是一支受到严密保护、开往马耳他岛的运输队，并没有加以重视。11月7日，当隆美尔的军队撤向利比亚后，希特勒突然意识到，盟军船队确实是在非洲沿海地区，他们的登陆城市很可能就在利比亚港口城市班加西和的黎波里。盟军在这两个地方故意策划的佯攻，更使得希特勒对自己的主观臆想深信不疑。这样，德军暂时对盟军还构不成威胁。

▲丘吉尔视察英军部署在地中海的战舰

"火炬行动"的策划者们心里清楚，给他们所制定的作战计划制造障碍的将是法国人而不是德国人。法国的抵抗会到什么程度，这是"火炬行动"的策划者们一直在思考的问题。最后，罗斯福把与法国进行接触的任务交给了美国驻维希政府的使节罗伯特·D.默菲。罗斯福总统曾秘密委任默菲作为他在北非的私人代表。在盟军进攻北非前两个月，他曾秘密到达伦敦会见盟国远征非洲的司令艾森豪威尔，把非洲的情况大概做了一下介绍。

此外，他还对盟军可能受到的待遇作了两种猜测：如果法国人认为"火炬"计划是美国方面的军事行动，他们就不太可能作出抵抗，理由是法美之间的传统友谊一时还难以消先；但是，如果他们认为"火炬"行动完全是英国人的事，他们很可能会进行顽强抵抗。此外，默菲还向艾森豪威尔提到了法军中可能倾向于盟军的人物：亨利·吉罗将军和五星级海军

第七章　拉锯：逐鹿北非

上将杰恩·弗朗科伊斯·达尔朗。此后，他利用外交官的身份广泛交游，细心查证军方官员和有影响的士绅阶层内心深处的情感倾向，估量各种反维希和反纳粹地下组织对于盟军的潜在价值，推测那些阿拉伯民族主义分子究竟是敌是友。

▲北非战场上被摧毁的德军坦克，"火炬行动"的实施，使盟军顺利战领了卡萨布兰卡。

由于登陆计划的制定者们过分注重保密，直到登陆前4天，默菲仍被禁止将计划细节通知亲盟国的法国地下组织，因此减少了盟国本可以绝对信赖的一支法国支援力量协调行动的可能性。在盟军发动登陆计划的前一天，默菲就在阿尔及尔城。在得知盟军已经开始登陆的消息后，他为了让法军和盟军之间的冲突减到最低，经过慎重考虑，他把盟军登陆的消息告诉了法属北非地面部队的总司令朱恩将军。

最后，这位精明的海军上将两面下赌，一方面发电报给贝当元帅，寻求指示。另一方面，他想先看看盟军的实力和士气再作最后的决定。幸运的是，盟军的登陆部队虽然在一开始的时候受到一些阻碍，但进展还算顺利。下午3时左右，盟军已经占领了俯瞰阿尔及尔城的制高点。在达尔朗海军上将的批准下，朱恩将军安排了一个停火仪式。11月8日早晨7时，离登陆开始还不到20个小时，美军就占领了这座美丽的地中海滨港城。

在奥兰登陆的盟军可没这么幸运，驻守在那里的法军进行了顽强抵抗，直到11月10

▲罗斯福在卡萨布兰卡会议期间慰问驻地美军。

日午后才最终投降，这一时间距首批部队登陆上岸已有48个多小时了。

应该说盟军此时倒还算顺利。然而，盟军在攻占卡萨布兰卡时，却遭到了发动进攻以来最顽强的抵抗，那里的驻军拥有强大的舰队。盟军遭遇了重大损失。担任攻占卡萨布兰卡战役的盟军将领是巴顿将军。11月10日，巴顿收到艾森豪威尔的电报，电报称摩洛哥两个最边远的进攻目标莎菲和里奥特港已经被盟军占领，艾森豪威尔督促巴顿加速攻占卡萨布兰卡。

为了加快时间结束战斗，巴顿在没有与北非盟军最高司令商议的情况下，就制定出这样一个计划：在次日天明时即对卡萨布兰卡进行空中、海上轰击，随后旋即展开地面攻势，迫使城中守军缴械投降。但是，他的计划还没有实施，法军就于11月11日清晨6时48分，宣布投降了。原来，11月10日早晨，达尔朗海军上将签发了一道普遍适用于驻北非各处法军的停火命令，这使得盟军与法军突然之间化干戈为玉帛。达尔朗在这次同盟国的交易中得到的好处是被任命为法属北非高级行署专员，负责管理行政事务，而他手下的吉罗将军则成了法国地面部队和空军的最高指挥官。

由于登陆取得了成功，盟国上上下下信心倍增。他们指望从阿尔及尔出发，用2个星期的时间向前推进720千米，胜利抵达他们在突尼斯境内的两个主要目标：突尼斯城和比塞大港。但是盟军现在必须和时间赛跑，如果在11月底之前，盟军不能占领突尼斯，他们不仅要面对当地连续四五个月的阴雨天气，还要面对正在大批赶往非洲的德意轴心国部队。

此时，希特勒已经逐渐意识到地中海战区的重要性，如果盟军攻占了突尼斯城和比塞大港，他的大将隆美尔的部队就有可能被完全吃掉。更为重要的是，这两座城市海港、机场设施配备齐全，而且坐落在地中海一侧、直布罗陀以东"最狭窄处"，如果盟军打算沿着南翼打击希特勒最薄弱的"欧洲堡垒"的话，这里将成为最好的跳板。于是，当盟军方面正在为攻占奥兰和卡萨布兰卡而与法军打成一团的时候，轴心国正往突尼斯和比塞大港调兵遣将，以加强这两个港口城市的防御。

希特勒的目标是到11月底，驻守在这里的军队数量要达到大约1.5万人。

在盟军方面，为了防备希特勒动用空军，从西班牙朝着盟军的后面进攻，西路和中路分遣队被留下来加强后方保护，担任此次突击的主要是英美装甲部队和东路分队的步兵。由于盟军对于德军在该地驻守军队的实力

第七章　拉锯：逐鹿北非

估计不准，导致盟军向突尼斯的进攻屡屡受挫。12月2日，担任突击指挥的安德森将军不得不向盟军司令部请求停战休整，因为在将近一个月的进攻中，盟军前线已接近弹尽粮绝，士兵也疲惫不堪。蒙哥马利同意了安德森的请求，但这个休整期拖得太长了，以致盟军失去了进攻的良机。突尼斯开始进入雨季，盟军的坦克部队可谓寸步难行。到12月底的时候，艾森豪威尔不得不下达了暂时中止突尼斯战役的命令。

卡萨布兰卡会议

1942年11月，英军取得了阿拉曼战役的胜利，于是北非战争的形式开始好转，英军从防御转入反攻。到1943年1月23日，盟军已经进入利比亚首都的黎波里，在这2200多千米的行程中很少打仗，只是英国空军使沿海公路上的德军车辆蒙受一些损失，隆美尔几乎是有条不紊地退向突尼斯，最后同那里的德意侵略军连成一伙。

在英军取得阿拉曼大捷之后不久，美英盟军也发动了一场名为"火炬行动"的非洲登陆计划。美英盟军很快就占领了法属殖民地摩洛哥的卡萨布兰卡、阿尔及利亚的奥兰和阿尔及尔城。此后，北非的法国军队也投靠盟军，这样盟军的实力就更加增强了。但是，盟军在此后向突尼斯西部和中部突进的过程中，由于遭到德军的顽强抵抗以及天气的因素，暂时放弃了原定占领突尼斯城的计划，转而固守已经占有的阵地和前线机场。这就放松了对德意军队的压力，苏联方面对此很不满意。

鉴于这种情况，美英两国领导人希望和斯大林进行会晤，以便商讨共同击败德国法西斯的战略方针。罗斯福和丘吉尔都先后向斯大林发出了邀请，斯大林虽然也赞成三国政府首脑开会，以确定共同的军事战略的主张。但是由于当时苏联战场上的斯大林格勒战役已到了关键

▲卡萨布兰卡会议中的英美两国元首及其参谋人员

时刻，斯大林说，他无法离开苏联，"即使离开一天也不可能"。于是，罗斯福就和丘吉尔商定，他们将于1943年1月15日左右偕同参谋人员到卡萨布兰卡会晤。

1943年1月14日~23日，罗斯福和丘吉尔举行了秘密会议。

这次会议的一个主要战略问题是：英美法军队已从东西两面对突尼斯的德意法西斯军队形成包围之势，胜利在望了。而在击溃这股敌军之后，他们下一步干什么？在会议讨论期间，丘吉尔和英国参谋长们极力主张在1943年扩大地中海战场，对西西里、科西嘉、撒丁、多德卡尼斯群岛以及意大利、希腊沿海进行一系列牵制性进攻，打击意大利，使其退出战争，争取土耳其参战，迫使德军分散兵力。美国陆军参谋长马歇尔则主张横渡英吉利海峡，从那里进入法国作战，但罗斯福也倾向于把地中海的战事扩大，完全控制这一地区。

经过反复讨论，1月23日，罗斯福和丘吉尔以及两国参谋长举行了最后一次全体会议。会上，两国领导人最终决定了以下三件大事：

第一，确定了1943年英美联军的进攻方向。罗斯福接受了丘吉尔竭力推荐的计划——进攻"欧洲柔软的下腹部"——攻占西西里岛，确保地中海航行安全，迫使意大利投降，然后从巴尔干切入欧洲腹地。

第二，美英两国把各自支持的法国政治首脑吉罗德和戴高乐硬拉到一起，希望他们联合起来。吉罗德是美国特工从法国南部营救出来的一位法国将军，美国支持他成为未来法国的政治首脑；戴高乐则是英国一直支持的"自由法国"运动的领导人。

鉴于盟军即将重返欧洲，罗斯福和丘吉尔都觉得有必要使法国的两派首脑联合起来。戴高乐身上很有"法兰西民族的性格"，他不肯受人摆布，拒不前往卡萨布兰卡。在罗斯福的催促下，丘吉尔不得不向戴高乐施加最大的压力，毫不含糊地指出，如果他仍然拒绝的话，英国将断然和他彻底决裂。

1月24日，罗斯福、丘吉尔、戴高乐和吉罗德终于坐在了一起。通过罗斯福与丘吉尔的调解，戴高乐和吉罗德终于同意组成法兰西民族解放委员会，同任主席。后来，缺乏政治才干的吉罗德很快就被戴高乐排挤出去了。

第三，盟国第一次明确了战争的最终目的是迫使轴心国无条件投降。

第七章　拉锯：逐鹿北非

罗斯福在卡萨布兰卡会议结束后举行的记者招待会上，宣布了"德、意、日无条件投降"的原则，声称只有德、意、日战争力量的彻底消灭，世界才有和平的保证。

1月24日，罗斯福补充说，德、意、日战争力量的消灭，并不意味着德、意、日国家的毁灭，只意味着这些国家中那些以征服和奴役别的民族为基础的体系的毁灭。这是盟国首次正式提出其所追求的最终目标是轴心国的无条件投降，从而打破了通过外交途径与德、意、日谈判的任何企图。"无条件投降"原则，基本上得到广大同盟国家的欢迎，鼓舞了世界人民对法西斯国家作战的士气。同盟国的物资仍必须首先用于击败德国潜艇；必须尽量向俄国运输供应品，以便支援苏联军队。在欧洲战场的军事行动目标是，在1943年内，使用同盟国可能用于对德作战的一切兵力，击败德国。

除了以上几个比较重要的问题以外，卡萨布兰卡会议还进行了一些具体的人事安排。会议决定任命艾森豪威尔为盟军总司令，而在追击隆美尔的英国第8集团军从东面打进突尼斯之后，该集团军的总司令亚力山大将军担任盟军副总司令，负责指挥突尼斯战线。在突尼斯战役完成之后，亚历山大就负责指挥夺取西西里岛的战事。坎宁安继续担任艾森豪威尔的海军总司令，阿瑟·泰德被任命为空军总司令。这个建制将于2月初生效。盟军司令部当前的军事任务就是占领整个北非沿海地带，取得完全胜利，同时做好准备工作，占领西西里岛。

卡萨布兰卡会议的圆满结束，为法西斯轴心国的灭亡敲响了丧钟。

最后一击

在卡萨布兰卡会议期间，德军在斯大林格勒正遭遇重创，已经面临着失败的结局，希特勒此时根本无心顾及突尼斯。

于是，盟军肃清北非残敌的时机来了。

1943年2、3月间，从东部追击德意败兵的英国第8集团军已先后攻入突尼斯。亚历山大依照卡萨布兰卡会议的决定，开始就任北非盟军副总司令。他对部队进行了改编、整顿和重新组合，为强攻敌人的主要阵地马雷特防线做好了准备。马雷特防线是战前法国人为了防止意大利军队入侵而修建的，它位于突尼斯东部，长达30千米。

▲英军炮兵在突尼斯之战间隙，正为一门美 MZ 式 105 毫米榴弹炮填装炮弹。

3月20日夜间，蒙哥马利的第8集团军开始对马雷特防线发动进攻，经过7天的激烈战斗之后，英军完全占领了这条防线，迫使敌军狼狈向北撤退。此后，英军第8集团军的左翼同向东迅猛推进的巴顿指挥的美国第二军会师。这样一来，北非盟军所有的部队就连接成一条战线了。

在德军方面，从3月底开始，非洲的德军就面临着严重的物资短缺。盟军胜利会师之后，不费吹灰之力就把德军挤压到突尼西亚东北一隅。大批的盟国飞机和舰只正不断地摧垮轴心国的运输线。

连希特勒本人都不得不承认，要想让轴心国部队守住突尼西亚的桥头堡，每月至少需要给他们提供15万吨的军需物资。但是自从去年12月以来，每半月的货运量就没有超过7.5万吨。到了3月份，这个少得可怜的月运输量还在继续下跌。德军除了食物和弹药奇缺之外，燃油的储备量也急速下降。由于没有充足的燃油，德军已丧失了进行任何重大战役的机动作战能力。

面对这样的困境，希特勒仍然顽固地认为，轴心国可以在非洲长期坚持下去，而且必须长期坚持下去。他现在已经很清楚盟军为什么一心想要攻下突尼斯了，因为他们的最终目的是击毁德军在南欧的基地。所以希特勒认为，只要德意军队在突尼斯拖住盟军，使他们无法利用突尼斯城和比

第七章　拉锯：逐鹿北非

塞大的优良海港，盟军就无法实现进攻南欧的目的。

他也清楚，他的同伙墨索里尼在意大利的感召力正在急剧下降。在都灵和米兰，要求结束战争、摆脱法西斯主义的工人已掀起了大规模的罢工浪潮；如果突尼斯失陷，成千上万的意大利士兵将被送进盟军的战俘营，那么，在意大利本土的公众反应就将导致墨索里尼被国内的反对势力赶下台去，从而，希特勒"欧洲堡垒"的南翼将会极其危险地暴露在盟军的铁拳之下。

在希特勒的死命令面前，德军在非洲的主帅阿利姆也不得不遵守。尽管阿利姆本人疑虑重重，但他毕竟还是一个视服从为天职的军人。从马雷特防线和阿卡里特谷地，他们一直就被盟军赶着跑，但是，现在阿利姆下令在4月里，再也不能后退半步。德军驻守在一条地势崎岖的弧形防线上，这条防线从北部海岸的比塞大以西40千米处延伸到东部海岸鲍角半岛下方的本菲达维勒。在这条战线上，轴心国军队正在掘壕挖沟以求固守。他们的工事对付一些小打小闹显得绰绰有余。在打退盟军进攻的同时，德意军队设法在各条通道和多地河床上埋设了大量地雷，把山岭和坡地变成为防御工事，沿着盟军最有可能发动重大攻势的道路旁，他们架起了大炮以控制路面。轴心国部队官兵发疯似的干着活，他们心里清楚盟军的进攻已迫在眉睫了。

确实，在蒙哥马利的部队同突尼斯境内的美英法军队会师以后，盟军司令部便开始忙着制定总攻计划了。然而，在关于哪支部队应该攻打何处的问题上，盟军司令部内部出现了激烈的争执。原来，盟军地面部队总司令亚历山大将军总是看不起美军部队，他认为美军大都"无知""不学无术"，并且"在精神上和体格上都软弱无力"。所以，在他主持制定的作战计划中，美军被排斥在了最后的决定

▲突尼斯一战后，盟军士兵正在检查一辆被摧毁的德军坦克。

性行动中。

3月中旬,当美军方面得知亚历山大计划的有关细节后,第二军军长乔治·巴顿和副军长奥玛尔·布莱德雷顿时勃然大怒。气急败坏的布莱德雷连夜飞往阿尔及尔城,向北非盟军总司令艾森豪威尔提出了自己的看法。他建议艾森豪威尔把整个第二军悉数派往第一集团军的北面,让美国人自己进攻比塞大。艾森豪威尔经过仔细的考虑,最终同意了布莱德雷的要求,并平心静气地命令亚历山大更改了作战计划,把第二军调往北部,协调得十分成功。

4月19日夜里,盟军发动了代号为"铁匠"的进攻计划,蒙哥马利的军队在此次战斗中首先发起了进攻,这在某种意义上是亚历山大对于第8军不能参加对德军总攻的一个补偿。

然而不幸的是,这个补偿的代价是惨烈的。原来,盟军本来打算让第8军把轴心国军队从第一集团军的正面吸引开,但没想到第8军在进攻两天之后,就由于遭受了严重的损失,不得不停止了攻击。

4月22日,第1集团军开始了极其缓慢而又艰苦的进攻。4月23日,美军第2集团军也独立展开了攻势。在两个方向上的盟军所到之处,炮火连天,硝烟弥漫,盟军的装甲部队和德国坦克兵为了争夺一小块平地而进行激烈冲杀,相互冲击;步兵部队为了攻占一座山头,不惜血流成河,尸横遍野。战斗一直持续到5月7日才结束,在这一天,盟军解放了突尼斯城和宾泽特港。5月13日,猖狂一时的德国非洲军和意大利军队向盟军投降了。盟军彻底肃清了北非的残敌,俘虏德意官兵25万人。

第八章
反攻：光复欧洲

一、进军西西里

难产的"赫斯基"计划

第二次世界大战进行到 1943 年，战场局势发生了巨变。苏德战场，斯大林格勒战役已经结束，苏军转入反攻。北非战区，英国取得了阿拉曼战役的胜利，英美盟军登陆北非，德意军队被迫投降。西西里战役拉开了序幕。

"赫斯基"，是英文：Husky 的谐音，它可以翻译成"爱斯基摩人"或者"壮汉"，它是盟军西西里岛登陆作战计划的代号。

西西里岛是地中海中最大的岛屿，位于地中海的中部，面积 2.5 万平方千米，人口 400 万左右。该岛是从北非到欧洲的海上交通要地，具有十分重要的军事价值。

▲"二战"期间丘吉尔与英军的参谋团队

第二次世界大战全史

早在1942年，美、英盟军在北非取得节节胜利的时候，盟军便开始酝酿把战争打到欧洲大陆去。但是关于登陆地点，双方有很大分歧。

北非登陆成功后，美国人自我感觉很好，他们仿佛已经看到了和平的曙光，于是他们开始着手描绘下一步的行动蓝图。美国人主张，应尽快结束北非战事，以便抽出手来一举打过英吉利海峡，开辟第二战场，迅速打败法西斯德国。但务实的英国人觉得美国的计划太冒险，他们认为，横渡海峡是一场无谓的冒险，可能会招致灭顶之灾，倒不如从意大利的西西里岛入手，向敌人的"软腹部"进攻。

▲▲巴顿与蒙哥马利在前线上

为了达成一致意见，双方召开了卡萨布兰卡会议。双方议定：首先解决意大利问题，然后再考虑在法国登陆的事。会议之后，"赫斯基"行动计划的制定工作便在英国首都伦敦悄悄地开展起来，但由于受到各方面因素的影响，进展十分缓慢。后来，计划工作改由艾森豪威尔亲自负责，计划小组迁至阿尔及尔，同时被命名为"141"小组。

领导"141"小组的是英国军官查尔斯·亨利·盖尔德纳少将。查尔斯在战争中曾指挥过英第6装甲师作战，有较丰富的实战经验，并因擅长制定作战计划而在英军中闻名，被誉为"制定作战计划的能手"。

"141"小组认真仔细地分析了西西里岛的兵要地志，先后拿出了7个作战预案，但都被盟军指挥部一一否决了。

4月中旬，"141"小组再次推出了"赫斯基第8号"方案。该方案甫出台，便得到艾森豪威尔、坎宁安、泰德等盟军高级将领的赞同。

"141"小组分析，西西里岛地形比较复杂，可供使用的道路比较少，

第八章 反攻：光复欧洲

特别是西西里岛东北部。盟军登陆相对比较容易，但向西西里岛腹地发展进攻将十分困难，大部队难以展开，且容易受到敌人的节节阻击。因此，要想使"赫斯基"作战行动顺利实施，必须首先攻占西西里岛的两个主要港口，即西西里岛西北部的巴勒莫港和东南部的锡腊库扎港。然后凭借这两个港口建立前进基地。

因此"赫斯基第8号"方案规定，由巴顿率领美第7集团军，在巴勒莫地区登陆；由蒙哥马利率领英第8集团军，在锡腊库扎地区登陆。

已出任美第7集团军司令一职的巴顿看到"赫斯基第8号"方案时，十分满意。他知道，巴勒莫是西西里岛首府，具有悠久的历史，在世界上享有盛名，由他来夺取巴勒莫，一旦成功，自己必将作为这座世界名城的解放者而载入史册。他决心抓住这一机会，在此次登陆作战中大展身手。

正当巴顿雄心勃勃、夜以继日地琢磨具体作战计划的时候，蒙哥马利打破了他的美梦。

蒙哥马利指出，"赫斯基第8号"方案实际上是一个分散用兵的方案，如果按照这个方案行动，是非常危险的，一旦敌人查明盟军企图，敌人就会集中兵力实施各个击破，将我们赶下大海。他提出了自己的方案：英军第8集团军仍然在锡腊库扎地区登陆，但美第7集团军不在巴勒莫登陆，而在距英军登陆地点不远的位于西西里岛西北角的杰拉地区进行登陆。蒙哥马利认为，这样部署便于双方相互配合，才可以使整个作战协调地向前发展。

蒙哥马利的主张遭到了大多数人的反对，因为他的用心很明显，就是要把美军置于次要方向，仅仅担负保护英军翼侧安全的任务。但是在蒙哥马利强烈要求和极力主张下，盟军主帅艾森豪威尔和亚历山大最终接受了他的提案。巴顿对此感到十分愤怒，但也只能被迫接受。

经过数月的反复修改，最终定下来的"赫斯基"作战计划如下：

1."赫斯基"作战计划，由亚历山大将军指挥的第15集团军群负责实施。该集团军群下辖蒙哥马利指挥的英军第8集团军和巴顿指挥的美军第7集团军。编内共有13个师和3个独立旅，总兵力为47.8万人。

2.陆军。美第7集团军的任务是在西西里岛南线利卡塔至斯科格利地区登陆，占领杰拉和利卡塔后，以积极的行动配合英军向纵深发展进攻。英第8集团军的任务是在西西里岛东线帕基诺至锡腊库扎地区登陆，占领该地区后，向卡塔尼亚、墨西拿方向发展进攻。

3.关于海军。地中海战区盟军的海军部队由坎宁安海军上将统一指挥。在登陆部队进行海上航渡的过程中，海军应出动战舰控制突尼斯海峡和墨西拿海峡南部海域。当登陆部队突击上陆以及抗击敌人反击时，海军舰队应适时提供炮火支援。

4.关于空军。地中海战区的盟军空军部队由英国的泰德空军上将统一指挥。空军的任务包括：袭击对这次战役有影响的敌纵深内的重要机场、港口和交通枢纽；阻止敌增援部队集结和开往西西里岛；空中掩护进入和通过地中海的所有盟军护航运输队；伺机攻击意大利的海上军舰和补给船等。

通过"赫斯基"作战计划，盟军统帅部的整体作战意图是，首先夺取西西里岛，打开通向意大利的大门，然后乘势向意大利本土发动进攻，迫使意大利政府投降，肢解轴心国体系。同时用积极的攻击态势牵制大批驻意德军，配合盟军在其他战场的作战。在此基础上，趁机解放整个意大利。

墨索里尼下台

西西里战役结束后，意大利本土已完全暴露在盟军的眼皮底下。当盟军正在为下一步的战略争论不休时，意大利政府突然垮台了。

意军在北非、西西里以及在苏德战场上的连续惨败，加深了墨索里尼政权的军事、经济和政治危机。截至1943年8月底，在国内，意大利军队尚存47个师，但残缺不全，士气低落，兵力分散。在苏德战场上作战的意大利第3集团军，已由22万人锐减到8万人。

连年的战争，几乎将意大利国力耗尽。再加上盟军日益猛烈的空袭，使意大利国家经济濒于崩溃。物价的上涨、食品的奇缺以及名目繁多的苛捐杂税，使意大利人对法西斯当局的不满情绪达到了极点。

1943年3月，米兰、都灵等地的工人就举行了大罢工，参加者达30多万人。这次罢工冲破了意大利长期沉闷的政治局面。意大利共产党领导的地下抵抗运动也在日益发展。另外，意大利人对驻意德军十分反感。德军官兵傲慢粗暴，任意侮辱意军官兵。德军还在意大利横征暴敛。

在此情形下，意大利统治集团内部出现了严重分歧。有人主张与同盟国媾和，以挽救意大利，但墨索里尼不甘心失败，仍想垂死挣扎，坚持将

第八章 反攻：光复欧洲

战争进行下去。

面对疮痍满目的国家，意大利王室、议会、总参谋部、法西斯党把一切罪过都归咎于墨索里尼一人。他们中间的一些人，包括墨索里尼的女婿、意大利外交部长齐亚诺在内，都在密谋推翻墨索里尼，企图以此来摆脱危机。最后连国王也坐不住了，他们为了自身的利益，果敢地下定决心：抛弃墨索里尼。

1943年2月，墨索里尼改组内阁，撤掉齐亚诺和格兰第的职务，更激起了意大利军政要员的不满。

国王觉得时机已到，必须采取断然措施，否则后患无穷。于是，他同总参谋长安布罗西奥将军和巴多里奥元帅等人联系，密谋推翻墨索里尼，从而脱离纳粹德国，投降英、美盟国。

▲战场上的不断失利和盟军的持续轰炸，使意大利的经济濒于崩溃。墨索里尼政府陷入内忧外困的境地。

1943年7月17日，墨索里尼在威尼托的费尔特雷附近的一个别墅里会见了希特勒，随行的还有意大利总参谋长安布罗西奥等人。他们事先商定，由墨索里尼向希特勒说明，意大利无力再进行战争了，需要立即缔结停战协定。但是，在这次会见时，希特勒提出，为了扭转被动局面，所有的意大利军队应该由德国将领指挥。墨索里尼竟然没敢反驳，而是打肿脸充胖子，表示他愿意与德国同舟共济、血战到底。

7月22日，国王埃曼努尔三世深感形势刻不容缓，决定根据"意大利宪法程序"罢免墨索里尼。

在国王的授意下，法西斯党的一些元老强烈要求召开法西斯大议会。7月24日下午5时整，法西斯大议会在罗马威尼斯宫玛帕蒙多会议厅准时举行。所有的28名成员全部到会。他们当中，有法西斯元老、进军罗马领导委员会的戴·博诺和戴·韦基，以及齐亚诺等人。会议由格兰第主持。

格兰第宣布会议正式开始后，墨索里尼首先发言，他表示要将战争进行到底。场内不时有人发出嘘声。

墨索里尼发言结束后，格兰第站起身来，开始宣读早已准备好的提案。

提案要求，恢复宪制，国王应掌握更大的权力，军队归国王指挥，墨索里尼不应再当意大利内阁总理，只应当党的领袖。

提案宣读完毕后，场内顿时热闹起来。墨索里尼的支持派和反对派展开激烈的争论，双方互相指责、辱骂。格兰第当面指责墨索里尼："是你的独裁，而不是法西斯主义导致了战争的失败。"

墨索里尼意识到，反对他的人是有备而来，于是以时间已晚做借口，提出会议暂时到此。但倒墨派成员坚持认为，必须在今晚解决问题。格兰第坚定地说："在没有作出决议以前，不能散会。"

短暂休息后，墨索里尼再次发言，他猛烈抨击格兰第等人，说他们对自己的指责是无中生有，他们这样做，是企图抹杀他的功绩，是拿国家命运开玩笑。

会议对格兰第的提案进行表决。表决结果大大出乎墨索里尼的意料：19票赞成，8票反对，1票弃权。

墨索里尼被击败了。他站起来，面带怒色地离开了会议厅。但直到此时，墨索里尼还没有把这次会议当回事，他还认为国王会继续支持他。

7月25日下午，墨索里尼乘车前往萨沃亚宫拜见国王。国王此时已经知道了法西斯大议会的表决结果，并秘密做好了安排。

墨索里尼没想到，见面之后，国王对他说："事情不能这样继续下去了。军队反对你，阿尔卑斯山轻步兵在唱一支歌，歌中说他们将不再以墨索里尼的名义去打仗。"

墨索里尼争辩说，军队在最后考验中将支持他。国王却只是表示"我很遗憾……非常遗憾……没有别的解决办法"，说完便向门口走去，这是向墨索里尼示意：会见到此结束。

墨索里尼迈着沉重的步伐，缓慢地走下台阶。当他向自己的汽车走去时，突然，一名宪兵上尉拦住了他，并说："领袖，国王陛下命令我陪着你，保护你。"然后把墨索里尼赶上了一辆红十字救护车。

车门一关，车子便风驰电掣般地向远处驶去。统治意大利长达二十多年的法西斯头子墨索里尼，就这样被拘禁了。

墨索里尼垮台后，意大利国王命令由巴多里奥负责组织一个包括军事首脑和文官在内的新内阁，巴多里奥即日起出任政府内阁总理。国王同时下令，将这一消息向全世界广播。意大利人走上街头，呼吁尽快结束战争。

巴多里奥上台以后，一方面公开扬言要站在德国一边，并且宣布意大利将继续参战，同时派人与德国外交部长进行会晤，企图麻痹希特勒，避免德国人的报复；另一方面，暗地里同英、美接触，准备谈判投降，表示意大利新政府要反戈一击，与同盟国一起对德作战。

为压迫巴多里奥尽快投降，艾森豪威尔在与巴多里奥政府保持联系的同时，指示蒙哥马利迅速做好战斗准备。9月3日凌晨，英军第8集团军强渡墨西拿海峡，向意大利南部进军。迫于压力，巴多里奥终于决定向盟军正式投降。

10月13日，意大利的巴多里奥政府向德国宣战，同时英、美、苏三国政府发表公告，承认意大利为盟国一方。意大利脱离德国并对德宣战，标志着法西斯轴心国的解体和反法西斯联盟的一大胜利。

二、诺曼底登陆——史上最长的一日

"霸王计划"

自1941年德国入侵苏联后，苏联红军便一直单独在欧洲大陆上与德军作战，斯大林向丘吉尔提出在欧洲开辟第二战场对纳粹德国实施战略夹击的要求，但当时美国尚未参战，英国根本无力组织这样大规模的战略登陆作战。

1943年5月，同盟国决定于1944年5月在欧洲大陆实施登陆，开辟第二战场。1943年8月，英美魁北克会议批准"霸王计划"。1943年11月，英美苏德黑兰会议确定于1944年5月发动"霸王行动"。

作战计划早在之前就开始制定了。在欧洲西线战场发动大规模攻势，首先要确定的是登陆地点。根据历次登陆作战的经验教训，登陆地点应具备三个条件：一、要在从英国机场起飞的战斗机半径内，二、

▲艾森豪威尔上将

▲盟军司令部成员（左起）：布莱德雷（美）、拉姆齐（英）、泰德（英）、艾森豪威尔（美）、蒙哥马利（英）、利·马洛里（英）和史密斯（美）。

航渡距离要尽可能短，三、附近要有大港口。以此条件衡量，从荷兰符利辛根到法国瑟堡长达480千米的海岸线上，有三处地区较为合适：康坦丁半岛、加莱和诺曼底。康坦丁半岛地形狭窄，不便于展开大部队，最先被否决。至于加莱和诺曼底，两地各有利弊。加莱距英国最近，仅33千米，而且靠近德国本土，但缺点是德军在此防御力量最强，守军是精锐部队，工事完备坚固，并且附近无大港口，也缺乏内陆交通线，不利于登陆后向纵深发展。而诺曼底虽然距离英国较远，但优点一是德军防御较弱，二是地形开阔，可同时展开30个师，三是距法国北部最大港口瑟堡仅80千米。几经权衡比较，盟军选择了诺曼底，于1943年6月26日起制定具体计划，以"君主"为作战方案的代号，以"海王"为相关海军行动的代号。

然后是确定盟军最高统帅的人选。丘吉尔本来要任命英帝国总参谋长艾伦·布鲁克，但后来考虑到在整个战役中，美军人数将大大超过英军，因此建议罗斯福任命马歇尔为最高统帅。但美国海、空军参谋长都不赞成马歇尔离开美国参谋长联席会议，最后这个职位落到艾森豪威尔身上。德黑兰会议后不久，罗斯福正式任命艾森豪威尔为西北欧盟国远征军最高统帅。

艾森豪威尔1944年1月14日到达伦敦，着手建立他的司令部。经英美两国联合参谋长委员会商定，盟军副统帅是泰德（英），英军地面部队司令是蒙哥马利，美军地面部队司令是布莱德雷；海军总司令拉姆齐（英），空军总司令是利·马洛里（英），参谋长还是美将史密斯。

早在艾森豪威尔的司令部成立之前，英美早在1943年3月就在伦敦秘密地成立了一个参谋部，由英国中将摩根领导，负责研究和制定诺曼底登陆作战计划，筹集兵员和各种军用物资。到 1944 年 6 月 6 日登陆作战时，他们已在英国准备好了大量的军队、飞机和舰只等，计有陆军 39 个师，各类飞机 13000 多架，战列舰 6 艘，低舷重炮舰 2 艘，巡洋舰 22 艘，驱逐舰 93 艘，小型战斗舰艇 159 艘，扫雷艇 255 艘；各种类型的登陆舰艇 1400 多艘，连同运输舰只船舶共达 6000 多艘。总之，战斗员和基地、后勤人员合计，盟国陆海空三军官兵总数是 287 万多人，其中美军 153 万多人。

从 1943 年 3 月起，英美空军就对德国及其占领国实行"战略轰炸"，其目的是按照卡萨布兰卡会议的决定，摧毁和打乱德国军事、工业和经济体系，瓦解德国人民的士气，使其军事力量大大削弱。1943 年，英美两国飞机对德国及其占领国投弹 207600 吨；1944 年投弹 915000 吨。

盟军轰炸的首要目标是制造潜艇的船坞、飞机制造厂、滚珠轴承厂、炼油厂和其他军事工业。盟国飞机在对德国 61 座大城市的轰炸中，摧毁或严重破坏了 360 万幢房屋，使 750 万人无家可归。炸死约 30 万人，炸伤 78 万人。"战略轰炸"虽未达到预期的目的，但却严重影响到德国工业生产、军队部署和士气，例如导致很多工人不得不从生产战线上被调去做修复工作；从 1943 年起，差不多有 200 万人困守在高射炮的弹药库和炮位上，不能到前线去作战。在前线的官兵也因关心家人的生命和财产而惶惶不安。

1944 年 4 月，艾森豪威尔对英美空军加以改组，统一指挥，使战略轰炸直接为登陆作准备。4、5 月间，盟国空军对法国铁路、公路交通线和飞机场的轰炸更为猛烈，炸毁了火车机车 1500 台和大量德国飞机。结果，在盟军登陆前夕，法国基地上的德国飞机只有 500 架，并且其中一半由于缺乏零件、汽油和没受过训练的飞行员而不能上天，所以盟军完全取得了制空权。

制海权方面，盟军也具有极大的优势。英美海军在大西洋上的长期海战中，逐个击沉了德国的一些较大的战舰。例如，在 1939~1942 年，德国潜艇总共只损失 158 艘；而在 1943~1945 年则损失 600 艘。到盟军在诺曼底登陆时，德国在英吉利海峡和比斯开湾一带还有 500 艘水面舰艇和潜水艇。但除了 5 艘驱逐舰以外，水面舰艇大多为鱼雷艇、摩托鱼雷艇、扫雷艇和巡逻艇。此外有 130 艘大型远洋潜艇，但它们不适于在英吉利海峡那

1944 年 5 月底，盟军士兵前往英国南部海岸集结，为接下来的登陆做准备。

样的浅水区作战，因而无用武之地。这样的海军兵力根本不是盟国的对手。

为了迷惑德军，盟军最高统帅部大用疑兵之计。它集结了一支假舰队，发出大量电讯，造成假象，以造成盟军总司令部设在肯特的假象。以勇猛著称的美国将领乔治·巴顿也被特意安排在肯特街头闲逛，德国情报人员因此认定巴顿是盟军总司令。在进攻前夕，英国飞机又撒下大量的锡箔片，使德军从海岸雷达上看来，好像一支舰队正从第厄普向东驶去，开往加莱。

盟军实际选择的登陆地点是诺曼底海滩从东到西 5 个滩头——剑滩、朱诺滩、金滩、奥马哈滩、犹他滩，全长约 80 千米。根据艾森豪威尔和蒙哥马利修订后的计划，第一批进攻部队是 5 个师，每师占领 1 个滩头。为了保证登陆部队迅速占领滩头阵地，站稳脚跟，盟军又派出 3 个师在冈城东北和科汤坦半岛东部空降着陆，占领通往海滨的要道，阻击敌军。

史上最重要的天气预报

D 日是美军常用军事术语，这种表示有两个意义，第一，表示作战时间尚未确定，第二，表示行动计划高度保密。D 日通常用来表示攻击日，历史上最著名的是诺曼底登陆的 D 日。

英美苏德黑兰会议原定于 1944 年 5 月发动"霸王行动"，但后来为确保拥有足够的登陆舰艇，英美联合参谋长委员会决定将登陆日期推迟到 6 月初，并且将原定同时在法国南部的登陆推迟到 8 月。

根据"霸王计划"，英美地面部队将在 D 日分别占领他们的滩头阵地，然后在 D 日后的第一天，将这两块滩头阵地连接起来，并在 D 日后第 2 天到第 9 天这段时间内向西北、西部和南部扩展，从而形成一个集结场，在

第八章　反攻：光复欧洲

那里增加力量，准备向巴黎和莱茵河突破。

为了实现这一目的，首先，英国军队必须守住卡昂附近的左侧翼，抵挡住德国装甲部队的反击；其次，位于中心的英美军队必须在内地占领所有足够远的高地，保护人造的桑葚海港免于德军炮火的直接袭击；最后，右路的美国军队必须占领科唐坦半岛的基地，并继续前进到亚瑟港，这对盟军能够长期卸载部队和物资至关重要。

在海滩和内地要实现人员和供给的增加必须伴有完全的空中优势。盟国远征空军的利马洛里上将支配着3467架重型轰炸机，1645架中型、轻型和鱼雷轰炸机以及5409架战斗机。所有这些都将为进攻地区提供一把连续的空中保护伞，并向四周延伸阻断德军的陆地和空中行动。总之，计划设计得十分详细，没有给德军留下任何的机会。

本来确定具体的日期和时刻就是一个复杂的协同问题。各兵种根据自身特点提出各自的要求。陆军要求在高潮上陆，以减少部队暴露在海滩上的时间；海军要求在低潮时上陆，以便尽量减少登陆艇遭到障碍物的破坏；空军要求有月光，便于空降部队识别地面目标。最后经过综合考虑，拟定在高潮与低潮间登陆。D日安排在满月的日子。由于5个滩头的潮汐不尽相同，所以规定5个不同的登陆时刻。符合上述条件的登陆日期，在1944年6月中只有两组连续三天的日子，6月5日至7日和6月18日至20日。

然而，有一个因素盟军无法施加任何的控制，那就是天气。这导致D日一直难以确定下来。

5月8日，艾森豪威尔将D日定为6月5日，并将6月6日和6月7日作为合适的替换日。在5月剩下的日子里，南部英格兰和英吉利海峡一直处在美丽的夏日阳光照耀下，连微风都很少。这是进攻的理想天气。

在英国皇家空军上校斯塔格的领导下，一批英国和美国的气象员组成了盟国远征军最高统帅部气象委员会。

▲在英国港口的盟军登陆舰整装待发。

5月29日，气象委员会对6月最初几天的天气情况做了一个长期预测，并对此持乐观态度。以气象委员会的预测为基础，D日战争机器被发动起来了。

所有英国士兵和车辆被从密封的营地移到了等待的战舰上。印有象征解放的白色五角星标记的坦克和卡车夹在160千米长的护卫队之间，隆隆驶向南部沿海港口。没人确切知道这些士兵要去哪里，甚至连这些士兵自己也不知道。但英国的每个人都意识到他们将迎来历史性的重要时刻。

然而，一个"意想不到的变化"出现了，给"霸王"笼罩了阴影。

6月3日晚上9点半，斯塔格上校在最高司令部和他的副官们举行的会议上描绘了一幅阴沉的气象图。斯塔格说，长时期的稳定天气将因亚速尔群岛上空的高压带出现紊乱。"一连串的三个低压带正慢慢地从苏格兰穿过大西洋，向纽芬兰岛移动"，这将导致直到6月7日英吉利海峡都会有强风出现，而且伴有覆盖率达100%，低度为150~300米的云层。

在这样的天气状况下，无论是海上炮轰还是空中袭击都无法进行。艾森豪威尔决定将决议延迟到第二天也就是6月4日星期天早上4点15分，但与此同时下令航程最远的小型舰队开航。

接下来的24小时里，艾森豪威尔的精神一直很紧张。星期天早上4点15分，指挥官们再次进行会晤。房间内的紧张气氛更加强烈了，斯塔格进一步确认了他先前的预测，海军上将拉姆齐主张按照计划进攻，蒙哥马利将军的观点类似，但利·马洛里上将说他的轰炸机不能在预测中的厚重云层里作战。

艾森豪威尔将军认为，既然盟国的地面部队与德国的地面部队相比不占绝对优势，"霸王行动"就一定要靠制空权支持，所以盟军不能冒险推进"霸王行动"。因此，艾森豪威尔又将D日向后推迟了一天。

当6月4日晚上9点30分指挥官们再次进行会晤的时候，天空在下着雨，一片阴暗，大风仍在猛烈地吹着。指挥官们严肃地盯着斯塔格，他们知道进攻行动不能再推迟了。因为海潮很快就将达到最低点，而部队也不能再继续被困在登陆艇的甲板上了。推迟登陆对盟军是十分危险的。盟军总部为此忧心忡忡，对气象总部寄予厚望，祈求着天气的好转。

斯塔格上校整天埋头专心于一大堆复杂的气象资料中，仔细地寻找、分析和推断，以求绝处逢生。6月4日上午，气象图上突然发现了一个意

第八章　反攻：光复欧洲

想不到的情况，有一股冷气流正在向英吉利海峡移动，可能在下午或夜间通过朴茨茅斯。同时，大西洋上的低气压云团已越来越沉重，降慢了向英格兰移动的速度。斯塔格上校很快得出推论：从冷气流通过到低气压云团来临之前这段时间，英吉利海峡的天气将好转；这一天很可能是6月6日。

这是一个风险很大的预报，经过气象专家们的反复分析和论证后，当晚9时30分，斯塔格上校向盟军总部会议报告说，从5日的下午到6日的上午天气将转好，风力会减弱，云层将减薄，可以保证头两批登陆部队在6日的拂晓和黄昏登上诺曼底海滩。6日中午以后，天气又将转阴或雨。

听到这个报告，将军们脸上的乌云一扫而光，唯有艾森豪威尔将军不露声色。他要求气象总部进一步分析确定，做到预报万无一失。

6月5日凌晨，斯塔格上校再次向盟军总部报告：6日的大部分时间有利于登陆，6日以后的天气虽将转阴或雨，但不会威胁登陆行动的完成。艾森豪威尔将军终于下定决心抓住这一天赐良机，他作出了自己一生中最重大的、也是对人类命运至关重要的决定：6月6日登陆！这个历史性的决定以"翠鸟加五最后确认无疑"的代号，发往各个部队。

巴黎解放

盟军在"眼镜蛇行动"后势如破竹，希特勒为此焦头烂额，但他的倒霉事还不止于此。8月15日，酝酿已久的"龙骑兵行动"终于在法国南部展开。盟军50万人马在美国第7集团军司令帕奇中将的指挥下，在普罗旺斯地区顺利登陆，直奔土伦和马赛。德守军第19集团军的精锐部队早被调往诺曼底战场，已处于绝对劣势，面对盟军强大攻势纷纷溃败。

而8月15日这天最开心的应该是巴顿了。晚上听着广播，巴顿突然从椅子上跳起来，奔出屋外，向参谋们大声喊道："我刚从广播里听说，我正在法国指挥第3集团军！"

原来，为了让德国人相信巴顿一直在英国准备在加莱海峡登陆，艾森豪威尔对巴顿已在法国指挥作战一事进行保密。这样，尽管巴顿驰骋疆场、所向披靡、攻城略地、节节胜利，但战报中就是不提他的名字，也不提他的第3集团军。然而熟悉巴顿作战风格的德国人，看到一支部队在向布雷斯特、昂热、勒芒、奥尔良、阿尔让唐进攻，很快就断定是巴顿在指挥。即使远在美国的巴顿夫人，也能轻易在地图上标出她丈夫的方位，并在心中默默地把巴顿的名字填到公报上。

德国人还从被俘的人员及截获的文件中确认了他们的对手正是巴顿，并用多种语言向全世界公布了这一消息。对于巴顿，德国人比美国人了解得还清楚。但艾森豪威尔还是继续对外保密。

巴顿对此十分不甘。这不仅是个人荣誉问题，而且会影响到第3集团军的士气。他的部队像他一样需要荣誉来激励，他要使他们成为整个远征军中"最翘尾巴的小伙子"。但"该死的保密"把第3集团军的胜利掩盖起来了，还"怎么可能使它保持高昂的士气呢"？第3集团军的官兵们也有不满情绪，他们指责最高统帅部是在妒忌他们的首长，剥夺他们的功绩。官兵的敌对情绪甚至妨碍了战争的顺利进行，以致马歇尔将军后来不得不派一名助手来欧洲调查。

美国国内的巴顿崇拜者们，也开始为他鸣不平。美国的一家报纸发表了一篇社论，公开把这个问题提出来，指责统帅部既要借助巴顿，却又不给他应得的荣誉。被逼无奈之下，艾森豪威尔只好举行了一个记者招待会，宣布巴顿将军正在法国指挥第3集团军作战。

这一宣布不要紧，记者们很快就从各地飞奔巴顿的指挥所，使他应接不暇。一时间，巴顿的名字垄断了报纸、电台的头条新闻，巴顿自己形容，他再次成了"公共财产"。这是他乐意的事，更让他兴奋的是，在舆论的推动下，国会宣布授予他永久性少将军衔，比布莱德利还早两周。

20日以后，盟军全线追击，向塞纳河高速挺进。盟军势如破竹，呈现在面前的是平坦宽阔的公路，青葱翠绿的一望平川。巴顿属下的法国第2装甲师师长勒克莱尔重回祖国，不禁感慨万千。1942年底，勒克莱尔从中非乍得湖畔率领一旅法军北上，行军39天，1943年2月初到达突尼斯，后来参加了盟军围歼北非德意残军的战斗。诺曼底登陆时，经艾森豪威尔和戴高乐商定，勒克莱尔率领法国第2装甲师开赴英国，参加诺曼底战斗。他感慨道，这似乎是1940年战局的重演，不过胜负双方颠倒了过来。这次是德国人在出其不意的攻击下，乱作一团，溃不成军。

巴顿的部队先后在巴黎西北的芒特、巴黎以南的默伦和枫丹白露、巴黎东南的特鲁瓦渡过塞纳河，把河西的残余德军压向狭窄的下游地区。随后，英国和加拿大军队从西面赶来，参与对挤在河岸上的逃敌的围歼。这次围歼中，盟国空军再次发挥了威力，向等待过河的德军头上扔下了无数

第八章　反攻：光复欧洲

吨的炸弹。莫德尔这位刚上任 10 天的德国西线总司令，带着几万败兵，仓皇逃去。

8 月 25 日法国首都巴黎解放了。这比艾森豪威尔的计划要提前得多。他对进攻巴黎这样的大城市不感兴趣，他只想更快、更多地消灭敌人，更早向德国境内推进。另外，艾森豪威尔担心残酷攻坚战会毁坏这个欧洲文明的摇篮。他决定绕过巴黎。然而，就在巴顿的部队占领芒特那天，长期处于纳粹暴政统治下的巴黎人民举行了起义。

艾森豪威尔面临的局势顿时复杂了。如果命令部队援助起义，德国人很可能一怒之下狗急跳墙，将这座古都变成一座废墟。这种危险并非没有，德国守军已奉希特勒之命在桥梁、名胜古迹、重要建筑物、各要害部门安放好了炸药。但若不援助起义，巴黎人民便有可能遭到纳粹"最广泛的血腥报复"。盟军此时已站在巴黎大门口，见死不救怎么也说不过去。事实上，盟军登陆法国后，得到法国人民的大力支援，辉煌战果的背后也有他们的一份力量。

这个时候，戴高乐将军不失时机地返回法国，他问艾森豪威尔，为什么不进攻巴黎。艾森豪威尔答以"攻打巴黎会造成严重破坏和居民伤亡"。戴高乐说："但巴黎人民已经起事，再不进攻就没有道理了。"艾森豪威尔："是啊，他们动手太早了。"

第二天，戴高乐又催促艾森豪威尔尽快进军巴黎。这时，巴黎起义领导人传出消息说，德军已与他们达成暂时停火，撤到东城区，如盟军不赶快进城，德军很可能会再杀回来。艾森豪威尔无可奈何地说"现在看来，我们好像不得不进入巴黎了。"于是按照事先与戴高乐达成的协议，命令勒克莱尔的法国第 2 装甲师火速

▲巴黎解放，法军将领勒克莱尔率领法军第二装甲师行进在巴黎的街道上，受到市民的热烈欢迎。

233

从阿尔让唐进军巴黎。

1944年8月25日，法国第2装甲师从巴黎的南门和西门进入城市。当天下午，根据艾森豪威尔的命令，法国的勒克莱尔将军光荣地接受了德军的投降。

不久，戴高乐也驱车进入巴黎。他来到市政厅，向下面欢呼的人群伸开双臂高呼："法兰西共和国万岁！"戴高乐之前曾要求艾森豪威尔借给他两个师，"以显示威力和巩固他的地位"。艾森豪威尔没有同意，但同意了让戴高乐由布莱德雷陪同，检阅两个路过巴黎开往前线的美国师。巴黎居民万人空巷，热烈欢迎戴高乐这位法兰西民族英雄。

巴黎的解放成为诺曼底战役结束的标志。

三、苏军大反攻

解放列宁格勒

1944年初，世界战争局势逐渐明朗，同盟国形势越来越好。苏联、美国、英国三个大国无论在军事上还是在经济上的实力都在迅猛增长，大大超过了德国和日本。

实际上，早在1943年，这三个主要同盟国生产的飞机就已经比轴心国多出了2.5倍，坦克和自行火炮多出了5倍，火炮和迫击炮多出了3.6倍。苏联、美国和英国三国的武装部队的总人数超过德国和日本将近1倍。

从这个对比来看，战略的主动权已经掌握在同盟国手中，他们已经具备了发动大规模进攻战役的一切条件。不过德国和日本的实力也不可低估。以德国为例，1943年它利用本国和被占领国的资源，生产了2.5万架飞机，10万多辆坦克和强击火炮。到1943年12月1日为止，德军总人数为1016.9万人。陆军709万人，空军191.9万人，海军72.6人。其中作战部队为668.2万人，后备军为348.7万人。那个时候，希特勒几乎占领了整个欧洲，不过他的重点仍然是苏联。

苏联的武装部队也非常强大，至1944年1月1日，苏联不含内地各军区的军队人数已经达到856.2万人。陆军733.7万人，空军53.6万人，海军39.1万人，国土防空军29.8万人。其中作战部队为635.4万人，最高统

第八章　反攻：光复欧洲

▲ 有关列宁格勒保卫战的绘画

帅部预备队约为 48.8 万人。除了这些，苏军在远东、后贝加尔和南高加索还驻有大量部队。

1943 年 12 月中旬，根据敌我力量的消长和苏德战场上的变化，苏共中央政治局、国防委员会和大本营召开了联席会议，对国内经济、军事、政治形势展开了深入的讨论，对双方力量对比和战争前景进行了细致的分析。最后得出结论：苏军在兵力兵器及经济方面都已经超过了敌人，可以在整个战略正面连续地准备和实施一系列大规模战役。

1944 年初，苏军冬春战役的目标是粉碎苏德战线两个战略侧翼的敌军，解放仍被敌人占领的大片国土。苏军把重点放在了解放第聂伯河西岸的乌克兰和克里米亚上，以便春季能在这一带推进到国境线。在北面的重点是，彻底解除德军对列宁格勒的封锁，将敌军逐出列宁格勒州。

因此，从 1944 年 1 月 14 日起，列宁格勒方面军、沃尔霍夫方面军、波罗的海第 2 方面军和波罗的海红旗舰队，在列宁格勒州 3.5 万名游击队员的配合下，先后对德国第 18 和 16 集团军发动进攻。这一战役击毙德军官兵 9 万人，俘敌 7200 人，彻底解除了对列宁格勒的封锁。苏军解放了列宁格勒州，为以后解放波罗的海沿岸 3 个共和国创造了条件。

在南部，苏军进攻的重点是第聂伯河西岸的乌克兰。这里是富饶的工业区和粮仓。希特勒一再强调说，如果守不住东线阵地，到万不得已时，只能考虑撤退北翼的德军，但决不能放弃南翼。所以，希特勒将 91 个师的

235

精锐重兵镇守在了这一地带。总兵力176万人,拥有火炮和迫击炮16800门,坦克和强击火炮2200辆,作战飞机1460架。

为了打垮这股强大的敌军,苏军最高统帅部也集中了优势兵力,派出了223万兵力,共有162个步兵师、12个骑兵师、43个航空兵师、19个坦克军和机械化军以及11个坦克旅。配备的武器包括火炮和迫击炮28654门,坦克和自行火炮2015辆,作战飞机2600架。

无论是兵力还是兵器,苏军都占据了绝对的优势。为了让几个方面军能协同作战,增强克敌制胜的效果,苏军最高统帅部又派朱可夫元帅亲自负责协调乌克兰第1和第2方面军的作战指挥,华西列夫斯基元帅负责协调乌克兰第3和第4方面军的作战指挥。

苏军攻势迅猛,重创敌人坦克第4和第1集团军,迫使他们向西和西南后退80~200千米。仅在1943年12月24日至1944年1月6日这两周中,苏军就击毙德军官兵72500名,俘敌官兵4468名。

据当时担任机械化旅旅长的巴巴贾尼扬上校回忆追击敌人的途中:"在切尔诺鲁兹卡附近,我让我乘坐的坦克停下来,因为有大批的德军俘虏挡住了道路。我注意一看,简直使我目瞪口呆,原来这支约300人的纵队只有我们一名战士在押送。我命令纵队停住,一名十分年轻的冲锋枪手来到我跟前,清晰地报告说:'红军战士皮加列夫押送战俘273人!''就您一个人,不怕这么一群人跑掉吗?''往哪里跑,上校同志,'士兵笑了,'现在他们可老实多了……'确实,现在条件不同了。"

1944年1月5日,乌克兰第2方面军发起基洛夫格勒战役。至1月10日,向西推进了50千米,迅速解放了乌克兰重要交通枢纽和中心城市基洛夫格勒。但是由于德军迅速调来强大的坦克部队进行反击,苏军攻势受阻。

1月10日至11日,乌克兰第3和第4方面军对尼科波尔、克里沃罗格地域的德国第6集团军发起进攻。不过由于兵力不足,未能取得重大战果,不得不暂时停止进攻。

名将瓦杜丁之死

为了对德军实施新的突击,苏军最高统帅部给各个方面军都补充了人员、技术兵器和运输车辆。

1月底,遵照大本营的指示,4个方面军准备实施3个进攻战役,分别

第八章 反攻：光复欧洲

是：乌克兰第 1 方面军左翼和第 2 方面军实施科尔松—舍甫琴柯夫斯基战役；乌克兰第 1 方面军右翼实施罗夫诺—卢茨克战役；乌克兰第 3 和第 4 方面军实施尼科波尔—克里沃罗格战役。

1 月 24 日，乌克兰第 2 方面军开始实施科尔松—舍甫琴柯夫斯基战役。两天以后，乌克兰第 1 方面军也转入进攻。

当时参战的苏军共有 27 个步兵师，4 个坦克军，1 个机械化军和 1 个骑兵军。而德国守军共有 9 个步兵师、1 个坦克师和 1 个摩托化旅。虽然还有大量增援兵力，但是从总体上看苏军在兵员和兵器方面都占据着强大的优势。

苏军两个方面军的突击集团在突破敌人防御后，两面合击，迅猛前进。至 1 月 28 日，苏联两个方面军的突击集团在兹维尼哥罗德卡胜利会合，切断了德军的退路。大量德军陷入合围。

但是在离被合围的德军不远的地方，德国"南方"集团军群司令部拥有大量的坦克师。他们不仅打算去解围，还计划以坦克第 1 集团军从西面、第 8 集团军从南面两路实施突击，反包围突入兹维尼哥罗德卡地域的苏军。

1 月 28 日，有 3 个坦克师和 3 个步兵师开始攻击攻苏军两翼。至 2 月 11 日，德军增至 8 个坦克师和 6 个步兵师，德军调来解围的兵力已超过被围的兵力。

德军统帅部相信，他们肯定能为被围的德国部队解围。德国坦克第 1 集团军司令胡贝还夸下海口，给被围德军发电报说："我来救你们。胡贝。"希特勒本人也对胡贝将军的强大坦克集团抱有很大的希望，他亲自给被围的德军司令施滕麦尔曼发电报说："可以像依靠石头墙一样依靠我。你们将从合围中解救出来。目前应坚持住。"

为了破灭德军的这一企图，朱可夫迅速将坦克第 2 集团军从预备队中调到危险地段上，对德军实施了最坚决的反突击。到了 2 月 11 日，被压迫在合围圈中心地带（斯捷勃列夫、科尔松—舍甫琴柯夫斯基）的德国部队，供应来源几乎全被切断。就在这一天，"南方"集团军群也合围成功，对外发动了正面决定性的进攻。

德国坦克第 1 集团军以 4 个坦克师的兵力，从里齐诺以西地域向累襄卡实施突击。同时，德国第 8 集团军也以将近 4 个坦克师的兵力，从耶尔基向累襄卡发起进攻，而被围德军则冲向突破口接应。

苏军击退了德军从耶尔基发动的冲击，但是德军坦克第 1 集团军的部队攻入了累襄卡，被围的德军于 2 月 11 日夜里突围到慎迭罗夫卡。力图会合的这两个德军集团之间的距离，已缩小到 10~12 千米。

在万分紧急的情况下，朱可夫迅即命令苏军坦克第 21 集团军和近卫坦克第 5 集团军主力以及几个步兵师和反坦克炮兵师，火速增援上述突破地段，并命令苏军航空兵对累襄卡和慎迭罗夫卡实行大规模强有力的空袭。敌人损失惨重。

2 月 12 日白天，外围德军被迫放弃了与被围德军会和的企图。被围德军陷入绝望。德国"南方"集团军群指挥部被迫准许他们丢弃汽车、重武器以及除坦克以外的一切技术兵器，用本身的力量向累襄卡方向突围。

2 月 16 日夜间，陷入绝境的德国被围部队借助夜幕和暴风雪的掩护，分成三路纵队，一枪不发，悄悄地开始突围。不过苏军迅速做出了反应，以坦克、炮兵和夜航轰炸航空兵进行猛烈打击。德军四散奔逃，溃不成军。

2 月 17 日整整一个上午，苏军以更猛烈的火力歼灭德军突围纵队，德军除了一小部分坦克和运载将军、军官和党卫军的装甲车得以突围之外，基本上全部被歼和被俘。科尔松—舍甫琴柯夫斯基战役远远超出了苏军最初预定的目标。

两个乌克兰方面军不仅围歼了威胁其侧翼的敌军重兵集团，拔除了卡涅夫突出部，而且重创敌人 15 个师，大大削弱了德军的力量。

为了庆祝乌克兰第 1 和第 2 方面军的胜利，苏联首都莫斯科以祖国的名义，鸣放礼炮 20 响。参战的部队都受到表扬。

然而，苏联名将瓦杜丁大将却在这次战役之后牺牲了。他不是死在德国侵略军的枪炮下，而是被苏联国内的一群匪徒所杀害。

据苏联元帅朱可夫回忆：2 月 28 日，他到乌克兰第 1 方面军司令部去找瓦杜丁再次讨论当前战役的问题的时候，瓦杜丁对朱可夫说："我想到第 60 和第 13 集团军去，检查一下那里与航空兵协同的问题是如何解决的，以及在战役发起前能否完成物资技术保障的准备。"朱可夫建议他派副司令员去，但瓦杜丁坚持要自己去。

2 月 29 日，瓦杜丁在离开第 13 集团军司令部前往第 60 集团军的时候，看到了一群人，250~300 人，同时听到在这群人中响起了零落的枪声。

第八章　反攻：光复欧洲

瓦杜丁命令汽车停下来查明情况的时候，躲在农舍里的匪徒们突然朝汽车开枪，瓦杜丁的腿部中弹。由于只有前往戈夏村才能给他进行包扎，所以他在抢救的路途中失血过多，后来虽然苏联派出了最好的医生，但还是没能挽救瓦杜丁的生命。

4月5日，一代名将瓦杜丁闭上了双眼。莫斯科鸣放了20响礼炮，以哀悼祖国的忠诚儿子和颇有才能的统帅。

白俄罗斯战役

1月27日，苏军开始实施罗夫诺—卢茨克战役，这是一个规模不大的战役。苏军仅用3个集团军就基本上达到了战役目的。至2月11日，苏军先后解放了卢茨克、罗夫诺、马涅维契、谢佩托夫卡等城市，夺回了一些大的公路和铁路枢纽，从而改善了实施兵力机动的条件。

1月30日至2月29日，苏军又投入70.5万的兵力，以绝对优势在尼科波尔—克里沃罗格战役中击溃了德军12个师，拔除了尼科波尔登陆场，肃清了第聂伯河扎波罗热弯曲部的德军，并且彻底破灭了德军想恢复其与被围在克里米亚的第17集团军的陆上交通联系的希望。

3月11日，苏军最高统帅部给乌克兰4个方面军重新明确了任务和此后实施协同作战的程序：乌克兰第1方面军强渡德涅斯特河，向切尔诺夫策发展突击，以便占领该地并一直推进到苏联国境线；乌克兰第2方面军坚决地追击德军，不让德军在南布格河组织防御，攻占莫吉廖夫—波多尔斯基、德涅斯特一线，并夺取德涅斯特河上的渡口；乌克兰第3方面军在

▲德国88毫米榴弹炮

康斯坦丁诺夫卡、新敖德萨地段夺取南布格河上的渡口，不让敌人退往南布格河对岸；尔后，占领蒂拉斯波、敖德萨，并继续进攻，推进到普鲁特河和多瑙河北岸。

3月上旬，乌克兰第1、2、3方面军先后发动了进攻，旨在击溃德国"南方"集团军群和"A"集团军群的敌军，解放第聂伯河西岸的乌克兰土地，把德军赶出国境。

3月26日，乌克兰第2方面军部队在翁格内以北宽85千米的正面上进抵苏联国境线。莫斯科用几百门火炮鸣放礼炮，大放节日焰火，热烈庆祝这一重大事件。几乎与此同时，乌克兰第1方面军所辖第1坦克集团军的部队也进抵苏联—罗马尼亚边境。

尽管德军已被赶出乌克兰，但是希特勒依然命令盘踞在克里米亚的第17集团军死守到底。因为从军事上来说，占领克里米亚不仅能牵制苏军大量兵力，还能牵制黑海舰队的行动。从国际关系上讲，德国占领克里米亚可以对土耳其施加压力，使其不敢站到同盟国一边；可以把罗马尼亚和保加利亚控制在侵略集团之中。克里米亚具有重要的战略意义。

4月8日，乌克兰第4方面军从北面彼列科普地峡，独立海滨集团军从东面刻赤地域的登陆场，同时向半岛腹地发动进攻，到5月12日，彻底击溃了敌人。克里米亚战役以彻底粉碎德军第17集团军而告终。

在克里米亚战役正酣时，斯大林于4月22日又召集副统帅朱可夫、代理总参谋长安东诺夫、装甲坦克兵司令员费多连科、空军司令员诺维科夫等商讨夏季战局计划。他们分析了1944年在苏德战场上德军可能采取的行动以及将会遇到的困难，并预计盟军将于6月份以大批兵力在法国登陆，德军将不得不在两个战场上作战，其处境将更加艰难，最终将无力回天。朱可夫请求斯大林要特别注意德军的白俄罗斯集团，因为粉碎了这个集团，德军在其整个西部战略方向上的防御就垮台了。

白俄罗斯地处苏联的最西边。1941年希特勒发动侵苏战争时，白俄罗斯首当其冲。希特勒在白俄罗斯已经统治了3年，盘踞在白俄罗斯的德军是布施元帅指挥的"中央"集团军群，共有120万人，火炮和迫击炮9500门，坦克和强击火炮900辆，作战飞机1350架。

苏军攻打白俄罗斯的部队是4个方面军：波罗的海第1方面军和白俄罗斯第3方面军，由总参谋长华西列夫斯基元帅负责协调其作战行动；白俄罗斯第2和第1方面军，由副统帅朱可夫元帅负责协调。

这4个方面军共有240万人，36400门火炮和迫击炮，5200辆坦克和自行火炮，5300架飞机。

这次战役，苏军依然占据着绝对优势，这种优势是以前

▲苏联T-34与德国坦克的较量

历次战役中所未有的。为了集中优势兵力合围并歼灭"中央"集团军群的基本兵力，担任主攻的白俄罗斯第3和第1方面军，集中了4个方面军总人数的65%，炮兵的63%，坦克的76%，飞机的73%。为了保障白俄罗斯战役的顺利实施，后勤部门给部队输送了约40万吨弹药，30万吨燃料和润滑油以及约50万吨粮秣。

6月23日，苏军4个方面军先后发动进攻，进展十分迅速。无论在哪一个主要方向上德军均无法阻止苏军前进，无法避开打击。所以苏军的胜利也十分迅猛，26日，苏军解放了维帖布斯克，27日解放了奥尔沙，28日解放了莫吉廖夫。

在6天的时间里，苏军向西推进了80~150千米，解放成百上千个居民点，合围并消灭了敌军13个师，从而获得了向白俄罗斯首都明斯克方向发展的条件。

7月3日，苏军趁胜解放了明斯克。在明斯克以东，苏军合围了德军官兵10.5万人。在7月5日至11日的7天激战中，苏军毙敌7万余人，俘敌3.5万人，其中包括12名德国将军。至此，白俄罗斯战役第1阶段的任务胜利完成。

7月4日，苏军最高统帅部具体确定了各个方面军的任务：波罗的海第1方面军应向考那斯方向发动进攻；白俄罗斯第3方面军应解放立陶宛首都维尔纽斯；白俄罗斯第2方面军应向波兰境内的比亚维斯托克进军；白俄罗斯第1方面军应向巴拉诺维济和布列斯特方向迅猛前进。

按照这个部署，白俄罗斯第3方面军于7月4日开始向立陶宛首都维尔纽斯进发，7月13日，苏军在游击队的配合下，解放了维尔纽斯。

白俄罗斯第2方面军向西前进了230千米，强渡了许多江河，7月27

日，解放了波兰东部重镇、铁路和公路交通枢纽比亚维斯托克。此后，他们继续扩张战果，向东普鲁士前进。

与此同时，白俄罗斯第1方面军也于7月初解放了科韦耳市。

7月20日，苏军强渡西布格河，进入波兰国土，受到当地居民的热烈欢迎。在波兰人民的协助下，苏军于7月24日解放了波兰城市卢布林，一天以后就在登布林以北进抵维斯瓦河。7月28日，另一支部队解放了俄国名城布列斯特和布列斯特要塞。

到7月底，苏军击溃了德"中央"集团军群的基本兵力，推进到苏联国境线，从而达到了解放白俄罗斯的作战目的。

7月27和29日，苏军具体确定了各个方面军在波罗的海地区和西方方向上的任务：波罗的海第1方面军负责切断"北方"集团军群与东普鲁士之间的交通线；白俄罗斯第3方面军最迟于8月1~2日占领考那斯，并于8月10日前至与东普鲁士的交界线，从东面进入东普鲁士，摧毁德国军国主义的温床和堡垒；白俄罗斯第2方面军向沃姆惹、沃斯特罗温卡方向发动进攻，于8月上旬抢占那累夫河登陆场，就地牢牢地巩固下来，准备从南面进入东普鲁士；白俄罗斯第1方面军奉命以右翼向华沙进攻，应不迟于8月8日占领普腊加，并在普乌土斯克地域抢占那累夫河登陆场；方面军左翼占领华沙以南维斯瓦河对岸登陆场，为下一步进攻做好准备。

按照这个部署，苏军迅猛向西推进，大纵深突破，这让德军统帅部惊恐不安。就在这时，西线的美英军队也在法国大举进攻。希特勒尝到了两线作战的苦果，顾此失彼，处境越来越艰难了。

7月31日，"中央"集团军群司令官莫德尔元帅在命令中惊恐地写道，苏联军队已到了东普鲁士国境线，"后面已没有可退的地方"。不过由于德军的顽强抵抗，波罗的海第1方面军未能切断德"北方"集团军群同东普鲁士的交通线。

与波罗的海第1方面军相比，白俄罗斯第3方面军进展则颇为顺利。8月17日，该方面军的一个营首先攻入东普鲁士。

德尔菲诺少校指挥的法国"诺曼底"歼击航空兵团也在这个重要方向上作战。他们同苏联飞行员一起，痛击德军。

白俄罗斯第2方面军继续发展进攻，于9月份在奥斯特罗温卡方向上将敌人击退到那累夫河岸。

第八章　反攻：光复欧洲

1944年8月底，苏军先后到达波兰东部的耶尔瓦加、多贝莱、奥古斯托夫、那累夫河和维斯瓦河，白俄罗斯战役到此结束。

经过白俄罗斯战役，苏军解放了白俄罗斯、立陶宛共和国以及拉脱维亚的一部分，解放了波兰东部地区。

华沙起义

苏军解放波兰东部、进抵维斯瓦河之后，波兰国家军遂于1944年8月1日在华沙举行起义，力图控制波兰首都。

早在1942年1月份的时候，波兰共产党就已经在华沙成立了波兰工人党，同时建立了武装司令部，着手组建人民近卫军，以此抵抗德国侵略者。除此之外，一些流亡在苏联的波兰共产党人和爱国人士也组成"波兰爱国者联盟"，请求苏联政府帮助建立波兰军队，以便打回老家去，光复祖国。

1943年5月，新型的波兰军队在苏联国土上建立起来了。到1944年7月，这支波军已发展为10万多人。1943年12月31日至1944年1月1日，波兰工人党和人民近卫军的代表、波兰社会党左派、农民党和党的代表以及知识分子左派的代表等，在华沙秘密召开"全国人民代表会议"，决定把国内的武装力量统一起来，正式组成人民军。

1944年7月29日，设在苏联的"科希秋什科"电台用波语广播了下列节目："华沙，这个从未屈膝投降、从未停止战斗的城市，行动时刻到来了……

通过巷战，在房屋里、工厂里、商店里进行战斗，我们将使最后解放的时刻日益接近，我们将保护国家的财富和兄弟同胞的生命。"

在此后几天里，这家电台一再对华沙居民发出呼吁："华沙的人民，武装起来！进攻德国人！帮助红军渡过维斯瓦河。传递

▲波兰国家军成员正与德军战斗，在苏军的帮助下，他们斗志昂扬。

243

▲波兰反抗战士在战斗中，由于缺枪少炮，国家军成员的处境变得愈加艰难，但他们仍坚持战斗，直至最后失败。

情报，指明道路……"

当时德国的溃败趋势已经逐渐明朗，然而波兰起义者虽然在人数上与德军旗鼓相当，但在武器和技术装备方面德军依然占据着绝对的优势，德军可以召唤空军和坦克部队进行支援，而波兰国家军则无此后盾。

德国在华沙地区的军队约有4万人，波兰国家军约有3.8万人，其中包括4000名妇女。他们拥有步兵的轻重武器，但严重不足，弹药仅仅只可以供7天的战斗。

7月31日下午，在国家军司令部里，华沙地区司令蒙特尔上校报告说，德军在维斯瓦河东岸的桥头堡已被苏军坦克突破，德军防御已呈瘫痪状态。苏军先遣部队已占领华沙郊区若干地方（后来查明，这个消息是不准确的）。

根据这个报告，总司令博尔命令蒙特尔上校于8月1日下午5时向德军发动进攻。几分钟内，华沙完全淹没在炮火声中。德军在街上巡逻的部队遭到了攻击，并被解除了武装，许多目标都被占领。

第二，第三天，国家军队开始攻击德军战术据点。但是因为缺乏重武器，无法摧毁钢筋混凝土工事，收效甚微。尽管伤亡很大，战斗的结果令人失望，但是这一切都没有影响进攻的势头。不过最让人失望的是，维斯瓦河东岸苏德两军交战的枪炮声逐渐减弱，到8月4日，完全停止了战斗，华沙上空也看不到苏联的飞机。蒙特尔上校考虑到诸多因素，命令部队从8月5日起转入防御。

在起义的最初阶段，波兰国家军就控制了华沙五分之三的地区。华沙德军防卫司令施塔赫尔反应迟钝，直到8月4日才宣布全城戒严。不过希特勒可不迟钝，当华沙起义的消息一传到希特勒的耳朵里，立即在8月2日任命党卫军的高级将领巴赫·齐列夫斯基为华沙城防司令，负责镇压起义。德国陆军司令希姆莱也火速派出了增援部队，给华沙德军运去了重炮、火箭和火焰喷射器。此外，党卫军"赫尔曼·戈林"坦克师和另外两个师也部署到华沙南郊，以镇压起义和加强对红军的防御。

从8月4日起，德军便开始对起义者发动猛烈进攻，随着战斗的升级，手段也越来越残酷。德军开始大量屠杀战俘、和平居民和医院里的伤病员。他们甚至把几百名妇女儿童赶到前线，让这些人走在进攻的德国坦克前面，以防波兰起义者的射击。

但波兰人宁死不屈，他们说："一旦武器在手，我们就要他们以血还血！"到9月份，起义者的处境更为艰难，伤亡日多，弹药匮乏，粮食不济，饮水也成了问题。他们频频向苏军呼吁，请求紧急支援。

8月底，白俄罗斯第1方面军的部队在华沙北面进抵那累夫河，在塞罗茨卡地区占领一个登陆场。苏军几次试图在华沙附近强渡维斯瓦河，但均未能粉碎德军坦克和步兵的抵抗，遭受重大牺牲后被迫返回原地。

尽管如此，白俄罗斯第1方面军和波兰第1军指挥部仍以炮击和空袭来支援起义者。从9月13至10月1日，苏联空军先后出动飞机4821架次，直接袭击华沙的敌军，并向起义军投下了大量急需的武器、子弹、军用物资、药品及粮食。英国空军也向华沙投入了一些补给品。但这些依然是杯水车薪。

9月底，华沙的起义者弹尽粮绝，他们发出的最后几次广播中说：

"……您的英雄们是一些士兵，他们用左轮手枪、汽油瓶作为武器，跟坦克、飞机、大炮搏斗。

"您的英雄们是那些妇女，她们在弹雨纷飞的炮火下护理伤员，传送信件，她们在炸得倾塌的地下室炊制食品，喂养小孩，供应成人。她们安慰垂死者，减轻他们的痛苦。

"您的英雄们是这些孩童，他们在还在冒烟的废墟间安静地嬉戏。

"这些就是华沙的人民。

"能够鼓舞起这样广泛的英雄行为的民族是不朽的，因为死者可以说已经战胜了；而生者将继续战斗，取得胜利，并一再证明：只要波兰人活着，波兰就存在下去。"

波兰国家军司令部在同人民抵抗领袖们商量之后，认为继续战斗已不会达到起义的目的，只能延长人民的痛苦，于是通过波兰十字会与德军谈判。

10月2日，起义军与德军签订了停火协定。同日，波兰代表团在德军司令部签署了投降书。在长达两个月的战斗之后，波兰国家军放下了武器。在这次起义中，德军损失2.6万人，波兰国家军的3.8万人中有1.5万人壮烈牺牲了。据波兰方面统计，平民死者大概有15万~20万人。

▲华沙起义失败后，大批平民被送往集中营，包括许多妇女儿童。

在华沙巷战正酣时，罗马尼亚人民也于1944年8月23日举行了武装起义，保加利亚于1944.年9月9日举行了反德武装起义。罗马尼亚和保加利亚的解放，为苏军进入匈牙利和南斯拉夫开辟了道路。1944年9月21日，南斯拉夫人民解放军最高统帅约瑟普·布罗兹·铁托到达莫斯科，同苏联领导人举行会谈，就苏军暂时进入南斯拉夫达成协议，同时缔结了苏军同南斯拉夫人民解放军协同作战的协定。

进军东欧

9月28日，苏军在南斯拉夫军队和保加利亚祖国阵线军队的配合下，再次向德军发起了进攻。

10月20日，苏军解放了南斯拉夫首都贝尔格莱德，同时还占领了两个重要的战略据点，切断了德军的退路。苏联给了南斯拉夫相当数量的军事援助，帮助他们装备了12个步兵师和两个空军师。南斯拉夫人民解放军经过好几个月的激战之后，终于在1945年5月15日彻底击溃了德国侵略军，取得了民族解放的胜利。

在解放了贝尔格莱德之后，苏军和保军便开赴匈牙利战场，围歼那里的德军。德军企图凭借多瑙河天然屏障，守住出产石油的匈牙利，保护德、奥南翼的安全，所以大量调兵遣将，加强"南方"集团军群的力量，妄图阻止苏军在匈牙利的攻势。

第八章　反攻：光复欧洲

苏军经过艰苦奋战，于1945年1月包围了匈牙利首都布达佩斯的德军。为了避免不必要的流血牺牲，苏军建议被围德军投降，但德军不仅拒绝接受投降条件，还杀害了苏方的两位军使。苏军开始攻打布达佩斯。

1月18日，苏军解放了佩斯，全线进抵多瑙河。2月13日，苏军又解放了位于多瑙河对岸的布达。这一仗歼灭德军18.8万人。

布达佩斯的解放使苏军能够进一步打击匈牙利、奥地利和捷克斯洛伐克的德军。不过德军依然在做拼死抵抗，他们调集了43万人马，于1945年3月初在匈牙利的巴拉顿湖地域进行疯狂反扑，力图阻止苏军前进。

苏军经过一个月的激战，击溃了巴拉顿湖的德军，于4月4日解放了匈牙利全境。德军残部向西逃遁。苏军乘胜前进，4月13日解放了维也纳。

1944年底，罗马尼亚、保加利亚相继解放。希特勒为了巩固战线的南翼，派重兵直接占领了捷克斯洛伐克。1945年1月中旬，苏军发动了西喀尔巴阡战役，于两个月后解放了斯洛伐克大部和波兰南部地区。

4月4日，苏军解放了斯洛伐克首都布拉迪斯拉发，月底解放了工业中心布尔诺。

5月5日，捷克斯洛伐克首都布拉格人民举行抗德起义。斯大林命令乌克兰第1方面军火速支援，将德军歼灭。

1945年初，在苏军实施的各大战役中，维斯瓦河—奥得河战役和东普鲁士战役是其重点，它们都在柏林方向上。由于希特勒在西线对盟军发动反扑，丘吉尔急电斯大林请求支援，苏军提前8天发动了进攻。1月12日，科涅夫元帅指挥的乌克兰第1方面军首先从散多梅希登陆场发动进攻，直取布累斯劳。两天后，朱可夫元帅指挥的白俄罗斯第1方面军从马格努舍夫登陆场发起攻势，直指波兹南。

两路大军以雷霆万钧之势，迅猛突破德军防线，向西推进。在23天的战斗中，苏军摧毁了维斯瓦河和奥得河两河之间的德军防御，向西推进了500千米，歼敌35个师，重创敌军25个师，俘虏德军官兵14.7万人。

东普鲁士战役也是1月中旬开始的。至1月底，盘踞在东普鲁士的78万德军被苏军分割为3个孤立的集团。经过3个月的苦战，苏军逐个击溃了德军。

在白俄罗斯第1方面军主力进抵奥得河后，德军最高统帅部迅速集结了一股强大的兵力，准备从北面击溃前出奥得河的苏军。苏军识破德军意图之后，立即派出白俄罗斯第2方面军向西挺进，消灭东波美拉尼亚之敌。

　　3月初，苏军前出波罗的海，3月底解放了格丁尼亚和但泽，波兰国旗当即飘扬在这两座名城的上空。

　　4月9日，苏军占领哥尼斯堡，4月下旬击溃了德军残部。东波美拉尼亚战役解除了白俄罗斯第1方面军所受的威胁，为攻打柏林创造了有利的条件。

四、百万盟军向德国本土推进！

盟军向德国边界推进

　　巴黎解放以后，艾森豪威尔秣马厉兵，指挥几路大军同时向德国边界挺进。他的战略计划是：蒙哥马利的北方集团军群从沿海一带向东北推进，消灭德军有生力量，摧毁德国V-1飞弹的发射基地，占领良港安特卫普，改善盟军供应条件，前出德国北部平原，从北面包围鲁尔。布莱德雷的中央集团军群突破德国边界防线，强渡莱茵河，直指卡塞尔，完成对鲁尔的包围，消灭西部德军主力，摧毁德国工业潜力，然后再继续东进。

　　8月30日，克里勒将军指挥的加拿大第1集团军从塞纳河上的桥头堡埃尔伯夫出发，9月1日占领第厄普。9月4日，加军包围了勒阿弗尔，德军拒绝投降。盟国海空军猛烈轰击，空军投弹1.1万吨，海军用口径15英

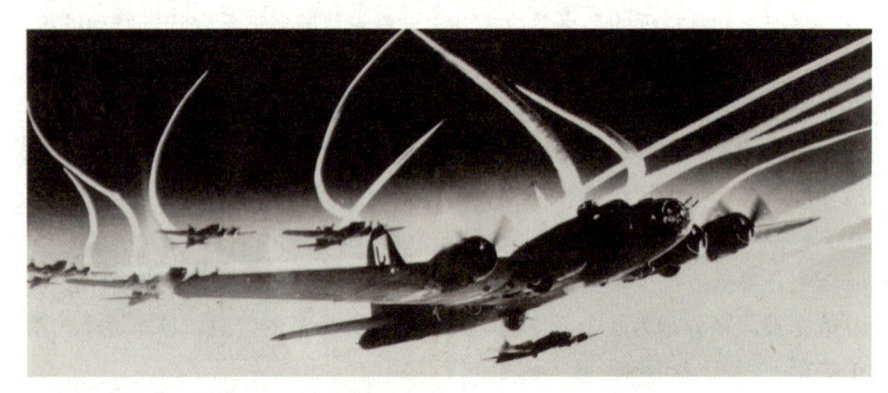

▲美军B-17轰炸机机群轰炸德军战略要地。

寸的大炮发射炮弹300发，到9月12日上午，德军7000人乖乖地当了俘虏。

加拿大第1集团军的主力沿海岸向东北扫荡，解放了许多小港。布伦和加来的德国守军负隅顽抗，在遭到盟国海空军的猛烈袭击后，才于9月23日和30日先后缴械投降。9月8日，加军占领了比利时的奥斯坦德。15日解放了泽布腊赫，肃清了海峡沿岸的敌人。

与此同时，在加军的右翼，英国第2集团军乘胜东进，9月3日解放布鲁塞尔。根据比利时抵抗运动的战士们提供的情报，英军于9月4日一举占领了重要港口安特卫普，港口设施完好无损。

在中线，霍奇斯指挥的美国第1集团军从巴黎东西两侧的基地出发，用3个军的兵力向东挺进，直指比利时的纳慕尔、列日和德国边界。9月2日，美军进入比利时，一路势如破竹，8日占领列日，10日解放卢森堡首都卢森堡城，11日进抵德国边境。在进军途中，一支德寇挡住去路，美军毫不客气地在法比边界俘虏了这支德军。

在霍奇斯右翼是巴顿的第3集团军。8月29日，第3军团占领了兰斯和马恩河上的夏龙，9月1日占领了凡尔登，然后渡过默兹河向梅斯挺进。9月5日，美军到达了重要的交通枢纽南锡，7日强渡摩泽尔河。9月11日，美军在摩泽尔河东岸的梅斯和南锡之间建立了阵地。9月12日，另一支美军渡过摩泽尔河，从南锡的东北迂回包抄，15日攻下南锡。

9月21日，北上的美国第7集团军和第3集团军的大部队在厄比纳尔会师，这样盟国各路大军就联成一体，时刻准备好了向德国边境发动全面进攻。

自诺曼底登陆以来的3个多月中，德军损失重大，西线只剩下49个师，并且每师兵力不过半数。大多数德军将领都认为，唯一的希望就是迅速撤到莱茵河东岸，据险防守。但是希特勒认为，他还有1000万以上穿军装的人，德国的工厂还能维持高速生产，甚至达到了战时的高峰，德国的实力还很强。他下令减少后勤人员，增加战斗部队，把海军、空军人员转为步兵，同时还扩大兵役年龄界限，通过这种方式又拼凑了25个新师补充西线。

9月5日，希特勒又让冯·龙德施泰特重新担任西线总司令，莫德尔降为B集团军司令。3月之中，三易统帅，希特勒总是习惯把失败的责任推给下属。他命令冯·龙德施泰特：守住德国同荷兰和比利时的边界、齐格菲防线和摩泽尔河，然后组织反击，迫使西方盟国单独媾和，以便他集中力量去对付苏联。

在诺曼底战役胜利之后，盟国各路大军顺利东进，艾森豪威尔兴致勃勃，满怀必胜的信心，以为能

▲艾森豪威尔和蒙哥马利，及司令部其他成员

稳拿柏林。他认为柏林是主要目标，必须集中全部精力和资源迅速向柏林突进；同时要把这个战略同俄国的战略协调起来，采取最直接最迅速的路线，用美英联合兵力并在其他适当部队的支持下，通过关键性的中心城市，占领两翼的战略地区，向柏林推进。

蒙哥马利极力主张把主要的兵力和物力资源集中到战线的一部分，最好是集中到北部，迅猛地、持续不断地攻入德国，直捣柏林。但巴顿反对这个主意，他认为只要给他适当的支持，第3集团军就可以在几天之内占领莱茵。艾森豪威尔自己则主张在"宽大的正面"上向莱茵河推进。虽然艾森豪威尔反对上述的两个建议，但还是批准了蒙哥马利的一项空降作战计划：用3个空降师去帮助英国第2集团军克服荷兰境内的3个障碍——马斯河、伐耳河和下莱茵河，抢先占领这些河上的主要桥梁，使英军取得一些阵地，进而前出德国北部平原，迂回齐格菲防线，包围鲁尔。

9月17日下午，英国第2集团军的3个师和1个旅从地面向荷兰发动进攻。与此同时，盟国第1空降集团军开始空降作战行动，美国的两个空降师降落在荷兰东南部的奈梅根地区和埃因侯温的北面，18日和19日先后同前进到这里的英国第2集团军的部队取得了联系。英国第1空降师和波兰的1个空降旅降落在下莱茵北岸的阿纳姆以北地区，遭到德军的猛烈反击。这支伞兵孤军奋战，坚持8日后牺牲了近7000人，仅存的2300多名幸存者被迫撤回下莱茵的南岸。

这是一次大规模的空降作战行动。从9月17日到30日，盟军空投了

34876人，5230吨装备和供应品，1927辆军车，568门大炮。此后盟军又不断地给这支军队空运补给物资，先后出动飞机7800架次。这次空降作战行动虽然牺牲较大，但是前进了80千米，为英军以后强渡莱茵河创造了有利的条件。

11月中旬，做好充分准备的盟军全线发动了猛烈的进攻，以突破齐格菲防线。但是德军反抗也异常激烈，想从他们那里夺得一寸德国土地都要付出重大的代价，所以进展不大。

11月底，美第3集团军摧毁了梅斯地区以及摩泽尔河和塞勒河沿岸的敌军防御，准备向萨尔进军。南方集团军群一举攻入阿尔萨斯—洛林。11月23日，法国第2装甲师攻入了斯特拉斯堡，俘虏了1.5名德国军人。27

相关链接

★ 美国B-26"掠夺者"轰炸机

　　B-26"掠夺者"是美国马丁公司研制的著名的双活塞轻型轰炸机。同B-25相比，B-26有更快的速度、更大的载弹量，当然也有一个不太好的名声——"寡妇制造者"，因为在早期的使用中，B-26坠毁的比例较大。

▲ 美国B-26轰炸机

　　B-26轰炸机于1940年首飞，次年交付使用，1942年入役。有A／B／C／F／G等多种型号，共生产5266架。

　　B-26轰炸机（以G型为例）采用上单翼布局，前三点可收放起落架，机组人员7名，动力装置为2台R-2800-43型18缸双排星形气冷活塞发动机，功率2×1491千瓦。机长17.1米，翼展21.64米，机翼面积61.13平方米，飞机空重10886千克，最大起飞重量17340千克，最大平飞速度454千米，小时，实用升限7165米，最大航程4450千米。机上12挺机枪，机身弹舱最大载弹量1818千克。

日，法军肃清了城外四周堡垒里的德军，完全解放了法国这座历史名城。德军龟缩到科耳马尔城，在莱茵河西岸保持了一个强大的桥头堡。

到 11 月底，盟军已增加到 300 万人。加拿大第 1 集团军以付出 1.3 万人的伤亡代价，肃清了舍尔德海口一带的敌人，使安特卫普可供盟军使用。虽然这个大港依然经常遭到德国 V-1 飞弹和 V-2 火箭的袭击，但每天还能卸货 2500 吨，从而使盟军的供应大有改善。

由于全线 720 千米都保持攻势，艾森豪威尔仍感兵力不足，致使德军有隙可乘，在盟军薄弱的阵线上实行反扑。

希特勒在阿登地区的反扑

早在 1944 年 8 月 19 日，盟军在法国的阿尔让唐—法莱斯地区围歼德军。希特勒一边指示法国南部德军全线撤退，一边准备反扑。他秘密下达一道命令，"准备于 11 月发动进攻，25 个师必须在今后一两个月内向西线推进"。

这道命令使了解内情的德国将领感到吃惊，他们不知道从哪里可以再搞到 25 个师。但是疯狂的希特勒自有办法，他实行"总体战"体制，授予戈培尔以专制权力去增加军工生产和强迫人们参军。应征年龄从 16 岁到 60 岁，而且没有一个人能逃避兵役。工人、小业主、家庭佣人、大学生、正在受训的预备役军官、以前征兵时不合格的人，刚出狱的犯人——所有这些人都被吸收到这支队伍里。在经过 6 至 8 个星期的训练后，这些新兵就开到了前线。11 月初，希特勒又拼凑了 18 个师的新兵送到西线。

希特勒 11 月底进行反扑的战略意图是：集中优势兵力，迅速突破盟军防线，直捣默兹河。一旦渡过默兹河，德军就形成两把尖刀，直插西北面的布鲁塞尔和安特卫普。而在拿下安特卫普和舍尔德海口以后，欧洲盟军将被切成两半，他们在北方的 4 个集团军——美国第 1、第 9 集团军，英国第 2 和加拿大第 1 集团军就能被消灭掉。"那时西方盟国将准备缔结单独和约，德国就能把它的全部兵力转向东方。"

希特勒选择的进攻地点是卢森堡、比利时和德国交界的阿登地区。这里是森林茂密的山地，是西方盟军防守的 720 千米战线上最薄弱的地段。1940 年希特勒大举进犯西欧各国时就是从这里突破的。

反攻部队第 6 党卫队坦克集团军在阵线的北翼，担任主攻；第 5 坦克

第八章　反攻：光复欧洲

集团军与它并肩前进，突破中线；第 7 集团军的任务是在南部迅速建立一道壁垒，掩护进攻部队的南翼。此外，希特勒还下令搜罗了 1000 多名伞兵，准备在盟军阵线后面空降，占领要冲。他还别出心裁，下令训练一支突击队，穿上盟军服装，乘坐缴获的盟国军车，伪装成美军，潜入盟军后方，占领默兹河上的桥梁，发布假命令，散布德军已获大胜的谣言，制造混乱，扰乱军心。

　　防守阿登这条 140 千米战线的，是美国第 1 集团军的第 5 军和第 8 军。在德军重点突破的地段上，美军只有 2 个步兵师、1 个骑兵巡逻队和 1 个毫无作战经验的坦克团作为预备队。所以，在发动进攻时，德军占有绝对优势。

　　在严格保密的情况下，德军 20 个师悄悄地集结到阿登前沿阵地。1944 年 12 月 16 日晨 5 时 30 分，密集的德军大炮突然开火，几乎所有的美军阵地都遭到了猛烈的轰击。不久以后，在美国兵还没有清醒过来的时候，德国的突击部队蜂拥向前，为坦克开辟道路，紧接着坦克部队就开始了冲击。

　　北翼的德军遭到美第 5 军和增援部队的阻击，战斗激烈，进展缓慢。中线的德军进展迅速，因为这里的守军是美国第 8 军的第 28 师，他们在亚

▲阿登战役中的德军正在顽守阵地。希特勒希望德军此战役能够集中优势兵力，突破盟军防线，从中切断盟军，使其首尾不能相顾，然后逐一消灭。

琛周围苦战了两个月，损员 6184 人，正在阿登休整补充。另一支守军是美国第 106 师，他们是刚从国内调来的新兵，3 天前才进入阵地，毫无作战经验。

12 月 17 日晚，德第 5 坦克集团军在施尼—艾菲尔包围了美军第 106 师的 2 个团，2 天以后这支 8000 多人的部队向德军投降了。美国官方历史说，这是美军在欧洲战场上最严重的一次失败。

18 日，德军进抵作为公路交通枢纽的巴斯托尼。美军坚决死守，寸土不让。19 日，美第 101 空降师火速赶来增援。两军展开了争夺巴斯托尼的白刃战，双方都有大部队增援，战斗持续了 20 天。

在南翼，德第 7 集团军建立起一道壁垒，保护中线。此外，在美军后方，伪装成美军的德军虽然起到了一些破坏作用，但是很快就被美军发现并清除了。

12 月 24 日下午，德第 2 坦克师进抵距离默兹河只有 6.5 千米的小镇塞莱斯，纵深突进将近 100 千米。第二天，美国第 2 装甲师在英国的一支装甲部队的协助下，在美国战斗机、轰炸机的支援下，一举击溃了德军第 2 坦克师，打毁敌坦克 80 辆，使德军最终未能到达默兹河。

对于美国高级指挥官来说，希特勒的这次反扑是突然袭击。起初，布莱德雷还以为这是一次破坏性进攻，旨在阻止巴顿对萨尔发动攻势。12 月 17 日，前线告急。艾森豪威尔把最高统帅部仅有的预备队第 82 空降师和第 101 空降师拨归布莱德雷使用。布莱德雷迅速把第 82 空降师派往北翼的斯塔弗洛，把第 101 空降师派往中线的巴斯托尼。

由于希特勒党卫队分子的破坏活动，前线情报极其混乱。所以直到 12 月 18 日晚间，盟军最高统帅部才搞清楚了敌情，确定这是德军一次大规模的反攻。艾森豪威尔认为，没有必要在南北两翼同时反击。因为北翼在德军进攻中正首当其冲，应采取守势。但在南翼应尽早组织反击。

危机时刻，美军表现出高度的机动性，各集团军迅速调兵遣将，驰援阿登。艾森豪威尔一方面向英美政府告急，要求尽快向前线增兵；另一方面也在努力鼓舞士气："敌人一冲出他们的固定防线，就给我们一个机会把他们的大冒险变为他们的惨败。所以我号召全体盟军战士，鼓起勇气，坚定信心，努力奋斗。希望每个人都坚定这个唯一的信念：消灭敌人，从地面、从空中、从一切地方消灭敌人！让我们以这个决心和我们为之奋斗的

第八章　反攻：光复欧洲

不可动摇的信念团结起来！在上帝的保佑下，我们朝着最大的胜利奋勇前进！"

12月22日，巴顿从南面发动进攻。他派出1个步兵师到卢森堡城东北支援南翼美军阵地，同时又派出1个步兵师和第4装甲师到巴斯托尼去解围。但是由于冰雪塞途，这支援军到26日才赶到巴斯托尼与被围的美军取得联系。

23日，天气转晴，盟军出动了约5000架飞机，猛袭德军的进攻部队和运输车辆，侦察敌人的重要活动，大大缓和了危局。同时由于空军给巴斯托尼的守军投下了急需的供应品，在很大程度上鼓舞了士气。此后，除了恶劣天气干扰以外，空军一直大显身手，充分发挥了地空战术协同的效率。

在北翼，由于德军的进攻，布莱德雷的中央集团军群司令部已经无法同北面的美第1和第9集团军保持正常的通讯联系。12月19日，艾森豪威尔把美国第1和第9集团军暂时拨给蒙哥马利指挥。蒙哥马利把他的预备队布置在默兹河西岸，严阵以待，防止德军渡河。同时采取各种措施，整编和补充美第1集团军，不断派兵去挫败北翼敌人的攻势。

1945年1月3日，美第1集团军从北翼发动了进攻，南北夹击德军。同一天，德军用2个军的兵力对巴斯托尼发动了最后一次猛攻，展开了阿登战役中最激烈的战斗，妄图拿下这个重镇。但是在巴顿的猛烈反击下，德军以失败告终。1月8日，希特勒命令德军撤退到豪法里兹西部。巴顿乘胜紧追，但是由于冰雪阻滞，进展缓慢。到了1月16日，美第3集团军才和第1集团军在豪法里兹会师，这时敌军早已逃跑了。

1月28日，盟军终于把法西斯侵略军赶回德国边境，恢复了原来的阵线。

在盟军开始反攻以后，丘吉尔曾致电斯大林求援。1月12日，苏联军队从波兰的维斯杜拉河（现名维

▲盟军战机飞过德军阵地

斯瓦河)发动了强大的攻势,重创德军。1月22日,希特勒急忙把党卫队第6坦克集团军从西线调往东线。这大大减轻了西方盟军的压力,加速了他们的进展。

在阿登之战正酣时,希特勒乘巴顿北上,盟军南方集团军群扩大防地、战线空虚之际,又动用10个师的兵力在阿尔萨斯发动了"北风"攻势,对盟军进行第二个打击。但是德军只是在德法边界上前进了30千米,丝毫没有改变阿登的战局。

希特勒在阿登的反扑是他的垂死挣扎。据德军最高统帅部作战部长约德尔后来供称,安特卫普计划是一次异常大胆的军事行动,"但我们处于绝望境地,改善这种处境的唯一办法就是采取最后决策。我们不可能期望逃避我们所面临的厄运,战斗而不是等待,我们还可能拯救一点东西"。希特勒孤注一掷,付出了巨大的代价,伤亡和被俘的德军约10万人,损失坦克800辆,飞机1000多架,依然没有捞到任何好处。

阿登战役结束之后,德国在西线上只剩下了66个师,但是大部分部队的武器装备和训练都很差,有24个师甚至连反坦克炮都没有。

艾森豪威尔放弃占领柏林

1945年1月底至2月初,美第7集团军和法第1集团军全线进抵莱茵。根据艾森豪威尔的战略部署,从北到南,各个集团军都要清除莱茵河西岸的残敌,扫清障碍,以利大军渡河。

从2月8日到3月25日,盟国各个集团军先后肃清了从阿纳姆(荷兰)到瑞士边界的莱茵河西岸的德军,进抵莱茵河畔。由于阿登战役的失败,德军士气低落,兵力兵器遭到了无法补偿的损失,齐格菲防线已成一个空架子。所以,盟军并没有遇到太顽强的抵抗。

3月7日,美第1集团军的第9装甲师进抵雷马根,战士们惊奇地发现,莱茵河上的鲁登道夫大铁桥还没有破坏。德军原本准备在下午4时炸桥,可是当他们扭

▲艾森豪威尔像

动开关的时候才发现电线失灵，炸药未能起爆，大桥安然无恙。一名德军中士又点燃了 300 千克备用的炸药，但在一声巨响后，大桥岿然未动。这时美军探索着冲到桥东，在那里建立了第一个桥头堡。艾森豪威尔得到这一消息后非常高兴，积极支持布莱德雷迅速渡河。第 1 集团军迅速向东岸增援，击退了敌人多次进攻。

3 月 10 日，希特勒撤去了冯·龙德施泰特西线总司令职务，任命意大利战场的凯塞林来接替他。然而，大厦将倾，什么将帅也挽救不了败局了。

从 3 月 7 日到 31 日，美、英、加、法等同盟国家的 7 个集团军先后在莱茵河上抢占了很多渡口，相继渡河，向德国腹地挺进。

美第 1 集团军和第 9 集团军渡河以后，迅速从南北两面包围德国主要工业区鲁尔以及退守那里的德国 B 集团军群。

在对鲁尔的包围圈即将完成时，蒙哥马利命令英国第 2 集团军和美国第 9 集团军必须以最大的速度和干劲向易北河猛进，直指从汉堡到马格德堡一线。他特别强调需要"突然出击"，以快速装甲部队为先导，沿途占领飞机场，以利随后用来进行密切的空中支援。

然而当蒙哥马利的部队已经整装待发的时候，"艾森豪威尔不仅完全改变了计划，而且直接通知了斯大林"，以便他的作战行动同苏军的作战计划协调起来。他同意蒙哥马利在鲁尔东面同布莱德雷会师。然后不仅美国第 9 集团军不让蒙哥马利指挥，而且还清楚表明，盟军的主要突击方向不是柏林，而是莱比锡和德累斯顿，并同苏联人会师。

当蒙哥马利向艾森豪威尔呼吁，在到达易北河之前，既不要改变计划，也不要变动指挥安排时，艾森豪威尔更全面地说明了他的意图："我的计划很简单，其目的在于分割和消灭敌军并同苏联军队会师。只要斯大林能给我情报，卡塞尔—莱比锡轴心是达到这个目标的最直接的进军线。"

对于艾森豪威尔的这种做法，丘吉尔和英国军界人士都极为恼火，因为英国一直想让蒙哥马利担任副统帅，全面指挥盟军所有的地面部队。但是美国的马歇尔等人则支持艾森豪威尔的行动，他们认为在纯军事问题上盟军最高统帅有权直接与苏军最高统帅进行联系。

然而，艾森豪威尔放弃占领柏林的真实意图又是什么呢？

事实很明显，第一，由于希特勒在阿登的反击，盟军耽误了 6 个星期的时间。结果，当蒙哥马利的北方集团军群离柏林还有 480 千米的时候，苏军距柏林只有 60 千米左右，并且早已准备攻打柏林了。艾森豪威尔预见争夺柏林的比赛快要输掉了，罗斯福也有这种看法。

第二，当时的希特勒还在柏林做困兽之斗，如果强攻德国首都，就要付出巨大的伤亡代价。并且，在雅尔塔会议上，苏美英三大国早已经划定了各自在德国的占领区，柏林在苏联占领区内。即使美军付出巨大代价占领了柏林，布莱德雷说："我们还要退出来并把地方让给人家。"所以美国高级将领不愿为了政治上的威望而付出这样重大的牺牲。

第三，据美国情报部门获悉，希特勒在德奥边境的萨尔斯堡一带山区，建立了"民族堡垒"，储备了大量的弹药物资，甚至修建了飞机制造厂，准备纠集纳粹狂热分子，负隅顽抗，战斗到底。布莱德雷说："在当时，传奇式的堡垒在我们看来是完全现实的和非常严重的威胁，我们不能轻视它。它一直严重地影响到我们在战争最后几个星期里的战术思想。"

第四，在反法西斯联盟内部，英美同苏联始终存在着矛盾和斗争。特别是到了 1945 年春天，他们的共同敌人希特勒的失败已经成为定局，这种矛盾和不信任也越来越明显。但是美国想争取苏联参加对日本的战争，所以在很多地方都尽量迁就苏联。

因为上述的这些原因，所以艾森豪威尔决定不同苏联争夺柏林，而是"尽量多用美国军队去占领德国"。

易北河会师

当盟国大军渡过莱茵河时，西线德军号称还有 60 个师，但实际兵力还不到半数。但是盟军却已经增加到了 93 个师，空军早已经取得了制空权，拥有飞机 1.7 万多架。在盟军地面和空中的绝对优势兵力的打击下，德军已成强弩之末，不堪一击，只有少数法西斯党卫队的狂热分

▲盟军士兵强攻鲁尔地区，盟军在战斗中使用了威力强大的火焰枪。

子还负隅顽抗，作困兽之斗。

4月1日，美第1和第9集团军在帕德博恩以西会师，封闭了对鲁尔的包围圈，把德国B集团军群紧紧地围困在鲁尔地区。莫德尔两次突围都告失败。4月14日，莫德尔作出一个空前的决定：下令解散B集团军群，使部队免受投降之辱。他首先命令瓦格纳遣散年纪最小和最老的士兵，让他们回家去。72小时后，其他的人有3条出路：回家、以个人身份投降、试图突围。

15日，美军把鲁尔口袋切成两半。16日，东半部德军瓦解了。美军敦促莫德尔投降，莫德尔派出一名德国军官带去了他的口信："由于受到效忠希特勒的誓言的束缚，将军不能投降。"但是4月18日，被围的西半部德军还是投降了；在整个鲁尔战役中，美军俘敌32.5万人，据说莫德尔本人自杀了。

鲁尔战役还没有结束，美第1集团军和第9集团军来不及打扫战场，就把肃清残敌的任务交给了新近建立的美第15集团军。他们自己则日夜兼程，每天以50~80千米的速度向东挺进，沿途包围和俘虏已处于瓦解状态的小股德军。美第9集团军的先头装甲部队于4月11日跑到易北河边，并于12日在马格德堡附近建立一个小小的桥头堡，第二天另一支美军又建立了一个桥头堡。由于德军出动飞机猛烈反击，所以美军被迫于14日放弃了这两个桥头堡。不过美军的第三个桥头堡却很快建立并守住了。

在东线，经过长期准备的苏联军队4月16日实施了攻占柏林的计划。苏军从奥得河边向西面发动强大的攻势，"到处取得迅速的进展"，彻底动摇了德军的防御。这时，艾森豪威尔就"更不想占领柏林了"。

4月19日，美军占领了莱比锡。25日，美第1集团军的巡逻队在托尔高与苏军会师，从而把德国分割成两半。"美苏双方商定，沿易北河及其支流木耳德

▲盟军士兵易北河胜利会师

河来划分两军中央战线的会合线。"

在北方，英第2集团军从奥斯纳布吕克—不来梅一线向东北挺进。5月2日他们占领卢卑克，前出波罗的海，在维斯马同苏军会师。5月3日，汉堡德军投降。加拿大第1集团军解放了荷兰的全部国土。5月5日，荷兰、丹麦以及德国西北部的德军向蒙哥马利投降了。

▲1945年，美国第二装甲师的M26"潘兴"坦克行进在易北河畔的马格德堡大街上。

在中南，美第3集团军占领了哥特、埃尔富特，并挥戈东南，向捷克斯洛伐克和多瑙河流域推进。5月18日，巴顿的部队进入捷克斯洛伐克，6日进驻比尔森。另一支部队则于5月4日解放了林茨。

在南方，美第7集团军经过3天的激战攻下了纽伦堡，渡过多瑙河，进入巴伐利亚平原，解放了希特勒法西斯的最早活动场所慕尼黑。5月4日，他们占领了萨尔斯堡。同一天，另一支盟军拿下了希特勒的山间别墅伯希特斯加登。"民族堡垒"的神话揭穿了：这里并无大量德军据险死守。为了彻底摧毁希特勒的这个黑窝，美第8航空队把它炸成一片废墟。

5月3日，美第7集团军的另一支进入奥地利的部队拿下因斯布鲁克；在奥地利游击队的帮助下，他们进入勃伦纳隘口。5月4日，他们同意大利北部的美第5集团军部队在维皮泰诺会师。

最南翼，法第1集团军沿上莱茵河东进，占领了卡尔斯鲁厄、斯图加特。5月1日，法第1集团军肃清了瑞士边境康斯坦茨湖以西的敌军。

5月5日，德国C集团军群向盟军南方集团军群无条件投降。

这时，德国法西斯的罪魁祸首希特勒已经完蛋了。苏军已攻入德国首都，柏林街头战火熊熊。德军兵败如山倒，但是由于他们当中很多人曾在苏联作恶多端，生怕苏军给他们最严厉的惩罚，所以极力避免向苏军投降，纷纷像潮水一般涌往西线，向美英军队投降。

根据希特勒的遗嘱，继任德国总统的邓尼茨，派约德尔到设在法国的艾森豪威尔司令部洽降。1945年5月7日凌晨2时41分，约德尔代表德军最高统帅部在无条件投降书上签字。

苏联和英国、美国、法国、加拿大等同盟国军队的进攻以及欧洲被占领国人民的武装斗争和大起义，这三条战线的内外夹攻，东西合击，彻底打垮了希特勒的法西斯暴政，使欧洲摆脱了黑暗的深渊。

五、雅尔塔会议——确立战后新秩序

准备——马耳他会议

1945年初，德日法西斯的失败已成定局。随着大战进行到收尾阶段，结束战争和安排战后世界而产生的一系列政治问题需要迅速解决。其中最重要的几个问题是：制定盟军在反希特勒德国战争最后阶段的协同一致的军事行动计划，处置战败的德意志"帝国"的基本原则，对日作战，实现战后世界国际安全问题的基本原则。美、英、苏三大国需要举行新的最高级会晤。

1944年7月19日，美国总统正式提出了举行新的最高级会晤的建议。美、英、苏三国政府首脑在来往信函中就召开新的三国最高级会议问题交换意见，决定"三巨头"在1944年11月在苏联沿海城市雅尔塔举行会议。由于罗斯福总统就职典礼，会议延期到1945年1月底至2月初举行。

丘吉尔提议以"阿尔戈航海者"为会议代号，这个词来源于古希腊的勇士到黑海沿岸去寻找金羊毛的神话故事。罗斯福对这个名称表示欢迎。

在这胜利前夕，丘吉尔想起了26年前的巴黎凡尔赛。当时德国被打败，它的盟友奥匈帝国分崩离析。欧洲人等来了渴望已久的和平，至少英国人和法国人感到心满意足。当时的凡尔赛会议上，英国首相劳合·乔治、法国总理克列孟梭和美国总统威尔逊"三巨头"为战后世界设计了蓝图。

然而欧洲人得到的不是和平，而是20年的休战。20年后，德国死灰复燃，重燃战火，把整个欧洲和世界都拖入比上次大战更残酷、更漫长的战争中。现在胜利在望，可身为英国首相的丘吉尔心里清楚。这场仗绝不是靠英国或苏联打赢的，还有美国。若没有美国参战，丘吉尔不知道战争会发展成什么样子。

对于日后世界的另一"极"——苏联，丘吉尔的感情就复杂得多了。丘吉尔是著名的反共分子，在"二战"中出于现实的考虑，选择与斯大林合作对抗纳粹德国。但丘吉尔从心底里对苏联和斯大林都无好感。事实上，丘吉尔乃至大多数英国人，几十年来都怀着厌恶、甚至仇恨的眼光注视着苏联。

丘吉尔没有忘记苏联在1918年单独与德国媾和，致使德军集中兵力于西线，几乎将协约国打败。他也没有忘记英王维多利亚女王的外甥、俄国沙皇尼古拉罗曼诺夫二世一家被布尔什维克枪杀在叶卡特琳娜堡的地下室里。当然，丘吉尔忘不了的还有：苏联几十年在欧洲、亚洲和全世界鼓吹革命；同纳粹瓜分波兰；恃强凌弱入侵芬兰；为纳粹德国打败法国而欢呼雀跃。

苏联对波兰的态度更让丘吉尔耿耿于怀。英国是为波兰的独立而向德国宣战的，波兰在伦敦设有流亡政府。波兰军队忠实地跟随英国军队转战西欧、北非、意大利。但苏联1939年却在卡廷森林枪杀上万名波兰军官，并在卢布林建立亲苏的民族委员会。1944年8月苏联又听任德军镇压华沙起义者，使波兰流亡政府的国内组织元气大伤。1945年1月5日，苏联宣布承认卢布林委员会为波兰共和国临时政府。而英美两国都不承认这个政府。

丘吉尔看到苏联红军正如决堤之水，席卷东欧诸国，更加觉得担心，他害怕这样的场景在战后出现：苏联把整个东欧纳入自己的控制之下，德国被摧毁了，法国虚弱不堪，英国多少年来苦心维持的欧洲大陆均势荡然无存。

有能力与苏联在欧洲大陆抗争的只有英国和美国，而英国又被战争弄得民穷财尽，所以丘吉尔对美国总统罗斯福寄予厚望，他希望与英国同文同宗的美国兄弟能发挥巨大影响，在处理战后问题上与自己合作，不仅要彻底削弱德国，让其从此服服帖帖，更要在雅尔塔与斯大林争一高低，遏制苏联的扩张。

为此，1月5日，丘吉尔致电罗斯福总统，希望在赴雅尔塔之前，与美国总统会晤，取得一致。罗斯福同意了。两国代表团商定，先在马耳他集合，然后一起飞往雅尔塔。

丘吉尔和随行人员乘坐2架"空中霸王"式运输机飞抵马耳他。在罗斯福总统到来之前，英、美两国最高军事领导人——英帝国总参谋长艾伦·布鲁克、美国陆军参谋长乔治·马歇尔及艾森豪威尔将军的参谋长比尔德·史密斯先就欧洲盟军的战略问题举行会议。

面临着胜利，英美军方领导人却各执己见，会议几乎破裂：马歇尔将军支持艾森豪威尔将军的扩大正面战略，即肯定蒙哥马利担任主攻的同时，必须保证其南翼的安全。其实也就是允许布莱德雷的第12集团军群和德弗斯的第6集团军群发动助攻。英国人则坚持说，只要蒙哥马利从北面渡过莱茵河、直捣北德平原就行了。最后由于马歇尔强烈要求执行艾森豪威尔的计划，英国人被迫妥协，但要求艾森豪威尔保证北面的进攻为主攻，而且要在彻底歼灭莱茵河以西德军之前就过河。

这样激烈的争执是丘吉尔没有料到的。但与解决这些争执相比，丘吉尔更希望罗斯福总统能早日到来，制定两国在雅尔塔会议上的共同政策。

2月2日9点35分，罗斯福总统乘坐的"昆西号"巡洋舰缓缓驶入马耳他瓦莱塔港。午饭前，丘吉尔首相在女儿萨拉和外交大臣艾登的陪同下登上"昆西号"。看到罗斯福，丘吉尔不禁暗暗一惊。只见那个著名的"罗斯福式宽下巴"消失了，罗斯福总统面色枯槁，只有两片松弛的皮肤毫无生机地挂在腮上。不仅是丘吉尔，马歇尔将军和美国海军作战部长欧内斯特·金海军上将见到罗斯福总统消瘦的面庞也大吃一惊。

丘吉尔想跟罗斯福好好讨论一下东欧的政治问题、战后德国问题和波兰等问题。罗斯福对这几个话题却避而不谈。虽然在晚宴上两国首脑也提及这些问题，但仅仅是泛泛而谈，没有深入讨论。英国外交大臣艾登对此大感失望，丘吉尔更不用说了。

罗斯福身体状况恶化

1945年2月2日晚，英国首相丘吉尔和美国总统罗斯福一起前往马耳他的卢卡机场。23时30分载着英国、美国首脑和政府随员的20架美制C-54"空中霸王"式运输机和5架英制"约克"式运输机腾空而起，向东飞去。他们将飞到苏联克里米亚的雅尔塔，与苏联部长会议主席斯大林会晤。

丘吉尔满心不安，在之前的马耳他会议上，他没有从罗斯福口中得到他想要的承诺。丘吉尔怀疑罗斯福是不是因为身体不适而影响了判断力，以至于对同英国一道遏制苏联不感兴趣。事实上，罗斯福总统的身体状况的确日益堪忧，两个月后就与世长辞了。

然而事情并非全部因为罗斯福的身体状况，丘吉尔是为英国考虑，罗斯福却得为美国考虑。他不可能罔顾美国自身利益，去为英国火中取栗。

与战争过后的国际秩序相比，罗斯福更关心眼下太平洋上的战事。

在太平洋上，美国军队已将日军打得节节败退。日本本土通往东南亚的海上生命线已被美国舰艇切断，本土正在遭受美国 B-29 型"超级空中堡垒"巨型轰炸机越来越猛的轰炸。美国军队很快就要在日本的冲绳岛登陆，拉开进攻

▲罗斯福正在准备发表演讲。此时的他已饱受病魔的摧残，健康状况日益恶化。

日本本土的序幕。罗斯福不应再担心战局出现反复，但是日军的疯狂表现让罗斯福忧心不已。

日本人发明了"自杀式"攻击，组织起"神风特攻队"，驾驶装满炸药的飞机撞击美国军舰。发了疯的日本大本营竟喊出"一起玉碎"的口号。

据美国参谋长联席会议估计，如果美国在日本本土登陆并征服日本，至少要付出伤亡 120 万人的代价。罗斯福要为这 129 万美国青年的生命考虑，所以他需要斯大林帮忙，出兵中国东北，消灭有百万之众的日本精锐之旅关东军。而丘吉尔考虑的只是维护英国在东欧的影响和它庞大的殖民帝国，罗斯福并不希望用美国士兵的生命换取大英帝国的辉煌。罗斯福不想给斯大林留下英美两国联合起来向苏联施压的印象。

罗斯福甚至曾对儿子埃利奥特说："殖民体系意味着战争。"当丘吉尔质疑他"在试图搞垮大英帝国"，罗斯福毫不客气地回击道："你们开发印度、缅甸、爪哇的资源，掠夺这些国家的财富，而又不给当地居民以教育、像样的生活水平和最低的卫生条件。你们做的一切，正是在否定和平的任何价值。"

在出发参加雅尔塔会议之前，罗斯福对妻子伊莉诺表示："我若能发展

同斯大林元帅的个人关系，定能大有作为。"罗斯福念念不忘为人类留下一份将受益无穷的国际组织——联合国。

和1919年的美国总统伍德罗·威尔逊一样，罗斯福总统坚信人类需要一个超国家的有效国际组织来规定国与国交往的基本准则，制止战争，制裁或出兵打击未来的侵略国。威尔逊总统倡议成立的国际联盟，在德意日法西斯的侵略扩张面前一无所成，最终以悲剧而告终。罗斯福要避免自己重蹈威尔逊总统的覆辙。

罗斯福坚信正义、法律、道义的力量，但也承认大国在国际事务中举足轻重的作用。因此他认为美国需要苏联的合作，一道携手共造和平。

罗斯福的愿望在他去世后实现了。1944年8月21日至9月28日，美英苏三国代表于美国华盛顿的敦巴顿橡树园进行谈判，签署了关于建立维护和平与安全的普遍性国际组织的"建议草案"。1945年4月25日，50个国家的代表在美国旧金山召开联合国成立大会。经过两个月的讨论协商，于6月26日一致通过了联合国宪章，成立了联合国组织。

25架大型运输机载有700余名英美两国政府要员，经过7个半小时的飞行，穿过南斯拉夫、保加利亚和罗马尼亚，在苏联克里米亚的机场着陆。随后，早就在机场等候的苏联外交人民委员莫洛托夫陪着丘吉尔和罗斯福驱车前往130千米以外的雅尔塔。

战后德国的处置

三巨头会议在雅尔塔的利瓦吉亚宫举行，这是沙皇尼古拉二世在1911年兴建的避暑行宫。十月革命后，利瓦吉亚宫被改造成劳动者结核病疗养院。这个宫殿融合哥特风格和摩尔风格，典雅豪华。里面的家具全部是苏联工作人员专门从莫斯科大饭店运来的。

2月4日，斯大林乘火车抵达雅尔塔，下午3点，先去拜访了丘吉尔。两人对苏德战场的形势交换了看法。斯大林告诉丘吉尔：苏军正与德军在奥得河东岸激战，用不了多久就可以渡过奥得河。斯大林还说："德国所有能征善战的将军都被希特勒处决了，只剩下古德里安。希特勒是个铤而走险的亡命徒，此时还把11个装甲师留在布达佩斯。难道他不知道，德国过不了多久就不是强国了，再不能四处派兵了？"

然后，斯大林向丘吉尔告辞，前去拜会罗斯福总统。两人还是先谈德国，罗斯福说：他对克里米亚遭到的破坏大为震惊，比一年前更痛恨德国人了。斯大林说每个人都痛恨德国人。他们"是野蛮的畜生，似乎对人类创造的一切精神文明都有刻骨仇恨"。

两人还聊起戴高乐。罗斯福对这位自命不凡的法国首脑很有些厌烦。斯大林则说戴高乐太不现实，法国在战争中没打什么仗，却要求战后同美国、英国和苏联平

▲雅尔塔会议中的三巨头

分秋色。罗斯福悄悄告诉斯大林，戴高乐在卡萨布兰卡会议上还把自己比作法国当代的贞德。

与永远彬彬有礼的丘吉尔相比，斯大林对罗斯福的印象要好得多。

斯大林向罗斯福转述了戴高乐对自己说的话：莱茵河是法国的天然边界，希望法国军队永远驻扎在莱茵区。罗斯福对斯大林说，丘吉尔希望法国战后能在莱茵区驻军20万人，自己则重整军队。罗斯福还说了一些英美在划分德国占领区时的分歧。

下午5时，三国举行第一次全体会议。包括三巨头在内的10位美国领导人、10位苏联领导人和8位英国领导人围坐在圆桌旁，开始了具有历史意义的会议。会议进行了两个小时。

会议之后，罗斯福总统举行晚宴，招待英苏两国政府首脑、外长和首席顾问。宴会上丘吉尔发表祝酒词："全世界在注视着我们。如果我们的会议圆满成功，数百年的和平将继之而来。我们三大国为这次战争付出了巨大的代价，作出了无以伦比的贡献，我们应该维护和平。"

2月5日下午4时，第二次全体会议开始，罗斯福提议讨论有关德国的政治问题，即分割德国问题。

在之前的欧洲协商委员会上，苏、美、英三国代表就讨论过这个问题，并建议将德国分为英、美、苏三国占领区。美国财政部长摩根索曾提出一

个计划，建议将德国分割为7个邦，变成一个农牧业国家。罗斯福倾向于赞同这个主张。

在德国问题上，斯大林的看法与罗斯福相似，也主张分割德国，于是想把分割德国的方案确定下来。但丘吉尔坚决反对制定分割德国的方案，他说自己对这个问题还未准备充分。最后罗斯福提出一个折中方案，将是否分割德国的问题交给英国外交大臣和苏美驻英大使组成的委员会去解决。

随后就是关于法国占领区的问题了。丘吉尔像法国的保护人一样，立刻站起来："法国人想要一块占领区，我准备奉送他们一块，甚至会很高兴地给他们一块英国的地盘。"丘吉尔表面上在为法国考虑，实际上却是在打自己的算盘：欧洲大陆的传统均势已被破坏，英国需要法国、甚至德国来抗衡苏联。所以丘吉尔不仅要给法国一块占领区，还要为法国争取在对德国管制委员会和联合国中与三大国平等的地位。

丘吉尔问罗斯福："我不知道美国能同我们一起占领德国多久。"罗斯福立刻答道："2年。"丘吉尔最担心的事终于发生了，他仿佛挨了一记耳光。斯大林则两眼放光，他请罗斯福再确认一遍，罗斯福说："期限是2年。为了和平，我可以得到美国公众和国会的绝对合作，但不能耗费巨资在距美国3000英里的欧洲长期驻军。"

丘吉尔极力为法国争取利益，他说："不管怎么样，我们需要法国的帮助。"罗斯福却不冷不热地说道："只要法国人不在发号施令的岗位上就行。"斯大林听出罗斯福在支持他，就兴冲冲地说："我希望法国强大起来，但别忘记，法国向德国敞开了大门……管制德国只能由那些从战争一开始就反对德国的人来做。法国不在其列。"

丘吉尔想反问："战争开始时苏联在干什么？"但还是把话压了下去，道："战争爆发时我们都极其困难。但法国必须有重要的地位。我们反对德国人时最需要法国人。当美国人撤回国时，我们就得想想未来了。"

▲雅尔塔会议旧址，如今已成为著名的旅游景点。

这时霍普金斯给罗斯福总统递了一张字条，上面写道："1. 法国已在欧洲协商委员会之内，现在的主要问题是德国问题。2. 答应给法国一块占领区。3. 推迟关于德国管制委员会的决定。"

罗斯福看罢，建议说给法国占领区，但将管制委员会问题留在以后讨论。斯大林同意。三人最后决定以后研究。

事实上，后来三国签署的雅尔塔协议，就未来德国的处理问题表述得相当含糊。

最棘手的波兰

2月6日，会议进行到第三天，最敏感、最棘手、无法回避的波兰问题被提了出来。

丘吉尔首先就波兰问题发言。他发表了慷慨激昂的演说："英国在波兰没有任何物质上的利害关系。当1939年我们以劣势装备对德国宣战时，谁都知道我们冒了多大的危险。我们为此几乎牺牲了生命——不仅仅是帝国的生命，而且作为民族的生命。我们之所以拔剑而起，帮助波兰抗击希特勒的野蛮进攻，唯一的原因是荣誉。因此，我们对于不能给她以自由、独立、自主的任何方案，永远不能接受。波兰人必须当家做主，做自己灵魂的主宰……"

"目前波兰有两个政府，我们对它们的看法是有分歧的。如果允许这两个对立政府在三大国之间造成分裂，那么三大国要受到批评。我们能否在战争结束之前组成我们三国都承认的临时政府或执行机关？如果能做到这一点，我们就可以离开会议桌向未来的和平和中欧的繁荣迈出巨大的一步。"

斯大林不同意丘吉尔的论调，他在椅子后面来回踱着，阐述自己的观点："我理解英国政府在波兰的荣誉问题，但对俄国来说，它既是荣誉问题，又是安全问题。所谓荣誉问题，是因为俄国人与波兰人有过多次冲突。所谓安全问题，不仅因为波兰是俄国的邻国，而且因为俄国历来的敌人都假道波兰入侵俄国。

"在过去的30年中，德国人两次取道波兰进攻俄国。俄国愿意看到一个强大的波兰能用自己的力量封闭这条走廊。俄国人不能从外面关闭它，只能由波兰从里面关闭。就是因为这个理由，波兰必须自由、独立和强大。

第八章　反攻：光复欧洲

对于苏联来说，这是一个生死攸关的问题。苏联政府的对波政策与沙皇政府大不相同。沙皇政府要兼并、同化波兰；而苏联政府则是要同一个自由、独立、强大的波兰保持友好关系。"

对于苏波边界和德波边界，斯大林表示："寇松线不是俄国人的发明，是由寇松、克雷蒙梭和美国人在巴黎和会上划定的。俄国人没有被邀请参加和会，是违反俄国意志的。现在有人要俄国得到的比寇松和克雷蒙梭承诺的还少，这对我们是奇耻大辱。如果我们同意把利沃夫地区划归波兰，乌克兰人会找到莫斯科，作为俄国保卫者的斯大林和莫洛托夫还不如寇松和克雷蒙梭……"

斯大林接着又说，波兰的领土应当以德国东部领土补偿，波德边界应当是奥得河—尼斯河。这个方案早在1944年10月斯大林就提起过。

丘吉尔和罗斯福对此心存疑虑。丘吉尔用了一个比喻："这只波兰鹅填满了这么多德国饲料，要消化不良，会生病的。"

与波兰的边界问题相比，波兰政府的问题引起的争议更大。

罗斯福向斯大林阐述了美国政府的立场和波兰政府问题的严重性，他说三大国如果在这个问题上不能达成一致意见，"将来在更重大的问题上也难以取得一致意见"。

三国还就联合国安理会的表决程序问题进行了讨论，意见依旧不一致。斯大林提出苏联16个加盟共和国都应有表决权。至少对战胜德国作出重大牺牲和贡献的乌克兰和白俄罗斯应有表决权。丘吉尔出来支持斯大林，他是在为英联邦的自治领、特别是战后要取得自治领地位的印度争得表决权，以增加英国的地位。罗斯福成了孤家寡人。

2月8日，三巨头已开了5天的会议，3个悬而未决问题的讨论终于取得突破，即法国在对德国管制委员会的地位问题、联合国安理会表决程序问题和波兰政府问题。

罗斯福改变了之前的立场，转而支持丘吉尔关于法国地位问题的方案。斯大林被迫举起双手表示同意。

在联合国安理会的表决程序上，罗斯福放弃了一国一票的设想，接受了一个妥协方案：白俄罗斯和乌克兰为联合国成员国；安理会的决议须经5个常任理事国（美、英、中、苏、法）的一致同意，即五大国有否决权。

在波兰政府问题上，苏联给了英、美两国一个台阶，同意在卢布林政府的基础上，吸收伦敦流亡政府的部分成员。丘吉尔虽然在这个问题上态度坚决，但鉴于波兰已在苏联红军的控制之下，只好作罢。

在这一天，罗斯福也得到斯大林同意出兵中国东北的允诺。但苏联出兵是有条件的，斯大林与罗斯福私下达成协议。于是一个涉及中国主权和领土完整的秘密协定，作为一个绝密文件附在雅尔塔协定的诸文件中。

最后，三巨头在雅尔塔会议上达成的协议大致如下：

所有被解放的欧洲国家内应该举行民主选举。

4月在旧金山进行就联合国成立的会议。联合国的组织方式基本被确定，联合国安理会的主意被采纳。美国和英国同意当时属苏联的乌克兰苏维埃社会主义共和国和白俄罗斯苏维埃社会主义共和国为独立的联合国成员。

德国被分裂，德军被解散，德国不准再拥有军队。美英苏认为这是"今后和平和安全的必要条件"。

德国应该为"对同盟国在战争中造成的损失"负战争赔款。战争赔款可以以德国国家资源（机器、船只、企业所有等）、一段时间内应该支付的偿款或劳动力的方式赔偿。美国和苏联达成协议偿款总额为约220亿美元。英国认为在当时偿款总额还无法估计。

战争罪问题被暂时搁置。

在波兰，一个"广泛的民主临时政府"应该"尽快进行自由的和不受他国控制的、全民的和秘密的选举"。

在南斯拉夫，一个保皇党和共产党的联合政府应该被建立。

德国投降后3个月内苏联向日本宣战。其报酬是苏联获得库页岛、千岛群岛以及其对大连、旅顺及其铁路连接的控制。

关于意大利—南斯拉夫、意大利—奥地利、南斯拉夫—保加利亚、罗马尼亚、伊朗以及土耳其管理的黑海与地中海之间的海峡使用的问题被暂时搁置。

所有被俘的苏联公民被遣返苏联，不论他们愿不愿意。

在德国投降、欧洲战争结束后2~3个月之内，苏联依据以下条件协助同盟国参加对日战争：

外蒙古（蒙古人民共和国）的现状须予维持。

对1904年由于日本背信攻击（日俄战争）所受侵害的帝俄旧有权利，

应予恢复：1. 库页岛南部及其邻近的一切岛屿均须归还苏联；2. 维护苏联在大连商港的优先权益，并使该港国际化；同时恢复旅顺港口苏联海军基地的租借权；3. 中苏设立公司共同经营合办中长铁路、南满铁路，并保障苏联的优先利益，同时维护中华民国的完整主权。

千岛群岛让与苏联。

上述有关外蒙古及东北的港湾与铁路等协议，须征求蒋介石之同意，罗斯福总统依斯大林之通知，采取取得其同意之措施。

至此，英美苏三国各自得到了自己所需要的东西：美国获得苏联对日作战的保证，确立了联合国安理会的表决程序；苏联保住了对波兰及东欧诸国的控制；英国则为法国争得大国地位。实际上斯大林是雅尔塔会议最大的赢家，他不仅取得对东欧的控制权，而且在远东做了一单划算的生意。

六、血战柏林——对希特勒的最后一击

柏林市民宁愿被美英盟军攻占

从1933年希特勒上台开始，一直到1943年和1944年之交，他鼓吹的建立大德意志帝国的美梦一直迷惑着大部分的德国民众，他们对于纳粹政权表现出空前的支持。

即使很多人对国家社会主义（纳粹主义）不感兴趣或者持保留态度，但是这个政权在很短的时间内创造的许多值得吹嘘的政绩，比如就业率上升、消费品充裕等都让德国人民感到骄傲。在全力仿效墨索里尼建立极权主义国家的过程中，希特勒比他的朋友高明一筹：他一直不愿意下令动员全德国的经济和社会力量投入战争，他坚持将生活消费品的生产维持在相当高的水平，以保持德国在战争期间的民心和士气。直到战争的最后几年，德国社会服务业的从业人员数量仍然与战前保持一致。

还有一个最重要的因素，也是最能迷惑德国民众的原因是，作为第一次世界大战的战败国，希特勒让德国重新崛起成为一个欧洲大国乃至世界大国，恢复了昔日的荣耀和尊严。所以许多德国民众对纳粹政权采取了逆来顺受的暧昧态度。

1944年底，纳粹德国企图征服世界的迷梦以一种灾难性的方式迅速走

向破灭，他们一手发动的用来实现野心的战争全线溃败，大批德军不是客死异国他乡，就是丢盔弃甲向本土败退。这时候的德国，面临着比纳粹政权上台前更高程度的羞辱和毁灭，这让很多德国人骄傲的自尊受到了伤害。特别是1945年初，苏联和盟国军队从东西两线同时向德国本土发起进攻，德国军队遭受致命打击，经济也因为大片国土沦丧而陷入停滞。在东线与苏军的激战中，德军阵亡295000人，被俘86000人。

▲美军士兵进入柏林近郊的小镇。

1945年1月30日，希特勒的总建筑师，军备和战争生产部长，纳粹领导层中最富才华、最有独立思想的官员阿尔伯特·施佩尔向希特勒提交了一份报告，就当前德国面临的形势坦率地指出："（德国）已经输掉了战争。"鲁尔工业区遭到接连不断的轰炸，西里西亚如今也落入苏联红军之手，施佩尔据此判断，德国铁路、工厂和发电站储备的煤炭只够用2个星期。

事实上，施佩尔并不是危言耸听。德国1945年的煤炭产量只有1944年的四分之一，钢产量只有六分之一。由于燃料极度缺乏，驻克雷菲尔德的一个拥有37架飞机的战斗机大队每三天只能起飞一次，作战半径仅有100千米。更危险的是，施佩尔1944年10月视察驻意大利第10集团军时，当地驻军的150辆卡车竟然用牛来牵引。施佩尔最后这样总结道："在失去西里西亚之后，德国的军事工业再也无法满足前线对弹药、军械和坦克的需求了……从现在开始，面对敌人庞大的资源优势，单靠士兵的英勇作战是不行了！"

当时德国的许多大城市都遭到盟军的猛烈空袭。尤其是柏林，几乎遭到全天24小时的不间断轰炸，白天是美国陆军航空队的攻击，夜晚是英国皇家空军的轰炸。

　　一些头脑清醒的德军官员和柏林市民已经认识到，敌人在几周内很快将攻入这座城市。大多数德国人盼望的并非是德国国防军能够取得某种程度的胜利，而是希望由美英盟军而非苏联红军攻占柏林。因此，在听说美英军队进入德国境内并向前继续推进的时候，柏林人的内心在感到绝望的同时，竟然有着一种难以名状的期盼，这是一种非常微妙、复杂的情感。当时一位45岁的德国家庭主妇说，自己时刻准备走上战场阻击苏联红军，一直坚持到美国人到来。

　　除了普通的柏林民众外，德国陆军总参谋部也抱着几乎同样的想法。其实，就连德国最高统帅部也不例外，他们普遍认为美英与苏联之间的盟友关系将很快分崩离析。所以希特勒和他的幕僚们重点讨论的并不是如何投降的问题，而是如何与西方盟国达成某种条件的妥协，然后联合对付"共同的敌人"——苏联。

　　历史学家H.R.特雷弗·罗珀仔细分析了希特勒的"国家社会主义"意识形态，深刻体会到希特勒对共产主义和苏联人的刻骨仇恨。虽然希特勒对于那些阻挠其实现霸业的国家，尤其是法国，同样非常憎恶。但客观地讲，出于荒谬的种族理论和地缘政治的现实需要，纳粹德国对于苏联更憎恶一些。他们认为英国、法国和美国正在一步一步地堕落成一个官僚化、犹太化的国家。他们始终不能明白，为什么英法美等国家的领导人和民众就不能认识到，共产主义苏联其实是一个比纳粹德国更加可怕的威胁。不过，纳粹德国高层深信，由于苏联和西方盟国在地缘政治和意识形态方面存在不可调和的矛盾，他们之间的反纳粹同盟将很快崩溃。到那个时候，西方盟国由于担心布尔什维克的胜利所造成的后果，一定会主动上门与自己媾和。

　　1月27日，就在苏军离

▲战争后期，英军战机与德机在空中激战。此时的德军无论就战场形势还是士气来说，都已经明显处于下风。

柏林只有 160 千米的时候，希特勒召开例行性的元首会议：

希特勒："你们认为英国人对于苏联人的这些进展会高兴吗？"

戈林："他们当然不希望我们会挡住他们，而让苏联人占领整个德国……他们当初并不希望……我们会像疯子一样地抵挡他们，而让苏联人步步进逼，现在差不多占领了整个德国！"

约德尔："他们一向对于苏联人怀有戒心。"

戈林："如果照这种情势发展下去，几天之内我们就会从英国人那里收到一份电报！"

希特勒和他的官员们把自己最后的希望维系在一根游丝之上，但直到最后他们仍然不能明白，为什么英国人和美国人不同自己一道去击败苏联？

英国人的电报始终没有到来。越来越多的官员开始拿着自己拟订的和平方案与英国人或美国人私下进行沟通。不过这种临时抱佛脚，在最后一刻试图结束战争的努力都失败了。自从 19 世纪初拿破仑军队横扫欧洲以来，德国军队第一次与敌人在自己的国土上进行战斗。这种局面让所有德军将士始料未及，无论从感情上还是心理上都难以接受。

但是，当最后时刻的决战即将来临的时候，昔日喜欢不切实际地白日做梦的纳粹将士纷纷陷入困惑之中，接受失败和有条件投降是一件难以想象的事情。在 1942~1943 年血腥的斯大林格勒战役期间，希特勒执意不准陷入绝境的第 6 集团军撤退或投降，并向指挥官保卢斯元帅下达指令："必须死守阵地，直到最后一兵一卒一枪一弹。你们的英勇坚持对于拯救西方世界将是永志难忘的贡献……"在他的固执和愚蠢下，285000 名德军将士被蓄意送进了地狱和苏联人的战俘营。

1944 年 9 月，在苏联红军和美英盟军大兵压境的形势下，希特勒签署了一道灭绝人性的"焦土"命令："所有人类文明的成果，凡位于有可能被敌人占领的地区，都必须彻底予以摧毁。"这些成果主要包括：社会基础设施，如工厂、煤气厂、电力设备等；与社会生活息息相关的文件信息，如食物定量配给卡、婚姻和居住情况档案、银行账户等；粮仓也要予以摧毁，农田要放火烧掉，牲畜要全部杀光，绝对不能落入敌人之手；纪念碑、宫殿、教堂、城堡、剧院、电影院等文化设施，统统要夷为平地。在上述地区生活的德国民众必须根据命令进行迁移，绝对不能让任何一个人生活在沦陷区里。

纳粹发表社论鼓动民众："对于敌人，绝不能把任何一棵日耳曼人的麦穗留给他们食用，绝不能有任何一张日耳曼人的嘴巴向他们通风报信，绝不能有任何一只日耳曼人的手臂伸出去帮助他们！将他们面前的每一座桥梁摧毁，每一条道路堵死！除了死亡、灭绝和仇恨以外，让他们什么也得不到！"

由于每天接受纳粹政权连篇累牍的宣传灌输，以及亲眼目睹了那些潮水般涌入柏林的东部难民们的悲惨遭遇，柏林市民对苏联人产生了一种近乎绝望的恐惧。他们将对方看成嗜血成性的"恶魔"，通过折磨和虐待手无寸铁的平民来寻求极大的快感。在柏林民众中间流传着极其恐怖的谣言，比如苏联人用火焰喷射器将神甫们活活烧死，将活人的舌头残忍地钉在桌子上。更为糟糕的是，这种广为流传的谣言又因为苏联红军自身的宣传活动而更让人觉得那是真的。其中，最为可怕的是伊利亚·埃伦伯格撰写的一篇反纳粹的宣传文章，他在文中慷慨激昂地指出：

日耳曼人是一个女巫，我们踏上了她的土地。如今，日耳曼的城镇正在熊熊燃烧，我欢呼雀跃……日耳曼，你这个邪恶的女巫，你就在死亡的舞曲里旋转吧，燃烧吧，哭泣吧！报应的时刻来到了！

双管齐下合围柏林

4月22日，希特勒从早到晚都在盼望着施坦因纳在柏林城外击溃苏军。但到了最后，他还是向惊恐不安的参谋部成员宣布，德国已经输掉了战争，不过他说他宁愿自杀也不会投降。这天在悲观、忧郁的气氛中结束。

当天夜间，朱可夫命令白俄罗斯第1方面军先头部队进行重组，突破左翼束缚；在北面，突击第3集团军奉命从北部郊区直接进攻，向柏林市中心突进，减轻崔可夫和卡图科夫部队向东推进的阻力。突击第3集团军司令库兹涅佐夫上将为了适应城市战，重整了3个步兵军，组建突击大队和突击分队，向柏林北部进发。他们并未采取逐间房屋、逐条街道争夺的战斗模式，而是用"卡秋莎"火箭炮直接摧毁每一个可疑的据点。紧接着，再由坦克前来摧毁所有可以藏匿狙击手的建筑和工事。

柏林城内炮火连天，苏军步兵越过一堆又一堆的废墟，向前稳步推进，用火焰喷射器、反坦克枪和炸药清扫每一个地下掩体。这个时候，躲在地

▲ 反映柏林战役的绘画

下室或掩体里避难的柏林市民惊慌失措，不知道厄运什么时候就会降临到自己的头上。那些试图逃跑或被迫逃到街上的市民，遭到了在头顶盘旋的苏军战斗机的攻击。

上午10时，库兹涅佐夫的突击大队向魏森塞发起攻击。纳粹党卫军第11摩托化师的突击分队和装备低劣的国民冲锋队分队用高射炮进行地面射击，给苏军造成很大的麻烦，但他们几乎是苏军遇到的唯一的抵抗力量。不过在强大的苏军面前，这股抵抗力量很快就烟消云散了，苏军很快就占领了该地区，并继续向柏林城区突进。

在东部，崔可夫的近卫坦克第8集团军和卡图科夫的近卫坦克第1集团军虽遭到顽强抵抗，但也很快就成功抵达了达默河，施普雷河近在咫尺。在崔可夫和卡图科夫的右翼，突击第5集团军在近卫第12集团军和第11坦克军的支援下，突破柏林东部防线，向考尔斯多夫、比斯多夫和卡尔绍斯特推进。

朱可夫的部队在柏林东部和北部取得节节胜利。与此同时，希特勒在总理府地下室里焦急地命令地下室的人员一直在打电话四处打听施坦因纳何时发起攻击。下午3时，希特勒终于得到确切消息，施坦因纳并没有下达任何进攻的命令。更糟糕的是，部署在柏林北部负责支援施坦因纳的德军已经撤退，这使得那些地区处于高危地带非常危险。事实上，苏军已经攻入了柏林。

在歇斯底里的咒骂发泄之后，他嘟囔着说，一切全完了，末日已经来临。不管在场人员的抗议，他平静地宣布"第三帝国"失败了，已经走到了尽头。这些话让他的将军们和参谋人员惊恐万分。在场的几个手下认为，希特勒已经彻底崩溃了。他的将军们一反常态，慌忙向希特勒保证，他们还有机会扭转目前的局势，而这一举动通常只有在参谋室中才能看到。在场的所有人员都试图让希特勒相信德国仍然需要他的领导，他现在必须离

第八章 反攻：光复欧洲

▲攻克柏林

开柏林，到南部地区继续指挥作战。但希特勒根本听不进去，他平静地宣布他将留在柏林直到最后一刻，而后自杀。这让在场的所有人感到恐惧。最后，希特勒宣布死后由戈林接任"第三帝国"最高统帅。

此时，苏军朝"第三帝国"心脏推进的步伐毫不迟疑地进行着，已经有5个步兵集团军和4个坦克集团军攻入柏林。在南部，乌克兰第1方面军的近卫第3集团军在第28集团军的3个步兵师的支援下，继续向北朝着滕珀尔霍夫推进。列柳申科的近卫坦克第4集团军则横扫了柏林城的西南边缘。白俄罗斯第1方面军的第47集团军向西推进，随后又掉头返回，从东南方向攻入柏林。白俄罗斯第1方面军的近卫坦克第9军奉命沿着柏林的西北外围发起进攻，然后转向西南朝波茨坦进发，与科涅夫的部队会合。

4月22日晚上7时，近卫坦克第9军和步兵第125军均已成功渡过哈弗尔河，在亨尼希斯多夫东部建起了一个桥头堡。

在稍远的南面，科涅夫的乌克兰第1方面军主力部队继续从尼斯河向西突进。近卫机械化第5军奉命从特罗伊恩布里岑向朱特博格以及设在那里的德国空军基地发起进攻。在战斗中，苏军坦克推进异常迅猛，直接开进德国空军的一个阅兵场。当时，德军刚刚在这里组建了一个空军师，看

277

到几乎是从天而降的苏军，大批人员和车辆纷纷作鸟兽散，所有的武器和飞机悉数落入近卫第9歼击师的囊中。

科涅夫最大的愿望就是攻入国会大厦，他麾下的雷巴尔科的近卫坦克第3集团军以机械化第9军为先锋，从施普伦贝格一路奋战，渡过努特运河，向柏林外环公路杀去。当晚，他们攻入马林菲尔德和兰克维茨的南部郊区，抵达泰尔托运河。但是德军已经摧毁了运河上的桥梁，沿岸工厂结实的钢筋混凝土墙壁则构成了理想的防御堡垒，几乎坚不可摧。不过苏军用大规模的炮火突击，最终强渡运河。当天，近卫第3集团军占领了科特布斯，最终包围了德军第9集团军的"法兰克福—古本"集团的残余力量。

此时，苏军几乎完成了对柏林的包围。但由于包围圈拉得过大，苏军防御力量薄弱，德军很有可能从两条路线突围：向西朝着易北河方向逃窜，向西北渡过施普雷河逃窜。巴斯派出3个步兵师保护这些路线。此外，党卫军第32装甲掷弹兵师的部分兵力重新进行部署，保护施普雷河和奥得河—施普雷河运河沿线，从菲尔斯滕瓦尔德到穆杰尔塞的道路。

包围圈内的德军处境相当危急。数以万计从东部逃来的德国难民和包围圈内躲避战争的居民，与纳粹国防军一起挤在施普雷瓦尔德，使得内部交通状况愈加恶化。此外，这些德国人还遭到苏联空军第2、第16和第18集团军的24小时不间断的轰炸和攻击。4月21日，被困德军的炮弹消耗殆尽。海因里希获悉消息后，立即建议巴斯将最高统帅部的命令扔到一边，放弃奥德河上的阵地，想方设法突围。

三天后，法兰克福的德国守军才成功突出重围。这个时候，科涅夫派遣的第28集团军余部已经完成对包围圈的封闭。同时，近卫第5和第13集团军在近卫坦克第4军的支援下，封锁了德军企图逃往易北河的道路。4月24日，白俄罗斯第1方面军的第3集团军在托伊皮茨与乌克兰第1方面军的第28集团军连接起来。这样，苏军就完成了对德国第9集团军的包围。

此刻，雷巴尔科的部队距离崔可夫的近卫坦克第8集团军最多只有11千米，列柳申科的近卫坦克第4集团军距离第47集团军也只有32千米。苏军几乎完成了对柏林的包围。柏林很有可能被苏军这种钳形攻势分割成两部分。这样一来，雷巴尔科的部队就会占据最佳进攻阵位，向国会大厦发起最后的突击。

第八章　反攻：光复欧洲

临近4月24日结束时，苏军对柏林的包围圈仅剩下一个长24千米的缺口。近卫机械化第6军攻占了波茨坦以西30千米处的勃兰登堡，成功夺取了大约24千米长的战线，期间将德军"弗里德里希·路德维希·扬"师拦腰斩断。

朱可夫指示第47集团军向施潘道全速推进，并从近卫机械化第9军中抽调1个师在波茨坦与近卫坦克第4集团军连接起来。白俄罗斯第1方面军经过几场恶战后，最终取得了实质性的进展：库兹涅佐夫的突击第3集团军与机械化第1军、近卫坦克第12军一起，在坦克第9军的支援下，推进到柏林北部和东北部郊区的维泰努—利希滕贝格铁路，清除了街区内的大量德军。崔可夫的近卫第8集团军一路打到施普雷河和达默河，刚一抵达施普雷河东岸就发现了德军丢弃的大量驳船、摩托艇和其他水上交通工具，很快就将它们派上了用场。第聂伯河舰艇部队也成功地抵达上述两条河流，支援所有苏军部队过河。崔可夫的士兵和坦克很快摧毁了德军在该地区的抵抗。

23日傍晚，他们占据有利位置，与雷巴尔科的部队会合，在阿尔特—格利埃克和伯讷斯多夫同德军展开激战。

当天晚上，苏联首都莫斯科举行盛大的晚会，礼炮齐鸣，火树银花，庆祝柏林战役即将进入高潮阶段。苏军已从三面包围了柏林，只剩下三条通往西部的道路。此时，朱可夫的部队已经取得了一系列的重大胜利，再用几天甚至几小时的时间就可以最终包围柏林。

锤子镰刀红旗插上国会大厦

截至4月25日，苏军已经切断了柏林与德国其他地区的联系，不断地轰炸柏林，整个城市变得面目全非。柏林所有的供水和供气设施均已终止，

▲ 遭苏军轰炸后的柏林

很多地方停止供电；多条街道成了废墟，人员和车辆根本无法通行；汽油极度匮乏，交通运转难以维持……

为了生存，许多柏林人开始四处抢劫，犯罪率瞬间猛增。他们抢劫的目标之一就是位于赫尔曼广场的卡尔施泰特百货商店。成千上万的市民蜂拥而入，拿走看到的一切物品，尤其是食物和衣服。最后，商店管理员干脆放弃了努力，听任他们拿走所有的食物。

为了防止这些物资落入苏军之手，纳粹党卫军将卡尔施泰特百货商店炸毁。有传言说在这个商店的地下仓库里，存放着价值290万马克的物资。

德军似乎再也没有系统连贯的防御方案。虽然他们仍在负隅顽抗，偶尔也会取得一些零星的胜利，但与整个战局相比显得微不足道。

4月25日夜到26日，被围困的德军"法兰克福—古本"集团开始为大规模突围做最后的准备。然而，德军的油料和弹药都极度匮乏。德国空军曾经试图空投补给物资，但由于飞机数量太少，无法将绝大多数物资空投到指定区域。在此种情况下，德军从所有被毁或者击伤的车辆中汲取油料，并决定在首轮突击中用完绝大多数的重型炸弹，只有这样才有可能突破苏军防线，突围出去与第12集团军会合。

4月26日8时，德军第21装甲师、"库尔马克"摩托化师和第712步兵师组成特别战斗群，开始向苏军阵地发起攻击。同时，德军第5军从西部向哈尔伯和巴鲁特发起辅助进攻，德军第5猎兵军和党卫军第11装甲军

▲苏军攻陷德国国会大厦。胜利后的苏军尽情地欢呼着。

第八章　反攻：光复欧洲

由北部和东南部发起攻击。

苏军进行了猛烈还击，击退了德军的进攻。截至上午10时，德军对巴鲁特的进攻取得了实质性进展，切断了苏军在巴尔特—措森一线的主要补给路线。苏军第395步兵师竭力向巴鲁特推进，第50和第96步兵师逐渐把德军逐出哈尔伯。近卫第3集团军在哈尔伯附近的防线缺口迅速得到修补。德军"法兰克福—古本"集团再次成为瓮中之鳖。

如今，柏林的处境几乎沦落到了令人绝望的地步。在北面，德军"维斯瓦河"集团军群几乎彻底溃败。在西面，温克由于担心盟军攻占自己在易北河上的立足点，下令第12集团军放慢向柏林前进的步伐。

在南面，第9集团军的残部仍然四面楚歌，科涅夫的部队正在对其进行猛攻。在东面，朱可夫的部队开始取得实质性的战果。总而言之，苏军的8个集团军扼住了柏林的喉咙，正在慢慢吞噬它。

4月26日，白俄罗斯第1方面军和乌克兰第1方面军发起联合攻击，动用了12700门火炮和迫击炮、21000门"卡秋莎"火箭炮、1500辆坦克和自行火炮、464000兵力向柏林猛烈开炮，附近所有地区瞬间变为废墟。除此之外，苏联空军第16和18集团军又派出了数百架轰炸机，从空中对这个正在被毁坏、燃烧的城市进行轰炸。苏军从多个方向对柏林中心区发起最后的进攻。

东南部，雷巴尔科的近卫坦克第3集团军在卢钦斯基的第28集团军步兵的协同下，用火炮进行猛烈轰击，打开了一条通往对岸德军的防守严密、厚实的防御工事的通道，强渡泰尔托运河。

这场战斗进行得异常惨烈，甚至达到了双方都竭力避免的令人恐惧的近距离巷战的程度。苏军用火炮和飞机把德军碉堡和阵地炸得面目全非，步兵迅速穿过废墟，用机枪、手榴弹和火焰喷射器对着敞开的屋门、地下室和建筑物进行攻击。坦克则摧毁了可容纳德军狙击手或成为机枪火力点的防御工事，从那些身受重伤或行动缓慢、未来得及躲避的德军士兵身上碾过。

强渡泰尔托运河后，近卫坦克第3集团军继续向施马尔根多夫、施泰格利茨、格伦瓦尔德和皮切尔多夫推进，准备与从西北部进攻的波格丹诺夫的坦克部队连接起来，切断驻守在波茨坦和万塞的德军。

几个小时内，坦克第7军成功推进到哈弗尔河，距离波格丹诺夫的部队仅有 1830 米。在稍远的东面，崔可夫的近卫第 8 集团军也渡过了泰尔托运河，正在向滕珀尔霍夫机场前进。

崔可夫认为希特勒最有可能乘私人座机由滕珀尔霍夫逃往巴伐利亚，所以把占领滕珀尔霍夫机场作为首要任务。崔可夫派两个步

▲苏联红军攻克柏林，将红旗插到了国会大厦顶上。

兵师分别从东西两侧包围机场，随后命令主力部队从南面向机场发起进攻。苏军冲上飞机跑道，用机枪和坦克炮向四周开火，并快速堵住了机库的出口。截至中午时分，苏军占领了滕珀尔霍夫机场。

为了肃清德军的抵抗，快速抵达柏林，争夺"主要的战利品"——国会大厦，朱可夫和科涅夫的部队在进入某个地区之前，往往首先使用重炮火力对当地的德国守军予以歼灭。4 月 27 日结束时，驻守柏林的德军手里只剩下东西长 16 千米的狭长地带。

这时候的柏林城，似乎到了末日。所有地方都遭到了不同程度的毁坏，没有丝毫的生气。市民们蜷缩在地下室和掩体内，但是很多人还是被坍塌的天花板和墙壁砸死在里面。他们即使躲过了苏军的首轮炮火攻击，也会很快被红军成群结队地赶进临时搭建的审讯中心。所有柏林市民，尤其是妇女，对于苏军非常恐惧，她们惊恐不安地等待着最糟糕的事情发生。

4 月 28 日，对于躲藏在地下室里的希特勒等人来说是绝望的一天。苏军已经打到了总理府。希特勒的纳粹党们还在梦想着能听到温克前来拯救柏林、施坦因纳发动进攻等消息。晚上 8 时，鲍曼给海军上将邓尼茨连发几份电报，透露出地下室内当时的惊慌和妄想：

"那些手握兵权的将领们并不敦促部队前来拯救我们，而是保持沉默。如今看来，背叛已经取代了忠诚。我们仍然待在这里。总理府已经成为废墟。舍尔纳、温克和其他将领必须尽快来援救我们的元首，以示他们的

忠诚。"

　　但是，无论温克还是其他任何人，都无法挽救柏林市中心区的危局。苏军从四面八方步步紧逼，与德军展开逐条街道、逐间房屋的争夺，柏林城即将彻底毁灭。多数抵抗力量是绝望的"国民冲锋队"和"希特勒青年团"，但他们长期缺乏后勤补给。

　　在柏林城内，人员伤亡数量极速攀升，速度之快令人惊惧。医院和难民收容中心挤得水泄不通，大多数死去和受伤的人员还散落在街头、堆积在地下室或者埋在倒塌的建筑物下面。

　　在市中心两个高大坚固的高射炮楼内，盘踞着数千名德军，但在苏军的猛烈炮火打击下，很快便灰飞烟灭了。

第九章

尾声：日本投降

一、重返菲律宾之战

攻破日本防卫大门——塞班岛

　　塞班岛一年四季都是夏天，终年遍地鲜花，是南海的乐园，是最优美的旅游、疗养胜地。它的面积为120平方千米，距东京2000多千米，笠原群岛700多千米，是第一次世界大战后日本委任统治地的政治中枢。塞班岛的战略位置十分重要，占领了它，就等于攻破日本的防卫大门。如果从岛上机场出发，美国的超级空中堡垒飞机便可以直接轰炸日本本土。

　　在塞班岛上担负防守任务的是司令官小烟英良率领的第31军。而小烟英良当时出差，不在岛上，由第43师团长斋藤义次中将指挥。中部太平洋方面舰队司令长官南云忠一海军中将和第6舰队司令长官高木武雄中将也在岛上参加指挥。

　　日本陆海军首脑在连续惨败之余，已经乱了手脚，意见出现分歧，一会儿把右边的兵力往左调，一会儿又把左边的兵力往右调。再加上战线拉得太长，陆军和海军的实力都在锐减。而且在塞班岛这样重要的战略要地，防卫兵力甚少，野战阵地构筑得也不完整。

　　塞班岛上日本守军计有陆军27500人，海军1万人，兵力不足。为了拼死挣扎，岛上的日本冲绳县人、朝鲜人共2.1万余人及岛上原住民4000人，也全部被征集来参加战斗。

第九章　尾声：日本投降

日本陆军第 43 师团是在 1943 年 7 月新组成的，原驻防在名古屋附近。5 月 9 日，主力由名古屋港秘密出发，5 月 19 日到达塞班岛。第二次输送一个连队共 4000 名，途中运输船被击沉，只有约 1000 名士兵在海上漂浮中遇救，6 月 9 日才到达塞班岛。这个师团能够担当防卫的只剩下 1.3 万了。

▲美军战机飞越塞班岛上空，以掩护两栖作战部队登陆。

由于塞班岛海岸边都是珊瑚礁，土质疏松，很不牢固。再加上时间仓促，建筑材料不足，粮食和弹药的准备都不充分，防卫能力十分单薄。

在第 43 师团后续部队到达塞班岛的第 4 天，6 月 11 日午后，美舰载机 200 架猛烈轰炸塞班岛，140 架轰炸提尼安岛，140 架轰炸关岛。

第二天早晨，480 架美机铺天盖地飞临塞班岛上空，炸弹密如雨下，把塞班岛的中心城镇加拉潘大部分夷为平地。

6 月 13 日，又有 120 架次飞机轰炸港湾、飞机场，并把新构筑的阵地变成弹坑，塞班岛周围已被美军的战舰完全包围。

紧随飞机轰炸以后，美军舰炮开始轰击的目标是海岸炮台、高射炮阵地、物资储存处、防御阵地等，连续炮击三昼夜，对岛上的破坏程度是太平洋战争中过去所未曾有过的。塞班岛上的椰子林全部烧光，露出地面的阵地全被炸平，日军司令部和各部队之间的通讯线路全被切断，指挥机陷于瘫痪。

从 6 月 15 日黎明，美军舰炮猛烈射击两小时后，大编队飞机向登陆预定海岸的第二线阵地进行地毯式轰炸，从海上的航空母舰上起飞的"复仇者式"飞机进行最后一轮轰炸。当天傍晚，美军冒着持续不断的日军炮火，已有两万多海军陆战队连同重武器登陆成功。

美海军斯普鲁恩斯将军为总指挥官，荷兰德·史密斯海军中将指挥登陆部队共约 6.2 万兵力，准备一举攻占塞班岛。

16 日，精锐的后续部队继续登陆，不断扩大占领地域。此次登陆战，2 万名美军共死伤 2500 余人。防守部队由斋藤义次师团长指挥疯狂反扑，都被美军强大炮火和坦克的火力压垮，迫使日军主力部队节节后退。

到 17 日傍晚，日军防守部队已伤亡一半以上，第一线主力部队已基本被消灭，剩余日军只好撤退到山地的地下阵地中去。

塞班岛中部有一座塔波乔山，地形非常复杂。日军在山内修筑洞窟阵地，构筑四通八达的要塞，给进攻的美军造成很大困难。

美步兵第 27 师的两个团遇到日军顽强抵抗，连续三天不能前进一步。6 月 23 日以后，美军加强攻势，在连续的炮击掩护下，美军发起立体进攻，日军潜伏在洞窟内顽强抵抗，战斗非常激烈。26 日傍晚，美军占领塔波乔山，继续北进，30 日占领塞班岛上最大的水源地，7 月 3 日占领加拉潘市区。

6 月 26 日，美装甲部队突破日军严密防线，占领塔波乔山山顶。部分残余日军仍躲在山北麓进行顽抗。

美军三个师由南向北稳步推进，日军的抵抗越来越顽强，决心死守。美军的伤亡也很大。美总指挥官特纳少将对进攻速度太慢很不满意，决定亲临阵前指挥，战况十分激烈。

7 月 7 日傍晚，日军已只剩下 3000 多人，其中还包括伤病员在内。到这时，日军向美军阵地发起自杀性的总攻击，发了疯的日军一面高喊万岁，一面往前冲，直至死亡殆尽。守军指挥官斋藤义次中将自杀。偷袭珍珠港的联合舰队司令官南云忠一中将也在岛上用手枪自杀。

据战后统计，塞班岛上日本陆海军共约 44000 名，战死 41000 多名。两万多非战斗员中，有日本人、朝鲜人，有些被强迫自杀，有些被日军处死，共死亡 8000 到 10000 人。这次战役中，美军也付出了很大代价，战死 2053 人，受伤及失踪约 13000 人。美军在拿下塞班岛和打垮了日本舰队的空军之后，便取得了马里亚纳地区的制空权。

东条英机内阁垮台

1944 年初，日本伊势

▲塞班岛一役中投降的日军士兵

第九章　尾声：日本投降

神宫社务所收到一封来信，这封信是堺市金冈陆军医院内的一位伤残军人写来的，表达了受压迫受奴役的日本人民再也不能忍受东条等一小撮军国主义分子的欺凌了。信中这样写道：

"日本战败，我希望看一看天皇成为美国俘虏、成为奴隶时的模样。喜好战争的日本，命中注定要遭到老天爷的惩罚，一定失败。立即和美英握手拯救一亿国民吧！只有这样做，才能使我们的丈夫、儿子、父亲不再被运往战场，不再在空袭下担惊受怕，肚子也能吃上一顿饱饭。我们厌恶战争，东条英机是不是第二个平清盛呢？"

平清盛是日本历史上源平之战的战败者，在此把东条英机比作平清盛第二，可见日本国民对他的愤怒。东条英机内阁执掌日本朝政两年四个月，最初任首相兼陆相兼内相，后来还兼外相、文部大臣、商工大臣，到1944年2月，又兼任参谋总长，集军政大权于一身，专横独裁无以复加。

及至塞班岛全军覆没，太平洋的制海权、制空权完全落入盟军之手，不仅是日本国民怨声载道，甚至连朝野上下都迫切盼望东条早日下台，于是，日本统治阶层内部也发生了倒东条英机运动。

日本统治阶层内部倒东条的运动发生在1944年2月特鲁克等岛屿被空袭的时候。这座"不沉的航空母舰"变成日军的墓地，形势严峻。紧急关头，日本大本营内部的军务局长、作战科长、战争指导科长等主要决策人员一致认为，当时已经很难依靠作战来挽回败局了，应该讨论结束战争的办法了。

7月3日，大本营第一部作战指导课长松谷诚大佐在陆军大臣室向东条陈述了大家的意见，并且指出德国一旦崩溃，日本也应该考虑结束战争。在战况最不利的情况下，只要能保持国体不改变就可以了，并建议派特使去苏联，加紧对苏外交。

对于东条来说，谁胆敢提反对意见就整谁，这已成为惯例。松谷的直言让他大为不悦，第二天便下令把松谷贬到中国派遣军去当参谋。在这种淫威之下，再没有人敢提出结束战争的建议了。

由于海军内部和众多元老重臣都对东条指导战争处理国务感到失望。7月17日下午，陆军部召集两位次长、次官、军务部各部长会议，讨论今后的战争指导方针，会议共提出四条可供选择的方案：

1.不管后果如何，年内动员所有力量进行决战；2.年内把主要国力和战斗力投入到决战中去，尽可能保证国内有自给存活的能力；3.兼顾作战和国内存活两个方面；4. 以自给存活为重点，尽最大努力作战。

日本陆军内部高级干部对战局政局的忧虑已无法克制，纷纷要求东条辞职，日本政局更加不稳。当天，陆军部次官富永恭次把陆军部会议的内容如实报告给东条，要求他不再担任参谋总长，主张由梅津美治郎继任。

7月17日零时20分，东条改组内阁的方针遭到重臣会议否决。17日晚，内务大臣木户把重臣会议要求东条内阁下台的信息直截了当传达给东条。

18日上午10时，东条召开内阁会议，决定内阁全体辞职。19日新内阁成立，由朝鲜总督小矶国昭陆军大将任首相，杉山大将任陆相，米内光政海军大将任海军大臣。

8月19日，裕仁天皇出席新内阁首届最高战争指导会议，在判断世界形势方面，承认德国已经失败的事实，但回避讨论如何收拾本国战局的问题。会议认为，不管欧洲形势如何演变，日本一定要倾注全力击溃敌军，为完成最终战争目的而奋斗。

然而，对新内阁的夸张语调和一厢情愿的梦想，日本政府和大本营都处于六神无主的状态。

中国战场的形势发展对日军也越来越不利。日本打不赢已是定局，诱降蒋介石已不可能。100多万日本军队被困在中国战场抽不出身来，极大地支援了美英盟军在太平洋战场上的战斗。对苏外交也严重受挫。

小矶首相试图与中国政府谈判停战事宜，以便从中国战场腾出手来挽救局势。对此，不仅中国政府不理睬，日本国内也极少有人支持。这是一个短命的内阁。

莱特湾海战

盟军突破了日本的"太平洋防波堤"的防御线，从此可以任意选择进攻目标，轰炸，甚至在日本本土登陆，从根本上改变了日本的战略态势。而以对外掠夺和海上运输为基础的日本战争经济的弱点日益暴露，战略物资储备已消耗殆尽，经济实力日渐衰落。

在这种新形势下，日本大本营于1944年7月21日作出如下决定：

1. 加强菲律宾、中国台湾、琉球群岛、日本、千岛群岛这一水域的第一道防御线；

第九章　尾声：日本投降

2.进行准备工作，以防敌人一旦在这条防御线的任何地方发动进攻时，都能集中陆海空军力量阻截和消灭敌人；在这条防线上的作战统称"捷号作战"。

遵照大本营的指示，各个方面军的司令官命令部队做好决战准备。

8月4日，日本联合舰队得到指示，应在菲律宾方向作战，在决定性的海战中打垮敌人。日方配备

▲在莱特湾海战中，美国"冈比亚湾号"护航航母在追击日舰时遭到日军舰载机的轰炸。不幸沉没。该护航航母排水量7800吨，载机28架。

了三个舰队迎击美军的进攻。第1机动舰队配置7艘航空母舰，第2舰队拥有5艘战列舰和11艘重巡洋舰，第5舰队有3艘巡洋舰和7艘驱逐舰。

美军这时在太平洋上已拥有海空军优势，可以任意选择进攻目标。但陆军上将麦克阿瑟和海军总司令金意见不一，各有主张。前者要迅速占领菲律宾，后者认为要取得达沃空军基地。二人僵持不下，参谋长联席会议也感到棘手。

1944年7月底，罗斯福跑到珍珠港亲自出面协调。他召集这两员大将开会，希望找到陆、海军都能接受的战略决策。会上，麦克阿瑟向罗斯福力陈占领菲律宾的政治和军事意义，这位总统也表示信服。

1944年8月，尼米兹命令美国第3舰队司令哈尔西从南太平洋北上，接替斯普鲁恩斯指挥中太平洋舰队，并计划参加即将到来的对菲律宾的进攻。为了给进攻菲律宾的部队准备前进基地和后勤供应基地，哈尔西的部队要在1944年9月15日拿下加罗林群岛西部的帛琉群岛，占领帛琉群岛和马里亚纳群岛之间的犹里斯珊瑚岛。

9月间，根据尼米兹的命令，第5舰队、第5两栖作战部队司令和地面部队指挥官分别由哈尔西、西奥道、威金逊和盖格担任，同时第5舰队改称第3舰队。海军中将米彻尔仍然指挥快速航空母舰特混舰队，其番号由"第58"改为"第38'"。

1944年9月初,美国第3舰队司令哈尔西在他的旗舰"新泽西号"上与第38特混舰队会师,并开始对菲律宾中部进行空袭,以便对即将进行的进攻摩罗泰岛和佩列流岛给予战略支援。空袭结果令人满意。

1944年9月15日,美国西南太平洋部队和中太平洋部队协同一致,对日军控制的2个岛屿摩罗泰和佩列流发动进攻。西南太平洋的第7两栖作战部队越过了重兵防守的哈马黑拉岛,运载2.8万名部队,突然袭击,一举攻下了摩罗泰岛。岛上日本守军几百人仓皇逃入山中。

9月间,美军还占领了附近的小岛安戈尔和东北部的犹里斯岛。这两个小岛也作为空军基地和后勤基地,为进攻莱特提供了方便。

1944年9月和10月上旬,美国第3两栖作战部队集结于马努斯,第7两栖作战部队集结于荷兰底亚,准备向莱特发动进攻。与此同时,盟国空军也广泛出击,以孤立莱特。

10月17、18日,美军先头部队便在莱特湾两岸的小岛上登陆,以掩护大军的进攻。

10月20日凌晨,美军运输舰开进莱特湾,直指攻击目标——莱特首府塔克洛班附近,另一支部队进抵塔克洛班以南27千米的杜拉格附近。在对海岸进行了最后的炮击之后,部队分乘各种登陆艇,包括两栖坦克,冲向海滩。日军大多退到西北部山区事先准备好的阵地,抵抗微弱;美军伤亡很小。与进攻太平洋上其他岛屿相比,莱特登陆非常顺利。

▲麦克阿瑟率部重返菲律宾,兑现了他当初撤退时立下的誓言。

到20日日暮时,6万名进攻部队和10万吨物资和装备已经上了岸。莱特湾两岸的滩头阵地都扩大到1.6千米以上,塔克洛班飞机跑道也落入美军手中。

在第1批部队登陆莱特后几小时,麦克阿瑟在菲律宾总统奥斯敏纳陪同下,乘一艘登陆艇驶向岸边。但因码头太小，舰艇太多，无法泊岸。麦克阿瑟不得不跳到水中，趟着齐膝深的海水走到岸上。他立即向所有的菲律宾人发表广播演说："菲律宾人民！我回来了！……"

麦克阿瑟在莱特登陆出乎日本陆军中将铃木宗作的意料之外。10月17日，当丰田得知美军先头部队已在莱特湾登陆时，他马上命令日本机动舰队分4路向菲律宾进军。18日下午，停泊在林加岛的栗田健南指挥的第1突击舰队从北面进入莱特湾，以打击美国舰队，在滩头附近攻击美国两栖部队的运输舰只。

栗田舰队的其余舰艇由西村祥治率领，开向莱特湾的南口，从南部打击美军，配合栗田南北合击。

停泊在琉球群岛北部天见岛的志摩清英的第2突击舰队在接到丰田命令后，立即南下莱特湾南口，与西村合作，打击美军。

泊在日本内海的小泽治三郎的主力舰队也迅速南下菲律宾海域，其任务是引诱美国第3舰队离开莱特湾附近到公海来决战，使美国运输舰只无人掩护，好让栗田等突击舰队进攻。

这时，美国第3和第7舰队实力雄厚，水面舰只和舰载飞机都占优势。

在10月23日到26日，连续4天的海战中，美国舰队共击沉日本战列舰3艘，航空母舰4艘，轻、重巡洋舰10艘，驱逐舰9艘。此时日本海军已经名存实亡。美国方面损失伤亡相对较小，莱特湾海战是美国海军的一大胜利。

美军重返菲律宾

日本舰队在莱特湾海战中惨败之后，岛上的陆军却进行着顽强的决战。直到1945年1月1日，美军在极为艰苦的战斗中才迫使日军逐渐后退，莱特战役基本结束。

还在莱特战役期间，美军就在民都洛岛登陆，以便取得进攻吕宋的基地。进攻吕宋的日期定为1945年1月9日，克鲁格指挥的第6集团军负责进行这个战役。艾奇伯格指挥的第8集团军接防莱特、萨马和民都洛，并准备肃清吕宋以南诸岛的日军。

澳大利亚第1集团军负责消灭新几内亚、新不列颠和布干维尔被孤立的日军，夺回婆罗洲（现名加里曼丹）及其丰富的油田。第6集团军计划在仁

▲满载士兵的美登陆艇总队在海岸警卫队坦克登陆艇的引领下，缓缓向新几内亚桑萨波角进发。

牙因湾登陆，占领中吕宋平原，拿下马尼拉。菲律宾的游击队要破坏吕宋南部的交通线。金凯德指挥的第7舰队定名为吕宋特混舰队，负责运输、掩护和支援登陆部队。哈尔西的第3舰队空袭台湾和吕宋北部的目标，进行战略支援。

山下奉文的第14方面军在吕宋已增至25万人。岛上只有150架日本飞机，这时日本第1航空舰队司令大西泷次郎，利用青年愿意拼命的心理，倡导神风突击战术：飞机满载炸弹对准敌舰的甲板猛扎下去，撞得机毁人亡，引起敌舰大爆炸而将其摧毁。

于是，日军中便出现一大批这种亡命徒式的"神风特攻机队"，使美国军舰遭到可怕的损失。10天之中共炸沉17艘美国舰艇，重伤20艘，轻伤30艘。但是山下失去海空军支持，孤立无援，很少有守住吕宋的希望。

为阻挠吕宋落入美军手中，山下计划进行拖延战术。他把部队分为3组：尚武集团，在北部，14万人，防止盟军从仁牙因登陆；建武集团，在中部，3万人，保卫克拉克机场设施；振武集团，在南部，11万人，保卫南吕宋。

1945年1月9日，美国第6集团军的4个师在仁牙因湾登陆，31日占领克拉克机场及其要塞等设施。2月3日美军进抵马尼拉外围，但经过1个月的苦战，美军才肃清了菲律宾首都的敌军。日军败退时恼羞成怒，残杀了数以万计无辜的和平居民。此后，吕宋的日军退往东部山中，负隅顽抗。

到1945年9月初，被困的日军纷纷向本岛的美军缴械投降。9月3日，在吕宋中北部山中苟延残喘的日本第14方面军司令官山下奉文大将和

第九章　尾声：日本投降

参谋长武滕章中将，在碧瑶向美军签署了投降书。菲律宾的日本侵略者彻底失败了。

1944年10月，美军在莱特登陆时，菲律宾人民抗日军为了配合盟军的攻势，对日军展开了大反攻，解放了许多地方。其中民抗军中的华侨抗日游击支队非常活跃，他们和菲律宾人并肩战斗，共同打击日本侵略者，用鲜血结成了战友情谊。

▲日美吕宋岛之战

1945年1月，人民抗日军在八打雁进行牵制战，使美军能在仁牙因湾出其不意进行登陆。人民抗日军还切断了日军后方重要交通线，从而加速了日军在马尼拉周围基地防御线的瓦解。

美军重返菲律宾，美国帝国主义者又重新露出他们的本来面目。他们不但不感谢人民抗日军3年抗战和协同美军最后打败日本占领军的功劳，相反却将人民抗日军视为他们独占胜利果实的最大障碍。

为了保证战后对菲律宾的控制，美国大肆镇压菲共领导的人民抗日军武装力量，同时积极扶植以M.A.罗哈斯为首的菲律宾地主资产阶级右翼集团。

1945年2月5日，美军按预定计划将参加攻打马尼拉的人民抗日军包围，解除其武装。人民抗日军总部人员也在2月间遭美军逮捕，后经菲律宾广大人民和人民抗日军的强烈抗议才被释放。

1945年3月3日，美军完全占领马尼拉市，菲律宾自治政府也随之宣布恢复。

菲律宾人民依靠自己的力量，通过武装斗争，付出巨大牺牲，为抗日战争的胜利作出了重大的贡献。

"二战"后菲律宾人民争取民族独立的运动空前高涨，美国企图修改《泰丁麦克杜菲法》，延期宣布菲律宾独立的阴谋破产。

1946年7月4日美国宣布菲律宾独立，同时，两国签订"总关系条约"和"贸易协定"（又称贝尔协定），美国保持在菲律宾的经济和政治方面享有特权地位。美国获得了在菲律宾驻军的权利，于是建立了克拉克空军基地和苏比克海军基地。

二、盟军在太平洋上的最后攻势

攻克冲绳岛

冲绳岛是琉球群岛中的最大岛屿。它位于日本西南560千米，形似一只大香蕉，全长94千米。

在硫磺岛战役尚未结束时，美国第58特混舰队便开始空袭冲绳和进行空中摄影，为进攻该地做好准备。

1945年3月20日，日本海军下达了"以冲绳作战为当前作战的重点，应彻底地集中航空兵力，消灭前来进攻之美军主力"的作战计划大纲。

日本大本营还把陆、海军的航空部队统统划归联合舰队司令长官统一指挥。这样一来，联合舰队共拥有飞机七八千架。

冲绳岛上守军是牛岛满中将指挥的第32军，总兵力约10万人。由于冲绳中部和北部的地势比较平坦，难以防守。他把立足点放在南部陡峭的山冈和狭窄的山谷之中。

为了严守冲绳岛，牛岛命人深挖地堡、碉堡、洞穴以及壕沟和坑道，相互贯通，构成地下防御体系，并把大炮、迫击炮以及坦克都隐蔽在山洞里。

牛岛告诉将士们说："我们必须耐心、谨慎地掌握我们的炮火，当敌军全部人马登陆，把他们逼进内陆，一直把他们诱得不到海军大炮和空中轰炸的后援的地方，然后，猛然行动起来，我们就能消灭敌人。"

美国把攻占冲绳作战行动称呼为"冰山计划"。按

▲1945年4月，美国军舰上的14门舰炮对准冲绳岛猛轰。

第九章 尾声：日本投降

照这个计划，特纳中将指挥的登陆部队，分别从太平洋上的很多岛屿以及旧金山、西雅图出发，于4月1日凌晨到达冲绳附近的预定水域。

就像进攻太平洋上其他岛屿一样，美国的海空军还是打先锋。

3月中旬，第58快速航空母舰特混舰队离开尤里斯基地，去支援和掩护盟军新的攻势。

为了给进攻冲绳扫清道路，3月18、19日，第58特混舰队对日本九州的飞机场和内海的舰船进行连续的大规模的空袭。

虽然美国重型航空母舰"富兰克林号"受重伤，800多名舰员丧生，而且两天损失飞机116架，但却重创日本军舰好几艘，击落和炸毁日本飞机211架，并使九州地区的各种设施和交通枢纽遭到严重破坏。

3月24日，美国第5舰队的几十艘战斗舰只开始炮轰冲绳。

25日，第77师等部队占领了冲绳西面24千米处的庆良间列岛，这是整个"冰山计划"的一部分。这些小岛兵力薄弱，日本人认为它们没有什么用处。事实上庆良间列岛对美军进攻冲绳起了很大的作用。

3月27日，美军第一批供应船、油船、修理船、弹药船和其他辅助船只便开进庆良间锚地，开始为舰队服务。这样就在作战区域内建立起一个浮动的补给和修理基地，为第5舰队立下了汗马功劳。

在海空军对冲绳实施炮火准备期间，第5舰队的飞机出动3000架次进行轰炸，炮舰发射了5000吨炮弹。

扫雷舰艇扫清了冲绳海岸四周4800平方千米的水域，使支援舰艇能安然靠近海岸，做近距离的轰击。

▲经过一系列的攻坚战之后，美国军舰进入到冲绳岛附近海域。

水下破坏小组的蛙人也侦察了西海岸事先选好的登陆海滩，炸去日军布下的预防登陆艇靠岸的障碍物木桩大约2900根。

参加冲绳战役的除美国第5舰队以外，还有伯纳德罗林斯海军中将指挥的英国太平洋舰队。英国这支小舰队称为第57航空母舰特混舰队，负责掩护冲绳西南翼，以防日本海空军从台湾来支援。

第58特混舰队则掩护冲绳的东北翼，以抗击来自日本本土的海空军。

4月1日，美国第10集团军开始在冲绳西海岸登陆。

这一天，海军陆战队第2师也同时在东海岸登陆，实行佯攻，以分散日军的注意力。

▲日军神风特攻队队员驾机俯冲攻击美舰，这种自杀式的攻击行为曾一度让美军不知所措。

登陆部队当天就占领了两个机场，第二天推进到东海岸。

开始几天非常顺利。

特纳给尼米兹发去电报说："我也许疯了，但是看上去日军好像放弃了战争，至少在这个区域。"

尼米兹到底是帅才，他复电说："把'疯了'以后的字全部删掉！"

果然，当美第24军推进到牛岛的第一道防线嘉数高地时，日军用密集的炮火挡住美军的去路。这时，天气又下起了大雨，道路泥泞不堪。

在4月12日的激战中，美军的坦克陷入困境。美日两军苦战，陷入了可怕的僵持状态。

直到4月24日，在美军连续不断的猛攻之后，日军才退出嘉数。

5月1日，美军向冲绳增派部队，攻打南部日军阵地的兵力就增加到5

第九章　尾声：日本投降

个师，大大超过了日军，并重新调整了部署。

同时，美国各军、兵种协同作战，海上、空中以及坦克和地面炮兵连锁支援，海军陆战队和陆军航空兵以及海军陆战队和陆军炮兵的交替使用，显示出强大的威力，使日军无法阻挡。

5月4日，日本第32军发动最后攻势，但因没有充分掌握战况，并因遭到美军炮击和轰炸，第二天攻势即告失败，重新转入防御，进行持久抵抗。

这次攻势，日第24师团的战斗力损失一半，其他部队损失也很大。

到5月20日前后，日第32军兵员减少到3万人左右，火炮减少到60%，机枪减到30%。

美军攻势却越来越猛烈，5月24日，牛岛决定放弃首里；29日开始向冲绳本岛南端喜屋武半岛的新阵地做最后的退却。

6月初，日第32军基本完成了在新阵地的部署；从11日起开始在新阵地进行最后的挣扎，一直顽抗到6月22日。

这天早上，牛岛从设在冲绳南部第89号山洞深处第32军司令部里，向东京发出最后一份电报："我们的战略、战术、方法都已用到头了。"

22日傍晚，牛岛满中将与参谋长长勇中将一起，跪在面对海岸的坑道入口处。长勇让部下砍去自己的脑袋，牛岛剖腹自杀。

于是，日本大本营采用了"拼命"战术，用特攻机、特攻艇携带炸弹炸药向美国军舰上硬撞，以炸毁美舰。

▲战争后期，日军已无力与美军大打消耗战，于是他们改用"拼命"战术，以特攻机、特攻艇携弹撞向美舰，与美舰同归于尽。

4月6日，日军进行最后一次海上特攻。6.4万吨的"大和"号战列舰驶出日本内海，准备冲进冲绳附近的美国舰队之中，尽量击毁美国舰船，然后靠到岸边，支援冲绳日军。

4月7日早，美国潜艇发现了这支舰队。美第58特混舰队立即派出约300架飞机对这支舰队进行猛烈攻击。

中午时分，巨舰"大和"号身中鱼雷10枚，重磅炸弹5枚，小型炸弹无数。下午2时23分，这艘超级战列舰终于沉没在九州西南50海里处，舰上3332名官兵，只有269人生还，其余舰员都葬身海底。

从中日甲午战争以来，在太平洋上作威作福整整五十年的日本海军，到此完全覆灭了。

在冲绳战役期间，以日本本土和台湾为基地的日本陆、海军航空兵极为活跃。

从4月6日到6月22日，日机先后对第5舰队发动10次总攻，总共出动飞机7852架次，其中包括特攻机2393架，共损失飞机好几千架。

日机没完没了的轰炸攻击，使美国军舰上战斗警报不停，枪炮炸弹声不绝于耳，搅得水兵们神经高度紧张，有的人甚至得了歇斯底里或精神分裂症。但第5舰队的指挥官们一直坚守岗位。

5月底，尼米兹被迫调换指挥官：哈尔西接替斯普鲁恩斯，麦凯恩换下米切尔，希尔替换特纳。第5舰队又改称第3舰队。

6月10日，美国舰队撤离冲绳海域，开赴菲律宾的莱特湾。

日本飞机的狂轰滥炸，的确使美国舰队遭到重大损失。在将近3个月的频繁攻击中，总计炸沉舰艇36艘，炸伤368艘；炸死海军官兵4907人，炸伤4824人。美军为拿下冲绳，也付出了惨痛的伤亡代价。

这次战役，自4月1日美军登陆到6月22日战斗结束，陆上整整打了83天。

据不完全统计：包括由岛上居民组成的义勇军在内，共击毙日军约9万人，俘虏7800余人，其中一半是伤员。非战斗人员的牺牲超过10万人。

波茨坦会议和敦促日本投降的《波茨坦公告》

为了商讨"如何处理战败国德国、意大利及其欧洲仆从国，以及对日本作战"等一系列重大问题，同盟国苏、美、英决定召开波茨坦会议。

第九章　尾声：日本投降

1945年五六月间，经外交途径商定，三国首脑会议在柏林召开。因柏林市区破坏严重，朱可夫元帅建议在柏林西郊的波茨坦召开。

那里是位于新公园内的德国皇太子的宫殿，完好无损，没有被破坏，有足够的房舍可供与会者使用。

这个建议经莫斯科批准和美、英同意之后，朱可夫便下令进行紧张的修理和准备工作。

美国人给他们的总统及其主要助手们的住房选择了蓝色；英国人给丘吉尔选择了粉红色；苏联代表团的住房则粉刷成白色。

会议大厅中央放着一张十分光亮的圆桌，这是特地在莫斯科定做的，因为在当时的柏林找不到这么大的圆桌。

7月17日下午，波茨坦会议正式开幕，出席者有美国总统杜鲁门、国务卿贝尔纳斯等；英国首相丘吉尔、外长艾登等；苏联部长会议主席斯大林元帅、外长莫洛托夫等。

波茨坦会议包括首脑会议、外长会议和全体会议，仅全体会议就举行了13次。

8月2日会议胜利闭幕。

波茨坦会议讨论的问题主要是：战后占领德国的基本政治原则、经济原则，德国和意大利的赔偿，分配德国的商船队和军舰，对待意大利和罗马尼亚、保加利亚、匈牙利、芬兰的政策（包括外交承认和参加联合国组织等），波兰西部疆界，控制黑海海峡，哥尼斯堡地区"让与"苏联，以及对战败国某些领土的"委任统治权"等一系列问题。

经过多次讨论，三国政府首脑对一些主要问题基本达成了协议，有些问题还有待进一步协商，分歧一时还不能完全消除。

就像历次三大国会议一样，三国代表团之间既有沉闷的、有时是非常激烈的辩论，也有轻松的、令人非常愉快的社交活动。

▲波茨坦会议现场

▲波茨坦会议中的三国领导人，前排左为艾德礼，中为杜鲁门，右为斯大林。

7月24日，在全体会议之后，杜鲁门走到斯大林跟前。他们单独谈起话来，只有翻译员在场。丘吉尔离他们大约只有5米，他密切注视着这个重要的谈话。

丘吉尔知道杜鲁门要说什么，他目不转睛地死盯着斯大林的面孔，看看有什么反应。他看到斯大林的样子似乎很高兴。

杜鲁门告诉斯大林，他们正在研究一种新型炸弹！威力非常大！可能对整个抗日战争有决定性作用！……

不一会儿，丘吉尔在等车时，发现杜鲁门就在他的身旁。

丘吉尔问杜鲁门："事情怎么样？"

杜鲁门说："他始终没有提出一个问题。"

于是，丘吉尔便肯定，斯大林在那一天，对于英美两国长期以来所从事的这项庞大的研究过程并没有特别了解，也不知道美国在生产原子弹这一豪迈的冒险事业。

然而，就在当天，斯大林会后回到住所时，就跟莫洛托夫谈到刚才与杜鲁门的谈话的内容。

最后，斯大林笑着对莫洛托夫说："应该告诉库尔恰托夫加快我们工作的进度。"

1994年4月25日，美国《时代》周刊发表了《特殊使命》一书的摘要。

该书作者、苏联克格勃间谍头子帕维尔苏多普拉托夫披露了他们是如何窃取了原子弹秘密的。

此书说明，从1942年起，苏联的特工人员就一直跟踪美国的原子弹研制计划和工作进程，并取得了一切必要的情报和资料。

第九章　尾声：日本投降

斯大林对此了如指掌，所以他对杜鲁门在波茨坦所说的"原子弹"，也就处之泰然了。

波茨坦会议按计划进行。

8月1日，苏、美、英三国政府首脑分别代表三国政府签署签订了《柏林会议议定书》。

《柏林会议议定书》载明了三国政府首脑就下列这些重要问题达成协议：成立苏、美、英、中、法五国外长会议以进行缔结和约的准备工作，在盟国管制初期关于处置德国的政治原则和经济原则，德国的赔偿，德国舰队和商船的处置，哥尼斯堡及其附近地区"让与"苏联，惩处战争罪犯，奥地利问题，波兰问题，缔结和约与接纳意、保、芬、匈、罗参加联合国组织。

7月24日，杜鲁门把他随身带去的一份敦促日本投降的最后通牒草案交给了丘吉尔，征求丘吉尔的意见。

丘吉尔很快同意了公告的原则，并和杜鲁门一致认为，蒋介石应被邀参与发布这个文件，而且中国应被列为发起的政府之一。

7月25日，丘吉尔在离开波茨坦回国之前说，他同意由杜鲁门自行处理发布这个文件。

因为苏联当时尚未对日作战，故未签字。后来苏联出兵对日作战时，也正式在公告上签了字，所以又成了四国对日宣言。

《波茨坦公告》于1945年7月26日晚9时20分发表。发表之后，美国的宣传机构立即采用一切可能的方法对日本广播，并散发了几百万份传单，使日本人民知道公告的内容。

《波茨坦公告》说："日本必须决定一途，彼将继续受其一意孤行、计算错误而使日本帝国陷于毁灭边沿之军人统制，抑或走向理智之路。开罗宣言之条件必将实施，而日本之主权必将限于本州、北海道、九州、四国及吾人所决定其他小岛之内。"

这份公告最后义正词严地警告日本：吾人通告日本政府立即宣布所有武装部队无条件投降，并对此种行动之诚意予以适当及充分之保证。除此一途，日本即将迅速完全毁灭。

《波茨坦公告》，实际上是反法西斯同盟国对日本法西斯发出的一份敦促投降书，对于日暮途穷的日本法西斯是一个沉重的打击。

日本本土遭受轰炸

"七七事变"后,日军开始用飞机疯狂地轰炸中国人民,而且重点轰炸学校、工厂及商业区等人员集中的区域。日机继轰炸了南开大学、中山大学之后,于1939年5月,对重庆进行了一次大规模的野蛮空袭,使这座城市燃烧了几天,数百人被炸死在街道上,有许多人被烧死在绵延的大火中。一座座建筑物被摧毁,50万居民仓皇逃避……

美国总统罗斯福听到这个惨剧以后说:"重庆市民受的痛苦,一定让日本人也尝一尝挨轰炸的滋味!"

太平洋战争中,盟军取得胜利的一个重要原因是美国军事工业的威力。

美军为了掌握制空权,美军每攻克一个岛屿,便能在两个星期内完成土地平整,修好机场,不出十几天便可利用它起降飞机。这个速度使日军十分惊讶。已经被炸毁的机场,过几天再乘飞机从上空查看,已经原样复初、照旧起落飞机了。

美军在太平洋上每次反攻得手后,都在攻克的岛屿上投入工兵修建飞机场,然后利用陆上基地开始对下一个岛屿的轰炸。

在海军舰船方面,美国每天能有一艘军舰建成并投入使用,被日军击溃多少美军就能很快修复或新造多少,而且还在不断增加。

日美两国不但飞机和航空母舰在数量上相差悬殊,飞行员的数量和熟练程度也相差悬殊,在飞机性能的改善方面相差也非常悬殊。

在战场起决定性作用的是1944年美军研制成功的B-29型轰炸机。它的续航距离为4000~5000千米,炸弹搭载量4吨以上,能在1万米以上高空飞翔。日军的高射炮只能射到8000米高度,和美机之间还有约3000米的距离。日军歼击机勉强可以飞到1万米高度,由于无法携带充分氧气,只

▲目标,日本!

第九章　尾声：日本投降

▲B-17 飞行堡垒穿过厚厚的云层，飞至东京上空，执行轰炸任务。

有紧急下降。而美机是在绝对安全区域内执行轰炸任务的。

自从塞班岛、关岛、提尼安岛被盟军收复以后，岛上的机场成为美B-29 型轰炸机的起降基地，加上航空母舰上数量庞大的舰载飞机配合战斗，日本领空的制空权已经被牢牢掌握在盟军手里。

1944 年 7 月 6 日，美军占领了塞班岛。东京和塞班岛的距离更近，B-29 型飞机可以往返。从此，日本本州已进入 B-29 飞机飞行的半径以内。

自 1944 年 11 月 1 日开始，从塞班岛、关岛、提尼安岛的基地上起飞的美军飞机对日本东京展开了连续的大规模轰炸。最初的主要目标是东京中岛飞机制造厂武藏野工厂，前后共轰炸 13 次。

这个工厂最盛的时候有职工 4.5 万人，工厂占地面积 52 万平方米，飞机生产量占日本飞机生产总量的 28%。此外，美军还轰炸了三菱飞机制造厂、川崎飞机制造厂、立川飞机制造厂。

11 月 29 日以后，每天都有飞机出现在东京上空，投下燃烧弹。

从 1945 年元旦那天开始，美 B-29 型轰炸机连日进行波状空袭，使东京居民恐慌万分。

1945 年 1 月 27 日 14 时，72 架 B-29 轰炸机轰炸东京都最繁华的银座和有乐町，死伤多人。许多商业大厦和经济中心的巨大建筑物被炸毁。其后，每天都有飞机连续来袭。

第二次世界大战全史

在东京遭受的数次空袭中，最剧烈的是3月10日，4月13日、14日、5月24日、25日这5天的地毯式轰炸。

3月9日，夜幕降下后，突然，震耳欲聋的爆炸声响起来了，在东京湾附近的下町地区，红色莲花般的火光冲天升起。空袭警报尚未发出，转瞬间东京市东西南北各方都燃起了大火——大空袭开始了，东京市民陷入恐怖的深渊中。

3月9日傍晚，325架美B-29型轰炸机从马里亚那基地起飞，将1700吨高性能燃烧弹投掷到东京四周，完成了预定计划。然而，这只是序幕。

1945年3月10日是日本陆军纪念日。这一天，美第21轰炸机队指挥官卡其斯·李梅中将指挥334架B-29型飞机，携带1700吨凝固汽油燃烧弹，从零时8分开始，列队飞到东京市上空，在江东区木场二丁目、白河町一丁目、二丁目以及三好町一丁目、二丁目上空连续投弹，地面燃起熊熊大火。

两分钟后，北砂町二、三、四、五丁目附近一条长带状地区猛烈燃烧，零时12分，墨田区也处于一片火海之中。这两个区人口最密，每区20多万人，在两分钟时间内就进入地狱般状态。

3月14日上午8时40分，177架B-29型飞机空袭东京都北部地区，主要是投燃烧弹，引起大火。东京都内，除天皇居住的皇宫以外，已基本上体无完肤了，到处是成片的废墟，到处是残墙断壁。

日本的工业很发达，除东京外，大阪、名古屋、神户、横滨、川崎都有重工业，称为六大工业城市。为了摧毁日本的军需工业和民用工业，使日本的战斗力和经济力陷于彻底瘫痪，只把担负组装工程的大工厂全部破坏了还不算完，还要把供给部件的工厂全部摧毁以后，才算达到了战略轰炸的真正目的。

4月以后，美军李梅中将（当时是少将）麾下又增加一个飞行团。每次都有500架B-29型飞机

▲密集的炸弹落向神户

第九章 尾声：日本投降

巡回在各大城市上空，反复轰炸六大工业城市。

自 5 月开始，从硫磺岛上起飞的美机更容易来袭了，美机进入日本本土更加自由。

5 月 20 日空袭以后，新闻记者曾说："东京大体上已经没有高地了，都被炸平了。"

6 月 15 日，美军出动了 450 架飞机轰炸大阪，大阪市大部分地区被炸为废墟。

至此，第一阶段的轰炸大城市计划基本完成。

在 17 次大规模的总攻击中，共出动飞机近 7000 架次，每次平均 400 架以上，投下炸弹、燃烧弹共 4.2 万吨。美机损失 136 架。

从 6 月 17 日开始，对日本中小城市进行广范围的焦土轰炸。鹿儿岛、大牟田、浜松、四日市、丰桥、德山、大竹等许多城市不断受到空袭，一直到日本投降为止。

在美机的疯狂进攻下，罗斯福总统向中国人民兑现了自己的诺言，日本终于饱尝了被轰炸的滋味。

三、日本投降

美国扔下两颗原子弹

1939 年夏天，传闻德国正进行一项秘密工程，由铀学会的科学家担任指导，直接对柏林的陆军武器生产部门负责。这个消息表明，德国法西斯已试图利用原子科学的成果制造新式武器了。

由于逃避法西斯迫害而从欧洲移居美国的一些科学家生怕德国法西斯抢先造出原子弹来。在这种情况下，科学伟人爱因斯坦于 1939 年 8 月给罗斯福写了一封信，建议美国政府迅速采取行动，加强对铀的研究，以便制造出一种威力极大的新型炸弹。

1939 年 10 月 11 日，罗斯福接信后立即采纳了爱因斯坦的建议，并下令成立研究原子武器的委员会。到 1941 年 11 月，美英两国通过协作研究，证明铀原子的裂变可以产生巨大的能量，由此可以制造破坏性极大的炸弹。

同年 12 月 6 日，也就是日本偷袭珍珠港前一天，罗斯福批准了一项大规模研制原子弹的计划。1942年6月，美国陆军部组织了"曼哈顿工程管理区"，全面负责原子弹的研制工作，其总负责人是格罗夫斯。

从1943年到1945年7月原子弹试验成功的两年半时间里，美国政府在田纳西、新墨西哥、华盛顿三州以及其他许多地方投资25亿美元，建造巨大的原子工厂，动用了10万科技人员和工人，在绝对保密的情况下研制原子弹。

1945年4月25日，负责制定原子弹计划的陆军部长史汀生，向杜鲁门系统汇报了原子弹研制情况。史汀生似乎满怀信心地认为，在此后4个月内，原子弹的试制很可能获得成功。

6月1日，史汀生向杜鲁门提出建议，一旦具备条件，就立即使用原子弹对付敌人。

1945年7月7日，杜鲁门率领美国军政要员乘军舰到欧洲去参加波茨坦会议，7月15日他们到达目的地。

第二天，即1945年7月16日早晨5时30分，美国第一颗原子弹在新墨西哥州的沙漠地区阿拉默果尔多爆炸成功，其威力为1吨烈性炸药的2万倍。

当天上午，杜鲁门就收到了关于原子弹试验成功的电报。

第二天，史汀生又专程飞到波茨坦，向杜鲁门汇报了试验的详情。

▲绰号"小男孩"的原子弹

在此后的几天里，杜鲁门一方面和美国军政要员磋商使用原子弹的细节，并于7月24日以美国陆军部长的名义指令在1945年8月3日以后，立即在日本的广岛、小仓、新潟和长崎4个城市中选择一个目标，投掷特种炸弹。

7月26日，美、英、中三国发表《波茨坦公告》，敦促日本投降，日本政府没有正式答复，反而表示决心作战到底。

从7月27日到8月1日，盟国飞机在日本各城市上空散发了150万张传单和300万张《波茨坦公告》。传单对这些城市发出警告，说它们将受到猛烈的空中轰炸。但日本政府并没有接受《波茨坦公告》的任何表示。美国政府便按照原定计划对日本使用原子弹进行轰炸。

7月26日，重巡洋舰"印第安纳波利斯号"把原子弹的心脏部分运送

第九章　尾声：日本投降

到马里亚纳群岛中的提尼安岛。8月1日，原子弹装备完毕，它长3米，直径71厘米，外形很像一枚普通炸弹，只是大小不同而已。

1945年8月6日8时整，两架B-29美机从高空进入广岛上空，外面广岛市民有很多人并未进入防空壕，而是在仰看美机。

8时15分，蒂贝茨指挥的一架美机投下降落伞，伞上所系的原子弹在离地面660米的高度爆炸，形成一个直径110米的大火球，火球发放出来的热度高达30万摄氏度。

▲1945年8月6日，广岛上空升起的蘑菇云。

广岛市中心上空随即发生震耳欲聋的大爆炸。顷刻之间，城市上面突然卷起巨大的蘑菇状烟云，全市立即被这黑暗的烟云所淹没。接着即冒起几百根火柱，广岛市遂化为焦热的火海。

这时广岛人口为343000人。靠近爆炸中心的人，大部分死亡。当日死者计为78150人，负伤和失踪者为51408人。全市建筑物总数是76327幢，全毁者4.8万幢，半毁者22178幢。

8月6日下午，设在广岛的日本第2总军司令部，经由吴镇府转告东京："敌人使用了具有从未见过的破坏力的高性能炸弹。"

这时，日本有些人士对于在广岛爆炸的是否为原子弹还有怀疑。8月7日，参谋本部以第二部长有末精三中将为委员长，由原子能最高权威仁科芳雄博士等有关人员组成调查委员会，派赴广岛。仁科芳雄一行于8日下午到达广岛，立即证实新型炸弹确为原子弹，并报告东京。

在这个调查报告到达东京之前，外相东乡茂德已与首相铃木贯太郎商妥，决定上奏天皇。8日下午，天皇面谕："敌既已使用此种武器，则战争之继续更不可能，为获得有利条件起见，不得丧失结束战争之时机，关于条件，当有协商余地，应努力迅速结束战争，可转告铃木首相。"

铃木首相决定立即召开最高战争指导会议，但因一部分成员未在，没有立即召开。

第二次世界大战全史

8月8日上午11时，苏联外交人民委员莫洛托夫召见日本驻苏大使佐藤尚武。日本方面久已吁请苏联斡旋和平，但苏方迟迟未予回应，大使佐藤期待着一个肯定的答复。但莫洛托夫告诉佐藤说，日本仍在继续进行战争，拒绝接受《波茨坦公告》。

苏联政府接受联合国的要求，宣布从8月9日起，苏联政府与日本处于战争状态。

苏联参战对日本统治集团震动极大。9日上午8时，外相东乡访首相铃木于其私邸。这时铃木已接到苏联参战的报告，他在听取东乡说明关于迅速结束战争的决心后，立即表示同意，并向东乡等表明决心说："由本内阁来结束吧。"

9日上午10时30分，日本最高战争指导会议在皇宫举行。

9日上午11时30分，正当最高战争指导会议在激烈争论时，美国又在长崎投下第2颗原子弹。据1992年8月9日日本哀悼长崎被炸死难者会议宣布，美国原子弹炸死长崎的日本人是95845人。

正由于美国在广岛和长崎投下两颗原子弹和苏联出兵对日作战，确实加速了日本帝国主义的溃败，促进了日本政府迅速投降。

▲B-29轰炸机及轰炸（广岛）后的场景

第九章　尾声：日本投降

日本无条件投降

1945年8月15日，日本面对内外交困的形势，天皇召开了御前紧急会议，为了保存实力，会议决定无条件投降。

而日本政府正式签署投降书的准备工作，是由麦克阿瑟上将的司令部负责进行，仪式在美舰"密苏里号"上举行的。

据说，麦克阿瑟在签署投降书仪式上用了五支钢笔。

9月2日上午9时，签字仪式开始。麦克阿瑟从舱内出来，神情严肃地走到扩音器前发表了简短的演说。随后，他命令日本方面的代表重光葵、梅津美治郎在投降书上签字。这两个平时耀武扬威、杀气腾腾的军国主义分子，这一天却神情沮丧，狼狈不堪。

重光葵缓慢地走到桌边，把大礼帽放到桌上，坐入椅中，脱下手套，然后从衣袋里取出一支自来水笔，在两份投降书上分别签了字。

日本陆军参谋总长梅津美治郎站着欠身签了字。

之后，麦克阿瑟邀请温赖特将军和白西华将军陪同他签字，麦克阿瑟请二人陪同是有原因的。这两位将军都是刚从日本集中营里出来的，骨瘦如柴。温赖特将军是麦克阿瑟的副手，他曾在菲律宾向日本投降。而白西华将军是一名曾在新加坡向日本投降的英将。

这次麦克阿瑟邀请两人一同参加受降仪式，就是想让这两位死里逃生的战友享受一下胜利的喜悦，也让他们在全世界人民面前昂起头来。

麦克阿瑟走到签字桌边代表盟军签字。有意思的是，他在签字时用了5支笔：第1支写了Doug（道格），然后把笔送给温赖特；用第2支笔写了las（拉斯），然后把笔送给了英国白西华将军；以此来抚慰

▲麦克阿瑟在日本投降书上签字

▲"密苏里号"战舰上的受降仪式

这两位受尽日本人折磨、蒙受奇耻大辱的盟国将领。

他用第3支笔写完 MacArthur（麦克阿瑟），将笔交给美国国家档案馆。

接着他又用两支笔签署了他的官衔。

第4支笔交给西点军校，这是他的母校。西点军校系美国的著名军校，培养了许多高级将领，被称为"将帅的摇篮"。麦克阿瑟当年以全班第一名的成绩在该校毕业，然后由少尉一路晋升到五星上将，并成为"二战"中的盟军统帅，西点军校的师生为该校出了一位世界闻名的名将感到自豪。麦将签字笔送给母校，自然有其特殊意义。

第5支笔是他从自己衣兜里掏出来的红色小笔，用后送给他的妻子。

签字完毕后，麦克阿瑟说："让我们祈祷，和平已在世界上恢复，祈求上帝永远保佑它。仪式到此结束。"

这意味着反法西斯的第二次世界大战也到此结束。

麦克阿瑟用5支笔与战败国日本签投降书。这段"二战"中的佳话至今仍在全世界广为流传。